过眼年华 动人幽意

从林徽因到张爱玲

王鹤 著

中国青年出版社
CHINA YOUTH PRESS

图书在版编目（CIP）数据

过眼年华，动人幽意：从林徽因到张爱玲 / 王鹤著.
—北京：中国青年出版社，2020.6
ISBN 978-7-5153-6011-9

Ⅰ.①过… Ⅱ.①王… Ⅲ.①女性—名人—生平事迹—中国—民国 Ⅳ.①K828.5

中国版本图书馆CIP数据核字（2020）第067993号

过眼年华，动人幽意：
从林徽因到张爱玲

作　　者：王　鹤
策划编辑：刘　吉　刘孺泾
责任编辑：胡莉萍
文字编辑：陈　楠
美术编辑：杜雨萃
出　　版：中国青年出版社
发　　行：北京中青文文化传媒有限公司
电　　话：010-65511270/65516873
公司网址：www.cyb.com.cn
购书网址：zqwts.tmall.com
印　　刷：河北华商印刷有限公司
版　　次：2020年6月第1版
印　　次：2020年6月第1次印刷
开　　本：787×1092　1/16
字　　数：256千字
印　　张：20
书　　号：ISBN 978-7-5153-6011-9
定　　价：59.90元

版权声明

未经出版人事先书面许可，对本出版物的任何部分不得以任何方式或途径复制或传播，包括但不限于复印、录制、录音，或通过任何数据库、在线信息、数字化产品或可检索的系统。

中青版图书，版权所有，盗版必究

目录

序言 /005

吕碧城：奇女子惊才绝艳 /009

杨荫榆：中国第一位大学女校长 /025

黄逸梵：行踪飘忽的旅客 /041

苏雪林：有时自省有时狂 /051

蒋碧微：爱是有摧残性的 /063

冯沅君：三寸金莲 一级教授 /077

董竹君：娜拉出走之后 /085

程俊英：由绚烂归于沉潜 /095

曹诚英：梦魂无赖苦缠绵 /105

石评梅：无穷红艳烟尘里 /121

陈小翠：翠楼清韵成绝响 /131

陆小曼：一生半累烟云中 /143

林徽因：玲珑的生　从容的死 /155

周炼霞："炼师娘"锦心绣口 /179

沉　樱：春意阑珊　樱花未残 /195

胡　蝶：竟能消几番风雨 /205

杨　绛：偶尔遇见的传奇 /213

赵萝蕤：幽兰渐染风霜 /223

王　莹：用书香抵御浮艳 /233

赵清阁：清流笛韵　翠阁花香 /241

潘　素：山明水秀写淡远 /251

韩素音：伤残之树叶成荫 /261

林海音：难得福慧双修 /279

张爱玲：说不说钱都荒寒 /287

聂华苓：三生三世在水边 /305

参考书目 /316

序言

令人心旌摇曳的民国传奇

伍江陵

安静已经很稀缺了。王鹤很安静。观其人读其文，立刻会浮出这样的句子："几人漏夜赶科场，几人挂冠归林去。"发自内心，是真喜欢读书行文，不为稻粱，不事矫情，不作工具，只与懂的朋友分享；独立路径，行走内心。淡冶思考，苍翠走笔，包裹着冷色的温暖，文字宽度和硬度正好。这属于王鹤的特质，本书仍然一如既往。

所以，读她的文字，还是有很多人坚称她是——男性。如我，一年前再撞见她的文字是在《读库》。把明代末年乱世的女性行为心理写得个惊天动地、山河失色。以自己的阅读经验，拍案叫好声中感叹，也只有沧海男人，才可以这样明白女人。至于署名王鹤，一定是个与朋友王鹤同名的男性而已。结果，我错了。

"他们有'什么都不过分'的格言；但事实上，他们什么都是过分的——在纯粹思想上，在诗歌上，在宗教上，以及在犯罪上。当他们伟大的时候，正是热情与理智这种结合使得他们伟大的。单只是热情或单只是理智，在未来的任何时代都不会使世界改变面貌。"罗素这段评语指向了古希腊。古希腊文明对人类文明的重要性，现代人至今刻骨铭心。

王鹤使一支思想的奇笔，复原汉字的力量与韵律，集合20多位民国才女，组成山高水长、令人心旌摇曳的民国传奇，恰与罗素心目中"伟大"的古希腊呈现的价值,在风度、志趣与立场的走向上,形成一脉。那么,植于民国的才女对现在的生活意味着什么?

起初,民国屏风上并没有这些才女集体照的,有的是各路军阀,再后来是男性的几路大师,以及各种不休的纠葛纷争——热闹倒是热闹,总感觉少了点人情与柔性。因为王鹤,因为本书,民国屏风突然生动并多情起来。

没人会否定,民国是一本大书。所以,入口和出口都出乎意料的多。但并不是每一个入口都让人觉得饶有趣味。生活必须朝前,理解一定靠后。本书提供的正是一个大趣味绑定大感动的历史入口,至于我读到的出口,自然与入口不在同一时间。

判断民国局势大多以紧张概括。紧张的宏观大局势投射在社会生活层面,却总有一丝奇怪的放松和安静,这份放松下的安静,一半背靠的是新思想成分里包含的理智,一半是千年淡定的文化基因,民国才女们那时照片上的眼神就是极好的佐证。而才女们出格与"过分"的举动,却是对紧张局势下个体生活相对宽松的积极回应。她们甚至相信——争个人的自由,就是争国家的自由;争个人的解放,就是争国家的解放。王鹤笔下的民国才女有一半以上以罗素的"过分"扮演着罗素的"伟大"。

还是罗素,他认为,对于历史学家来说,重点并不在于城邦之间繁琐的战争,也不在于党派之间的卑鄙争夺,而在于当这些简短的插曲结束之后,人类所保存下来的个体记忆。每一份个体的生活都搭建成为了历史大舞台,上台亮相倒是容易满负荷,下台时背影的优雅更让人心弦哽动。那黄逸梵、那林徽因、那杨荫榆……莫不如此。

观察历史本质,管制源于恐惧,放松源于自信,但也有迫于各种利益较量下的放松。不管哪一类放松,社会都会以令人感激的大文化果实给予实际的回报。古希腊如此,文艺复兴如此,春秋也如此。进入王鹤名册的民国才女,行为常常"过分",学识却一定深厚。她们突破千年女性行为窠臼的基础，明白来自对新思想的吸纳，对新世界的渴望。在历史进步的关头，她们选择了一跃而加入，而不仅仅是站在路旁作为一个鼓掌者。所以，历史绕不过她们，她们注定成就历史，民国因她们而生动。她们的一切努力，正是要有尊严地做一个女人。

王鹤展开的民国才女，个个堪称传奇。对王鹤而言，除了是偶尔遇见，更是安静做人、安静行文的必然善果。民国才女对现时的转述，概括为一句话，个人能够有尊严地生活，社会就一定已经有了尊严。

安静的人、安静的文字，力量巨大。王鹤是一个有力量的现代才女。

吕碧城：奇女子惊才绝艳

"吕碧城只身行走江湖，居然风生水起，取决于一出道就被当时的知识精英接纳、推举的幸运处境；此外，在很大程度上也得益于她突破藩篱、我行我素的叛逆性格。"

　　吕碧城（1883—1943）原名贤锡，少年时即显露诗词才华。1904年开始在《大公报》等密集发表诗文，呼吁兴女权、启民智，名噪一时。后担任北洋女子公学负责人，是清末女子教育界先驱。

　　吕碧城也是著名词人，著有《信芳词》《晓珠词》。她还游历各国，为国内报刊撰写了大量游记。

深闺有愿作新民

吕碧城传世的照片不算少，最流行的那几幅，打扮得相当张扬：在纽约那张，她身穿无袖袒胸裙衫，肩和上臂饰以薄纱，通体有浓密的孔雀羽花纹。脑后夸张地横插着三根一尺多长的彩色长翎，很神气很不羁。

还有几张全身、半身像，是1929年5月出席国际保护动物协会维也纳大会时的留影。她足蹬半高跟皮鞋，那件华丽大氅的颈下、胸前，铺满繁盛的花朵，还织绣了两只拖着长羽毛的孔雀，左右对称，从双肩一直延伸到膝盖。其中有一张，她的额上戴着珍珠抹额，造型很像王冠。另一张，头上又插着那三根彩翎。看来吕碧城似乎很喜欢这种欲飞欲舞的另类、艳丽造型。

当然，更多的时候，她身着精致华贵的西式裙装，矜持、端凝，还带一丝冷艳。她生得眉目清朗，有花繁月圆的饱满，更有气定神闲的笃定。看她的照片和经历，不免感慨，这个活跃于清末和民国早、中期的女子，在她的时代，绝对惊世骇俗，堪称时尚达人。

▲民国初期吕碧城在上海

▲吕碧城在纽约

吕碧城的父亲是光绪三年进士,当过山西学政。她12岁时父亲去世,族人争夺家产,母亲和四个女儿饱受欺凌。姐姐吕美荪的诗描绘过孤儿寡母当时的凄惨:"覆巢毁卵去乡里,相携痛哭长河滨。途穷日暮空踟蹰,朔风谁怜吹葛巾。"后来母亲带她投靠在塘沽任盐课司大使的舅舅。

假如父亲得享天年,吕碧城自会有另一番经历。但失去父亲庇护的坎坷、不幸,却未能消磨她的惊世才华。当然,那些过早品尝的忧愤愁郁、世态炎凉,也或多或少地影响到她的性格。

吕碧城在《予之宗教观》里回忆,自己走上自立之路且有一番作为,全赖舅舅"一骂之功":有一天,舅舅官署的方秘书夫人要赴天津,塘沽离天津很近,她欲与方太太同行,去探访女学。临行时却被舅舅责骂阻止。一气之下,吕碧城决计脱离舅舅家。第二天她逃出去登上火车,遇到佛照楼旅馆的店主太太,被后者带往天津。她跑得匆忙,既无旅费也无行装,贸然离家,才晓得自己是"年幼气盛,铤而走险。"幸而天无绝人之路,她听说方秘书夫人寓居《大公报》报馆,遂写信给方夫人"畅诉"兼求助。这封信恰好被《大公报》总理英敛之看到,他对吕碧城的文采、志向大为赞赏,遂赶到客栈,邀她到报馆与方夫人同住,随即聘吕碧城为《大公报》编辑。英氏夫妇此前就认识吕碧城的二姐吕美荪,他们与吕碧城会面,相谈甚欢。

英敛之1902年创办《大公报》,宣扬维新变法,20世纪20年代又创立辅仁大学，他是英若诚的祖父，英达的曾祖父。吕碧城与英敛之相会于1904年5月上旬，5月10日，她的一阕《满江红·感怀》便发表于《大公报》。她慷慨高歌女权，叹息妇女从古至今"蛙居井底"、饱受羁绊与郁闷，长抒"一腔热血无从洒"的愤激，词风飘洒劲健，很有点横空出世的意味。英敛之借夫人"洁清女史"之名写有跋语，称与吕碧城交谈，感觉她"思想极新，志趣颇壮"，急欲力挽颓风，有淋漓慷慨之致，堪称女中豪杰，裙钗中未曾见过。

▲吕碧城（左）与英敛之夫人淑仲

接着，《大公报》紧锣密鼓地发表吕碧城的诗文：《论提倡女学之宗旨》于1904年5月20日和21日分两次刊出；《敬告中国女同胞》刊于5月24日；引起强烈反响的《远征赋》则于5月31日发表，稍后再刊于《笑林报》；6月中旬，《大公报》又推出她的《兴女权贵有坚忍之志》和《教育为立国之本》。其间，她还发表《舟过渤海口占》以及与铁花馆主等人的唱和之作，频繁在报上露面。

吕碧城显然熟读严复翻译的《天演论》，其《教育为立国之本》开篇就说："今日之世界，竞争之世界也。物相竞争，优胜劣败。"随即强调，中国之落后，败在"愚弱"，而强国富民的根本是启民智、兴女权，即振兴教育，尤其是大力兴办从前被忽略的女子教育。她出言铿锵、锋利，热切地为几千年来居于"卑屈凌辱"地位的女子争取平等、自由和受教育的天赋人权。

这些振聋发聩之声，由一妙龄美女发出，无疑极具轰动效应。初我的《女子世界文苑谈片》说，吕碧城"欲以忧郁之音，唤起国民魂，重造新世界"，"以沉郁恳挚之情，发其激昂之声"。甚至，还有评论者将吕氏姊妹的出现跟国运挂起钩来："老大帝国中，乃有此绝代文明之尤物，其国运由陵夷（衰落）而兴盛之征欤？"

吕碧城在《大公报》高调亮相后，京津两地慕名来访者络绎不绝，每日与她诗词唱和的贵绅名宿，让人应接不暇。那是20世纪初，绝大多数闺秀还羞怯、封闭、寂寞地困守绣阁深院，这个不满21岁、有清贵家世的奇女子，文采斐然，风度超群，见识新潮，更兼有醒目的美貌，如此落落大方地跟一帮男性知识精英交往，棋逢对手，从容酬唱，当然是风乍起，吹皱一池春水了。罗刹庵主人夸她："不学胭脂凝靓装，一枝彤管挟风霜。"铁花馆主则"佩其才识明通，志气英敏"。

英敛之更是竭力揄扬吕碧城，还将她引荐给严复、严修（直隶学务处总办）、傅增湘等各界名流耆老。直隶总督兼北洋大臣袁世凯委任傅增湘和吕碧城筹办女学，拨款千元为开办经费，当时任天津海关道的唐绍仪也答允每月拨款匡助。1904年11月，北洋女子公学（后扩建为北洋女子师范学堂）正式开学，参与学校筹办的吕氏三姊妹都担任了教习，吕碧城为总教习，1908年还出任女子师范学堂监督（校长），她被誉为"北洋女学界的哥伦布"，名满京津。

1906年正月下旬至二月上旬，执掌北洋女子公学一年多的吕碧城在《大公报》连续发表长文《兴女学议》，详细阐释其办学思路，从法律、管理、教师选聘，到德智体等各方面课程的设置，面面俱到。她还强调要对学生授以工艺、实业等内容，使她们既可"造成完全之人格"，也能"自养斯自立矣"。对学校的环境、卫生、饮食，包括桌椅高低等细节，她也自有考虑。从前吕碧城并无办学经验，她涉足教育领域时间虽不长，已俨然行家里手，的确有过人天赋。

仙家风度本清狂

辛亥革命后,北洋女子公学停办,吕碧城被袁世凯聘为总统府秘书(一说任公府咨议),她1915年辞职,此后不再涉足政界。当年办学于天津时,她就被袁世凯延请为家庭教师,教授袁家女眷。所以,她与袁世凯次子、"民国四公子"之一的袁克文很早就有唱和,过从密切,袁克文对吕碧城的词评价甚高。尽管他比吕碧城小六岁,但他俩的关系,一直为人津津乐道。

吕碧城离开政界后在上海经商。她说自己并未从家庭继承遗产:"于家庭锱铢未取;父母遗产且完全奉让(予无兄弟,诸姐已嫁,予应承受遗产),可无告罪于亲属矣。"她还说:"余素习奢华,挥金甚巨,皆所自储,盖略谙陶朱之学也。"吕碧城经商收益丰厚,无疑跟她活跃京津时在社会上层积累的宽泛人脉和旺盛人气密切相关,她只说是"略谙陶朱之学",显然太过轻描淡写。许礼平的《旧日风云》一书写到吕碧城,说她当时得到英国驻上海总领事之助,投资外汇、证券,"数年间获利丰厚,积聚巨资,遂得以生活优裕,环游世界,兼可捐款行善"。

吕碧城后来回忆,早年未闻佛法时,从头到脚都"沉溺于声色货利之中"。她在上海自建的小洋楼陈设华丽,生活方式新派,旅游、跳交谊舞、学英文、穿西式裙装……在民国初年相当引领风尚。她的各种消费,手笔也很大:几次游历欧美,入住豪华酒店,因衣着考究、气度雍容,出入当地上流社会,被人认作东方公主,势利者待她还格外恭谨。吕碧城也乐善好施,1920年出国留学前,曾捐10万元巨款给红十字会,在海外也连续捐款。抗战中她多次挥资赈灾,也常捐款保护环境或放生。著名诗人、吕父的进士樊增祥夸赞她:"以一弱女子自立于社会,手散千金不措意(留意,着意),笔扫千人而不自矜。"

吕碧城只身行走江湖,居然风生水起,取决于一出道就被当时的知识精英接纳、推举的幸运处境；此外，在很大程度上也得益于她突破藩篱、我行我素的叛逆性格。她在《敬告中国女同胞》中曾写道："吾常语人曰：无论古圣大贤之所说，苟其不合乎公理，不洽乎人情，吾不敢屈从之。"

著名诗人易顺鼎誉吕碧城为"香闺奇才"，赠诗说她"花落花开等闲耳，神州无恙恣芳游""往返人间何所似，仙家风度本清狂"。她的"仙家"风度，也包括为人处世的恣意任性、放逸不羁吧。

英敛之对吕碧城有知遇之恩，她的绝代风华也曾令他一度目眩神迷。王忠和著《吕碧城传》讲述，在吕碧城结识英敛之夫妇、其《满江红》词亮相《大公报》的次日，英氏夫妇陪着她游览天津芥园，费资为她购买香水、胭脂粉、胰皂等。英敛之日记记载，1904年5月13日，他居然难以成眠，凌晨5点就起身填词。文人墨客一旦有了心事，总是将乱纷纷的千丝万缕揉成诗情，抛洒出去又收拢回来："莫误作，浪蝶狂蜂相游冶。叹千载一时，人乎天也。"他有点惶然、气恼地感觉到自己的"怨艾颠倒，心猿意马"！午后，吕碧城与英夫人淑仲上楼写字。随后，英淑仲跟丈夫长谈，表示她想去北京念书。

英敛之为何辗转反侧、心神不宁又强自按捺？英淑仲又为何突然想去研习学问？5月17日，吕碧城暂回塘沽舅舅家，英敛之与她"暂时惜别，相对黯然"，英淑仲则发奋写字、阅读，似有奋起直追之念。19日晚，淑仲"因种种感情，颇悲痛，（英敛之）慰之良久始好"。很显然，吕碧城翩然临近英家，前后不过十余天，已让英氏夫妇内心各有莫名震动。

当然，英敛之的那番心旌摇荡，浅尝辄止。待到吕碧城任北洋女子公学总教习期间，他与她已渐行渐远，分歧日增。英的日记里不时出现与她观点相异、言语不合的记载，从开始的"闻碧城诸不通语，甚烦闷"，到觉得她"虚骄刻薄，态极可鄙"，两人的关系已发展到难抑愤懑、厌弃，见了面甚至都不肯交谈，心不合面亦不合。后来，英敛之跟吕碧城已经很疏远的二姐吕美荪反倒走得很近。

1908年,《大公报》上刊出一篇《师表有亏》的言论,认为女教习的装束打扮不宜太招人耳目:"我近来看着几位当教习的,总是打扮得那么妖艳呢?招摇过市,不东不西……叫人看着不耐看。"吕碧城认为是在讥讽自己,遂在《津报》撰文反击。此时他俩显然芥蒂已深,英敛之日记说她的反驳文章"强词夺理,极为可笑"。几天后她又给英敛之写了一封信,"洋洋千言分辩"。英的回信也报以同样篇幅。此后吕碧城不再去《大公报》报馆,两人交情断绝。

清末著名教育家、翻译家、启蒙思想家严复在给外甥女何纫兰的信里,提到吕碧城与英敛之的交恶和舆论对她的严苛:他认为吕碧城唾弃陈腐观念,又常发出毁裂纲常的言论,因此受谤不少;加之她声名大噪,风头太盛,也惹人嫉妒、不快。

(吕)现在极有怀谗畏讥之心,而英敛之又往往加以评骘,此其交所以不终也。即于女界,每初为好友,后为仇敌,此缘其得名大盛,占人面子之故。往往起先议论,听者大以为然,后来反目,则云碧城常作如此不经议论,以诟病之,其处世之苦如此。

严复颇能体谅吕碧城被人诟病的不易处境,他对这个弟子印象甚佳,殷切维护:

此女实是高雅率真,明达可爱,外间谣诼,皆因此女过于孤高,不放一人于眼里之故……据我看来,甚是柔婉服善。说话间除自己剖析之外,亦不肯言人短处。

"不放一人于眼里"的吕碧城,孤高傲世,睥睨众生,不仅与恩人绝交,与二姐也形同陌路,她性格里定然有激烈、极端、不宽恕的成分。吕家四姊妹个个惊才绝艳,以诗词名世。她们同为清末民初最早投身教育界的先驱,大姐吕惠如是南京女子师范学校校长,二姐吕美荪任奉天女子师范学堂总教习,四妹吕坤秀任教于厦门女子师范学校。吕碧城与二姐吕美荪长期失和,不相往来,当亲友劝告时,她出语决绝:"不到黄泉毋相见也。"她后来在《晓珠词》里还刻意提到:自己"孑然一身,亲属皆亡,仅存一'情死义绝'不通音讯已将卅载者。其人一切行为,予概不预闻;予之诸事亦永不许彼干涉"。姐妹反目,被她如此冷漠、放肆地昭告天下。她也晓得,在词集里絮叨这类家务纠纷,有点不伦不类,却又吐露自己是有不得不说的苦衷。

吕碧城在《中途回巴黎车中琐事》里的一段讲述,相当凸显其个性:有一次她坐火车赴巴黎,从餐车吃饭回来,同车厢有两位法国女子拿出纸袋里自带的食物,吃得"油污狼藉"。两位老先生敬烟给吕碧城,她欣然接受。"二女知予返自餐车,饱而吸烟,观彼饕餮,乃恼羞成怒,谓予不应在车厢吸烟。"吕碧城听了,不声不响地灭了烟。不久,一老者从衣袋中取出雪茄,吕碧城赶紧为他献上火柴。等老先生抽上烟,吕碧城才问那两个法国女子:他抽烟你们为何就不制止呢?对方辩解:刚才正在进食,所以讨厌烟味。吕碧城此刻后发制人,批评道:车厢并非就餐之所,肉类油污也会让同座憎恶,你们本该去餐车就餐的(她特意不乏优越感地注上一笔:"二女因餐室价昂,故不往耳")。说罢,悠然点烟,吞云吐雾,她们拿她无可奈何。

吕碧城说,她俩是有意向我挑衅,所以我也绝不相让。看看,她绝对是凛然不容冒犯的,若有人胆敢招惹,她必定得理不饶人,挥戈反击,而且有勇有谋,还有小小的狡黠。

不成哀怨不成欢

吕碧城的议论文纵横捭阖，不难看出性格的刚烈、叛逆。她的诗词飘洒俏丽、摇曳多姿，最受世人推崇，从她年轻时，赞词美誉就纷至沓来，人人拿她跟李清照相提并论。那些诗词不囿于闺阁视野，立意高远，用典繁密，还常将异域风情、稀奇物事等新材料融入旧格律，中西杂糅，却化得浑然无痕。她也喜欢直抒胸臆，虽然有时伤于直露，但那种挣脱陋俗陈规羁绊、心系时事、放眼世界的豪侠英迈气概，的确使她有别于寻常女子——"风雨关山杜宇哀，回首神州尽尘埃"（《感怀》）、"流俗待看除旧弊，深闺有愿作新民"（《书怀》）、"安得手提三尺剑，亲为同类斩重关"（《写怀》）、"夕阳红处尽堪怜，素手先鞭著何处，如此山川"（《浪淘沙》）都俨然豪放一派。

她写得清朗脆爽，时含孤愤雄奇，即使吟花赏月，也少见娇弱柔靡的脂粉气。但吕碧城在诗词里，也时时显露她的女儿本色：爱犬杏儿病死，她伤心多日；静夜听到风卷树叶，怀疑有人入室，也会吓得不敢窥视；初夏天气，雨后转晴，她赶紧取出鲜艳的纱衣试穿，"杏子花纱正宜试，上楼开取缕金箱"（《杂感》）。

吕碧城幼时曾被许配给同乡汪家，待吕家遭遇家难，汪家就退了婚。此后，她一生未涉婚姻。据王忠和的《吕碧城传》讲述，吕碧城在天津师从严复时，后者和傅增湘等都曾为她撮合婚事，介绍欲续弦的驻

▲吕碧城在瑞士

日公使胡惟德给她，被吕碧城拒绝。严复在给侄女的信里感叹：吕碧城心高气傲，眼中所见，没有一个中意者，自己曾劝她早觅佳偶，她颇不以为然，"大有立志不嫁以终其身之意"。

吕碧城为何错过姻缘？关心、好奇的人不少。她自己后来半开玩笑地解释道：生平所见，可称许的男子不多，梁任公（梁启超）早就有妻室了，汪季新（汪精卫）呢年岁又较轻（其实与她同岁），汪荣宝（担任过驻比利时、瑞士、日本公使等职，有《清史讲义》等著述）也不错，不过也有家室了……"我之目的不在资产及门第，而在于文学上之地位。因此难得相当伴侣，东不成，西不合，有失机缘。"这番话既是调侃，也非虚言——能入她法眼的男子，本来就寥寥无几，分量和年岁相当，又还虚位以待的，更是寥若晨星，当然就宁缺毋滥了。吕碧城同时也补充道："幸而手边略有积蓄，不愁衣食，只有以文学自娱耳。"她自有资产，无须为衣食之忧而勉强嫁人，当然更多了一分挑剔。

严复在给外甥女何纫兰的信里，还转述过吕碧城对"自由结婚"的看法：她觉得，当时自由恋爱而结婚的年轻人，"往往皆少年无学问、无知识之男女"。当他们相亲相爱、男婚女嫁时，旁人冷眼旁观，即便觉得不合适，也不便干预。"转眼不出三年，情境毕见，此时无可委过……其悔恨烦恼，比之父兄主婚者尤深，并且无人为之怜悯。"吕碧城显然不赞成年轻人盲目、草率成婚，而她的这番理性与透彻，也让严复对她的婚事，更捏了一把汗。

作为"美貌、单身的名女人"，吕碧城的情感遭际，外人很想八卦一番，却又知之甚少、难以置喙，只好捕风捉影。与她经常唱和的袁克文、苏州名绅费树蔚、"江东才子"杨云史（其元配是李鸿章的孙女李道清）等，都曾被人跟她的名字摆在一起，屡受揣测、推敲。

1920年秋，吕碧城第一次赴美，在哥伦比亚大学进修美术，1922年经日本回到上海，1925年翻译出版《美利坚建国史纲》。1926年秋她再度出国，七年间游踪遍及美国、瑞士、法国、英国、德国、意大利等国。其间她给京沪的报刊撰文，以《鸿雪因缘》为题连载，颇受欢迎。吕碧城1933年回国后居于上海、香港等地，1937年又再度出国，从新加坡到瑞士，1940年回到香港，1943年病故，20万元港币捐给香港东莲觉苑。

早在1928年圣诞节，吕碧城在日内瓦赴美国友人的聚会后，就开始完全食素，1930年皈依。此后，她撰写了大量佛学著作，也翻译、印刷了许多佛经。她中年后致力于宣扬食素、保护动物、戒杀生。她1930年在日内瓦为《欧美之光》写的自序说，自己去国十年，游踪遍及全球，"不羡其物质之发展，惟觇其风化之转移"。她认为，国家不宁，与民德沦丧有关，宣扬动物保护，也为唤醒仁厚之心。

吕碧城无羁绊，有财力，履迹处处，足够逍遥，在国内国外都经常远行，寄情胜迹美景。她交游广泛，处事决断，即便孤身单影，也颇能"自成欣赏，笑口常开"。长住瑞士时，她居于日内瓦湖畔，每晚去隔壁剧场听歌，白天则常坐矶头观钓，或者登汽艇游湖消遣。"斗室精妍，静无人到，逐日购花供几，自成欣赏……虽闭户兼旬，不为烦倦。"虽然离群索居，她却并不显得寥落。

不过，当疾病袭来、身心俱疲时，也难免顾影自怜。发表于1923年的《纽约病中七日记》，是吕碧城唯一的白话文作品，有相当浓的"实录"色彩——住在"世界最大酒店"的"我"头晕发烧，仍不时会客或外出溜达、做客，很会打发时光。一天午后终觉无聊，独自凭栏，看着酒店大堂的往来客人，想到自己"如一粟飘在沧海，也不知道生存的目的何在"。晚间，梦见几株盛开着芬芳白花的大树，近看花已半谢，"不知不觉抱着这树哭了起来，并且诵程芙亭女士《落花赋》'莫待西风古塞，青冢萧条；休教落日飞燐（燐，鬼火），红颜拌（拌，舍弃、不顾惜）弃'的句子"。"我"在梦中沉痛至极，"一恸而绝"，醒来泪花犹存。

人一病就格外脆弱敏感。红颜易逝的焦虑，去日苦多的失落，"渺沧海之一粟"的虚无……种种浅恨闲愁，平日深藏不露，仿佛相安无事，病弱时刻，它们就像洪水般汹涌地淹上来。说来，这些无非是人生最根柢的怅惘、感伤，无论男人还是女人，单身还是已婚，都会遭遇的。但是，当吕碧城独栖海外，没有爱人、亲友陪伴，没有子女环绕，突如其来的悲凉之水，那一刻也很容易将人袭得一阵踉跄。

她有那么超常的生命力、创造力，情感浓度又特别饱满，陷于情网或使人溺陷，都不意外。吕碧城自己，当然不会口无遮拦地披露。只有从她的一些诗词里，能看到一点蛛丝马迹。

《无题三首》就很能透露消息。"之一"道："又见春城散柳绵，无聊人住奈何天。"柳絮再次飘落，春日渐深渐浓，自己照例形单影只。琼楼高处，虽清静绝尘，却有点不能承受之轻："琼台高处愁如海，未必楼居便是仙。""之二"说："回文织锦苦萦思，""从来宋玉只微词。""回文织锦"是晋代苏蕙写给丈夫的凄婉相思之诗，后用于代指情诗情书；宋玉是楚国著名的俊逸才子，"口多微词"，即言辞含蓄婉转。她的"宋玉"也擅长曲折隐晦吧？所以她欲提笔畅诉衷肠，却颇费思量，"想见修书下笔迟"。

"之三"则云：

婉转愁牵亿万丝，春来惊减旧腰肢。
枉求玉体长生诀，自效红蚕近死时。

不知是怎样缭乱的愁思万缕，让她瘦损了腰肢，却依旧像春蚕至老（蚕老熟后呈红色），吐丝（相思）不绝。她的《苏幕遮》也说得凄婉："欲诉琴心，心事成灰炬，浥透鲛绡痕万缕。泪雨何时，晴到梨花树。"

《杂感》"之三"，则尽量显得洒脱：

已无春梦萦罗绮，何必秋怀寄茝兰。

灰尽灵犀真解脱，不成哀怨不成欢。

茝兰是香草，也指代所爱之人。屈原的《湘夫人》云："沅有茝兮醴有兰，思公子兮未敢言。"那些"心有灵犀"的光阴，刻骨铭心，但似乎已经飘逝成云烟。那么，且将春梦秋怀俱收捡，哀怨欢情都看淡。她的所谓"解脱"和放下，是在说服自己、独自消化吧，否则为什么要付诸歌咏，借文字来狠狠地敲定、落实？

也罢，机缘不凑巧，独行也无妨。古灵精怪如吕碧城，假如与谁成为眷属，也不见得就是最适宜的结局。再说，她眼风那么高，能量那么大，有几个男人能招架得了呢？

现在，人们提到吕碧城，都爱冠以"民国著名剩女"。其实，她的高才绝韵、奇风异调，哪里是"剩女"二字可以轻易概括的？

杨荫榆：中国第一位大学女校长

"她任北京女子师范大学校长仅一年半就狼狈离职。这段经历的阴影,伴随她的生前身后。"

杨荫瑜（1884—1938），江苏无锡人。1907年赴日本留学，回国后在苏州、北京的女校任教。1918年赴美留学，获教育学硕士学位。1924年担任国立北京女子师范大学校长，1925年8月辞职南归，在东吴大学等校任教。1938年惨遭日军枪杀。

女师大掀起"驱羊风潮"

出任北京女子师范大学校长、成为中国首位国立大学女校长,一定是杨荫榆一生最志得意满的时刻,然而,她在这个职位上只待了一年半就狼狈离职。这段经历的阴影,伴随她的生前身后。

很多人是从鲁迅的《纪念刘和珍君》中知道杨荫榆的。因为刘和珍在1926年的"三·一八惨案"中殉难,便误以为杨荫榆是此次镇压学生的凶手。其实,杨荫榆1925年8月初辞职后,当年冬天便回到了苏州兄长家。不过,此前她在女师大风潮中,确实曾被鲁迅痛加针砭。

1924年11月,由于部分学生秋季开学后延迟了两个月返校,杨荫榆整顿校风,欲开除三个学生。她的处置有失公平,引起师生不满,女师大开始"驱羊(杨)风潮"。1925年1月,女师大学生自治会向杨荫榆递交要她去职的宣言。

5月上旬,女师大召开"五七"国耻纪念会,有学生不承认杨荫榆为校长,驱赶她退席。5月9日,杨荫榆宣布开除刘和珍、许广平

▲杨荫榆任校长时的北京女子师范大学

等六名学生自治会成员。学生自治会则召开紧急大会，坚决驱逐杨荫榆。学生们将校长办公室与寝室贴上封条，在校门口张贴开除校长等布告，值班把守，不准杨荫榆进校，她不得已只好和行政人员到校外租房办公。1925年1月以来，学生们发布数次驱杨宣言，指斥杨荫榆"劣迹昭彰"：资格浅薄不学无术，不谙礼节坠落校誉，越俎侵权徇私舞弊……其中有"蟊贼""丧心病狂""不知人间尚有羞耻""杨氏之肉，其足食乎"等激烈之语。

1925年5月20日，杨荫榆在《晨报》发表《"教育之前途棘矣！"杨荫榆之宣言》。一周后，《京报》发表鲁迅、周作人、沈尹默等七人联名的《对于北京女子师范大学风潮宣言》，声援学生，指出杨荫榆的感言以及致学生家长书，"大概谆谆以品学二字立言，使不谙此事始末者见之，一若此次风潮，为校长整饬风纪之所致……殊有混淆黑白之嫌"。许广平在她保存的这一宣言的铅印件旁写有附注："鲁迅拟稿，针对杨荫榆的《感言》仗义执言，并邀请马裕藻先生转请其他先生连名的宣言。"

7月底，杨荫榆以整修宿舍为由，要求暑假拒绝离校的学生搬出学校，被断然拒绝。8月1日，她率领职员们在京师警察厅巡警护卫下进入学校，勒令学生即刻离校，学生则坚决反抗。现场目击的李四光在《在北京女师大观剧的经验》一文中讲述，杨荫榆吩咐巡警不能动手，学生的情绪则比较失控，"一时汹涌唾骂的音乐大作……可怜我们平时最敬爱的青年淑女，为什么要做到那步田地"。

杨荫榆焦头烂额，再难执掌学校，教育总长章士钊8月8日批准她辞职。担任女师大校长仅一年半，她就从职业生涯的顶峰，迅疾而尴尬地跌落。

教育部宣布停办女师大，章士钊在《停办北京女子师范大学呈文》中肯定了杨荫榆"明其职守，甘任劳怨"，随后感叹"纲纪荡然"。他说京师各校因校方开除学生而驱逐校长，已非一例。最后大抵是"革生留而校长去"。

20世纪20年代的许多学潮,既源自大破大立的社会风潮的激荡,也因年轻人饱含挣脱旧传统旧秩序的渴望,还涌动着青春期的叛逆冲动,有时更掺杂进一些复杂背景。学生也不乏过激行为,包括火烧《晨报》报社、冲进章士钊家打砸。

女师大风潮期间,不同阵营的学者,在媒体上针锋相对地论战。陈西滢《北京的学潮》一文1925年2月发表于《现代评论》,他认为女师大驱杨宣言"所举的校长的劣迹,大都不值一笑。至如用欲饱私囊的字眼,加杨氏以莫须有之罪,我们实在为全国女界的最高学府的学生不取"。

女师大哲学系主任兼教授汪懋祖6月初在《晨报》发表文章,遗憾于学潮被外力推波助澜、难以收拾。他觉得"杨校长为人,颇有刚健之气,欲努力为女学界争一线光明,凡认为正义所在,虽赴汤蹈火,在所不辞"……

鲁迅在女师大风潮前后,写了大量檄文讨伐杨荫榆、章士钊等,8月10日发表于《京报》的《女校长的男女的梦》,批判杨荫榆污蔑学生与教员,对学生"先以率警殴打,继以断绝饮食……",笔墨照例辛辣尖刻:

我不知道事实如何,从小说上看起来,上海洋场上恶虐婆的逼勒良家妇女,都有一定的程序:冻饿,吊打。那结果,除被虐杀或自杀之外,是没有一个不讨饶从命的;于是乎她就为所欲为,造成黑暗的世界。

已于1923年秋从女师大毕业的作家石评梅,也在《京报》撰文,痛批杨荫榆"残忍无人心的荒谬举动",称她"品德不足以服人,才智不足以制众"。

胡适惋惜于笔战双方"都含有一点不容忍的态度",担心影响年轻人"朝着冷酷,不容忍的方向走"。1925年五卅运动之后,他以《爱国运动与求学》谆谆告诫青年,真正的爱国是把自己铸造成有用之材,而非"在一个扰攘纷乱的时期里跟着人家乱跑乱喊"：

> 排队游街，高喊着"打倒英日强盗"，算不得救国事业；甚至于砍下手指写血书，甚至于蹈海投江，杀身殉国，都算不得救国的事业……
>
> 学校固然不是造人才的惟一地方，但在学生时代的青年却应该充分地利用学校的环境与设备来把自己铸造成个东西。我们须要明白了解：救国千万事，何一不当为？而吾性所适，仅有一二宜。

"国民之母之母之婆"

被打落入水后，杨荫榆留在世间的形象，就这么定格了：依附北洋军阀，推行封建奴化教育，肆意压迫学生。

杨荫榆自己，一定万般委屈，她以为自己的出发点，不过是要在好校风里培养专注学习的好学生。她在给女师大学生家长的信中说："本校为全国女学师资策源之地，学风品性，尤宜注重。乃近年以来，首都教育，以受政潮影响，青年学子，遂多率意任情之举。习染既深，挽救匪易，本校比以整饬学纪，曾将少数害群分子，除其学籍，用昭惩儆……"她认为女师大是为全国女学培养师资的，故"学风品性"尤其要紧。"窃念好教育为国民之母，本校则是国民之母之母。"学生因此讽刺她为"国民之母之母之婆"。她1925年5月9日写给全校学生的《公启》同样招致某些嘲笑："须知学校犹家庭，为尊长者断无不爱家属之理，为幼稚者亦当体贴尊长之心。"在五四运动之后摒弃旧式伦理的语境中，这类自居尊长的语调，当然显得很不合时宜。

杨荫榆8月4日发表于《晨报》的辞职感言也说："荫榆置身教育界，始终以培植人材恪尽职守为素志，在各校任职先后将近十年，服务情形，为国人所共鉴……对于学生品性学业，务求注重实际……自问过于认真，容有不见谅于人者，但即受国家委以重任，矢志以尽力女子教育为职责……勉力维持至于今日者，非贪恋个人之地位，为彻底整饬学风计也（按本校近七年来每年皆有风潮）。"

徐志摩1919年在纽约哥伦比亚大学研究院学习时，与杨荫榆同过一年学。他在8月18日的日记里饶有兴味地评点了同学的十位女留学生，行文风趣俏皮，对她们的容貌性情，有褒有贬。他最欣赏来自山东的丁素筠："性情也温良和蔼，说话喜孜孜的讨人喜欢……身体硕美，颜色红润……我也给他一个四字评：叫做丰、腴、妩、媚。"丁素筠回国后任教于沪江大学生物系，经朋友介绍，1924年与毕业于哈佛大学的尹任先结婚。徐志摩觉得最不可救药、最可怜的是胡女士："先天生的丑，又不学好，简直弄得如螃蟹一样。"他最后自我批评道，"我因为填写日记，牺牲了自己的厚道，逗着轻佻的笔锋，我们尊贵的姑娘，实在是造孽造孽，阿弥陀佛"！

出现在徐志摩笔下的杨荫榆，戆直自负，颇不可爱。徐志摩说大家称杨监学为小姐，他觉得有些肉麻，不如称杨大姐，因为她是老小姐，或者称"密司"也可，不像称小姐那么触耳。

他（杨荫榆）年纪大概四十左右，所以他的颜色，可以置诸不论。但是他从前来吴城看董时的时候，倒居然自忘年老，著意修饰：面上涂着脂粉，身穿齐腰的花洋纱短褂，头戴绯花的笠帽，手里还张着花绸洋伞。我当时看他步步莲花，何尝不当他是一二八佳人。自从到衣色加后，他还真反（返）朴，一味本色，到是有自知之明，中国人见了没有一个不说他是国粹保存家……他在中国女界，自然总算头排二排的人物了。他到美国来，自然自命不凡，以教育家自居，所以在船上就同任坚（董时）说得丝丝入扣，非常投机。他的性情颇为严厉戆直,大概他是教训惯了小学生,所以就是见了我们大学生,也不免流露出来。他既然以教育家自居,自然比平常女学生,多留意国事世界事以及美国家庭状况。他的主见,是温和保守派。他极不愿意叫旧道德让路,不赞成欧化中国,主张局部的变通……他存了这派心理,一看小邝等那样活泼,罗刹庵开跳舞会,就觉得老大的不自在,以为他们是变本加厉,太过火了。他甚而至于向董时说:"衣色加的中国学生,心里都是龌龊的。"也许有几位存心不狠老实,但是说话决计不可这样笼统浑括。况且"龌龊"二字的定义,也狠难下。这句话就是我听了,也觉得不能过分为杨监学恕。大概他生性戆直,也是有的,或者当时董时逼得他急了,一时未能择词,随口就淌了出来。

杨荫榆既不漂亮也不擅打扮,性格又不活泼,在20岁出头的徐志摩眼中,自然显得够老——"年纪大概40左右",其实她当年才35岁。那时徐志摩已经结婚并生子,私下嫌弃着妻子张幼仪的古板沉闷不好看。虽然还没有认识林徽因、陆小曼等兼具美貌、灵秀的女子,但他的审美标准一以贯之,所以无论杨荫榆着意修饰、穿戴鲜亮还是毫不讲究、朴素归真,都难得其好评。

徐志摩还讲述,杨大姐受邀在衣色加学生会组织的中国留学生大会上演说,结果"惹出许多闲话来了":她主张要强健体格好替国家出力,认为当下中国人只能卧薪尝胆,不可歌舞娱乐。还说她不赞成美化。"就他命意说,到是句句金言,我就很钦佩他的敢言不讳。无如他说得太啰嗦了——他骂人了——他于是触怒人了!"

杨荫榆比大多数留学生年长10多岁,差不多算得上他们的长辈,她又带着教育名家的自命不凡,对年轻人流露出训诫者的居高临下,难免让人反感。因为固守旧道德,自以为是,对其他同学的歌舞娱乐也大张挞伐,因而触犯众怒。

徐志摩的记叙十分难得：杨荫榆的保守迂执与不通人情，看来早已显露，这为她后来的狼狈处境埋下伏笔——女师大风潮背后，固然混杂着难以化解的复杂局面和人性的幽微，但她的刚愎僵硬，也往往火上浇油，使局面加剧失控。

杨荫榆去世后，对鲁迅"由钦敬到反对"的作家苏雪林撰有《悼女教育家杨荫榆先生》。她回忆自己20世纪20年代末与杨荫榆相识，之前在《几个女教育家的速写像》中介绍过其生平。"提到北京女师大风潮曾替荫榆先生说了几句公道话。她原是已故某文学大师的对头，而某大师钦定的罪案是从来没人敢翻的，我胆敢去太岁头上动土，岂非太不自量？所以这篇文字发表后，居然吃了人家几支暗箭。这也是我过于爱抱不平，昧于中国古贤明哲保身之道的结果，只好自己骂一声'活该'！"

杨荫榆的一生，求学与教书、办学，是贯穿始终的主线索。她1884年生于无锡，1902年和二姐杨荫枌就读于兄长杨荫杭（杨绛之父）与朋友创办的理化会，学习近代数理知识。此后在苏州景海女中和上海务本女中学习。1907年，杨荫榆考取官费到日本留学，先后在青山女子学院、东京女子高等师范学校理化博物科学习，毕业时还获得奖章。她回国后任江苏省立第二女子师范学校教务主任兼生物解剖老师。1914年到北京女子师范学校（后来的女高师、女师大）任学监。1918年，杨荫榆被教育部选派到美国哥伦比亚大学攻读教育学，1922年获硕士学位后回国任教，1924年2月被教育部任命为女师大校长。1925年8月辞职南归后，她先后在苏州女子师范学校、东吴大学等校任教。1936年在苏州创办私立学校"二乐女子学术研究社"。

杨荫榆的一生，无论是否合于时宜，矢志于女子教育，倒确实是做到了。

不得已做了"拟寡妇"

裹在是非旋涡里的杨荫榆,无论如何都有些概念化,还是她的侄女杨绛所写《回忆我的姑母》,让我们看到一个活生生的人:不那么可爱,却也恨她不起来。

杨绛描述:"三姑母皮肤黑黝黝的,双眼皮,眼睛炯炯有神,笑时两嘴角各有个细酒涡,牙也整齐。她脸型不错,比中等身材略高些……她不令人感到美,可是也不能算丑。"然而,杨荫榆的母亲认为女儿生得丑,将她嫁得尤其糊涂——只看中门当户对,却不知女婿的底细,那位蒋家少爷是个低能儿,"老嘻着嘴,露出一颗颗紫红的牙肉,嘴角流着哈拉子"。任何对未来心怀憧憬的新娘,掀开盖头面对这么奇形怪状的新郎,都会愕然、绝望,从头冷到脚吧。

杨绛说,不知道三姑母在蒋家的日子是怎么过的,"听说她把那位傻爷的脸皮都抓破了,想必是为了自卫"。杨荫榆躲回娘家不愿再去夫家,厉害婆婆派来老妈子硬将她接走。后来她死也不肯回去,婆婆亲自上门,杨荫榆有些怕她,躲入嫂子(杨绛母亲)的卧室。"那位婆婆不客气,竟闯入我母亲的卧房,把三姑母揪了出来。"杨荫榆不再示弱,坚决与夫家断绝了关系。"那位傻爷是独子,有人骂三姑母为'灭门妇';大概因为她不肯为蒋家生男育女吧。"那是20世纪初期,不肯嫁狗随狗的女子,本已满腹酸楚,竟还要遭舆论无情打击。

此后,杨荫榆与二姐杨荫枌一起求学,她们不坐轿子,步行到校,与男生同学,开风气之先。这段荒诞婚姻,也许粉碎了杨荫榆关于男欢女爱的所有幻想。脱离夫家时她才18岁,足够年轻,不知后来是否有过感情涟漪?但命运让她单身至老。

杨绛的父母都惋惜:如果嫁了好丈夫,杨荫榆会是贤妻良母。杨绛觉得,

"她挣脱了封建制度的桎梏,就不屑做什么贤妻良母。她好像忘了自己是女人,对恋爱和结婚全不在念。她跳出家庭,就一心投身社会,指望有所作为"。

鲁迅发表于1925年12月的《寡妇主义》说:

在寡妇或拟寡妇所办的学校里,正当的青年是不能生活的。青年应当天真烂漫,非如她们的阴沉,她们却以为中邪了;青年应当有朝气,敢作为,非如她们的萎缩,她们却以为不安本分了:都有罪。只有极和她们相宜,说得冠冕一点罢,就是极其"婉顺"的,以她们为师法,使眼光呆滞,面肌固定,在学校所化成的阴森的家庭里屏息而行,这才能敷衍到毕业……

鲁迅解释:"所谓'寡妇',是指和丈夫死别的;所谓'拟寡妇',是指和丈夫生离以及不得已而抱独身主义的。"他认为,在"寡妇主义教育"下,"许多女子,都要在那冷酷险狠的陶冶之下,失其活泼的青春,无法复活了"。

所以托独身者来造贤母良妻,简直是请盲人骑瞎马上道,更何论于能否适合现代的新潮流……因为不得已而过着独身生活者,则无论男女,精神上常不免发生变化,有着执拗猜疑阴险的性质者居多……生活既不合自然,心状也就大变,觉得世事都无味,人物都可憎,看见有些天真欢乐的人,便生恨恶。尤其是因为压抑性欲之故,所以于别人的性底事件就敏感,多疑;欣美,因而妒嫉。

鲁迅从1925年3月开始与许广平密集通信,女师大风潮期间,他们正在热恋。鲁迅与原配朱安的婚姻,一向形同虚设,多年来其实正是过着独身生活。他本人也是旧式婚姻的受害者,但用这种鄙夷的语调征伐一个不幸的失婚妇女，未免刻薄，有失宽容。

"拟寡妇"一词精确戳中的，是杨荫榆锥心泣血的往事。徐志摩1919年与之同学时，不确知杨荫榆是离婚还是退过婚，可见那段痛史，多年后她仍然很少向人提及。

杨荫榆也曾受学生拥戴。20世纪30年代，她早年的学生谢巾粹撰文回忆，1913年在江苏省立第二女子师范学校念书时，同学们"既佩服杨师的学识、经验，更欣赏杨师的和蔼可亲、热心恳切，宛如慈母的态度。"杨荫榆去北京任教职时，她们哭着挽留。

杨绛还记得1916年她5岁时，在北京女高师附小上一年级，当时任女高师学监的三姑母很喜欢她。有一次小学生们在饭堂吃饭，三姑母带了几位来宾进来参观，顿时全饭堂肃然。背门而坐的杨绛，饭碗前面掉了好些米粒。三姑母附耳说了她一句，她赶紧把米粒儿捡起来吃了，其他孩子也都效仿。姑母回家跟杨绛的父亲讲起此事，"笑出了细酒窝儿，好像对我们那一群小学生都很喜欢似的。那时候的三姑母还一点不怪僻。"为小孩子们的可爱笑出酒窝的杨荫榆，显出几丝柔润的母性。

杨荫榆到美国留学时，去站台送行的学生哭得抽抽噎噎，她也洒泪惜别。学生们送的礼物，她一直珍藏，她也送给全校学生每人一只银质鸡心别针。

她既有服务社会的志向，也有读书求学的聪明和不错的组织能力，曾任留美中国学生会书记。拿到哥伦比亚大学硕士学位后，还遗憾没有继续念博士。

杨绛回忆，小时候在北京时，"三姑母每到我们家总带着一帮朋友……大伙儿热闹说笑，她不是孤僻的。可是1925年冬天她到我们家的时候，她只和我父亲有说不完的话"。

杨荫榆处世有点"佶屈聱牙"。20年代末她在东吴大学任教时，附中一位美国老师带队春游，有学生不顾叮嘱下潭游泳遇险，老师下水抢救，力竭不支，最后孩子溺亡。老师流涕自责，舆论认为他已尽责。校方为此召开校务会议，请了杨荫榆参加。她在会上责备那位愧疚惶恐的老师未能舍命相救，会后又自觉失言。杨绛写道："舍生忘死，只能要求自己，不能责求旁人。"何况校方请杨荫榆与会，并不是为了征求批评。事后她懊悔至极，请校委会成员吃饭致歉，宾主融洽，似乎也缓和了紧张关系。

请客之前，她舍不得叫最贵的席面，客人散后，她却咬牙切齿，骂自己"死开盖"（着三不着两），嫌菜不好怠慢了客人。杨绛为此感慨：

> 其实酒席上偶有几个菜不如人意，也是小事。说错话、做错事更是人之常情，值不当那么懊恼。我现在回头看，才了解我当时看到的是一个伤残的心灵。她好像不知道人世间有同情，有原谅，只觉得人人都盯着责备她，人人都嫌弃她，而她又老是那么"开盖"。

杨绛的母亲既同情杨荫榆早年嫁给傻子的不幸，也佩服她的个人奋斗，对这位孤身的小姑子非常迁就。小姑子想吃什么、要穿什么，常常亲手做了给她，狭隘任性的她还要嫌好道坏。杨绛姐妹们心疼母亲，觉得两位姑姑自私自大，无端给母亲添了许多麻烦还视作理所当然，不免啧有烦言。杨绛的母亲往往最后上桌，也最后离开饭厅，杨荫榆有时竟要去觑一眼她是不是在独自吃什么好东西，心眼儿真是又细又弯。

杨荫榆跟人不那么好相处，因为难伺候，佣人总是用不长。她于人情世故，尤其粗陋简慢，欠缺圆润温厚。杨绛的三姐订婚，杨荫榆作为媒人十分高兴。她自己都不会梳妆打扮，平日也看不起女人装扮，订婚礼前夕，却与二姑母兴兴头头要给三姐梳头。这位三姑母擅长数理，她拿着梳子簪子，起初竟将准新娘的头发梳成各种几何形状；二姑母则将三姐的头发越修越短，差点无法收拾；三姐的婚礼在娘家举行，新房也暂设娘家。按旧时风俗，两位姑母作为无子女无丈夫的"畸零人"，最好回避的，虽说杨绛父母不甚讲究旧俗。可她俩倒好，毫不避讳地往前凑。进了新房，还尽拣些不吉利的话说，二姑母说窗帘上的花纹像一滴滴眼泪，三姑母说喜床这么讲究，将来出卖肯定值钱。杨绛的妈妈晓得两位小姑子精怪，事后笑笑说："她们算是怄我生气的。"

1935年夏天杨绛结婚时，杨荫榆穿着一身自以为很帅的白夏布衣裙和白皮鞋去吃喜酒，看得客人惊诧不已，觉得她像是披麻戴孝。

但杨荫榆并不奸猾，很好糊弄，所以有时也被骗。有个人常给她"灌米汤"，遂陆续借了她一大笔钱。等了好久，她要求对方还钱时，人家却只管放狗出来咬她。

杨荫榆搬出哥哥家后，在盘门建了新居。苏州沦陷后，四邻小户人家深受敌军蹂躏，杨荫榆不止一次去找日本军官，责备他纵容部下奸淫掳掠。她的学生和街坊女子怕日本兵挨家挨户找"花姑娘"，也都躲到她家。1938年1月1日，她被两个日本兵带到一座桥顶，枪杀后抛入河里。一位给她建房的木工将遗体捞起入殓，棺木太薄，家属领尸的时候，没有现成的特大棺材可以套在外面，只好在棺外加钉了一层厚厚的木板。

1939年，杨荫榆与杨绛的母亲同日下葬。"我看见母亲的棺材后面跟着三姑母的奇模怪样的棺材，那些木板是仓猝间合上的，来不及刨光，也不能上漆。那具棺材，好像象征了三姑母坎坷别扭的一辈子。"

苏雪林的《悼女教育家杨荫榆先生》回忆，杨荫榆写信给她，说想办女子补习学校二乐学社，"招收已经服务社会而学问上尚想更求精进的或有志读书而无力入校的女子，援以国文、英文、算学、家事等有用学问"，请苏雪林也签名于发起人之列。"七月间我回苏州度夏，会见了我最为钦佩的女教育家王季玉先生，才知道二乐学社系荫榆先生私资所创办。因经费支绌，无法租赁校舍，校址就设在她盘门小新桥巷十一号住宅里。"苏雪林去杨宅拜访杨荫榆，正值暑假，学生留校者寥寥数人，"一切规模果然简陋"。谈起女师大风潮，"她源源本本的告诉了我。又说某大师所有诬蔑她、毁谤她的话，她毫不介意，而且那也早成过去了。如果世间公理不灭，她所受的那些无理的攻击，总有昭雪的一天"。苏雪林为老友的遇害悲愤不已：

> 咳！荫榆先生死了，她竟遭大日本的"皇军"惨杀了……记得我从前那篇《女教育家速写像》，写到荫榆先生时，曾引了她侄女寿康女士写给我的信几句话来安慰她道："我们只须凭着良心，干我们认为应当干的事业，一切对于我们的恶视、冤枉、压迫，都由它去，须知爱的牺牲，纯正的牺牲，在永久的未来中，是永远有它的地位，永远流溢着芬芳的。"当时用这"牺牲"字眼，原属无心，谁知今日竟成谶语。

苏雪林提到的"寿康"是她的好友兼教友，杨绛的大姐。

杨荫榆曾从大嫂（杨绛的伯母）那里要去一个孩子当孙女，她也爱这女孩，后来大嫂舍不得又领回去了。她想勉强拼凑一个家的愿望，最终落空。她54岁的一生，得志与失意、倔强与孤绝、热闹与凄清，错综交织。

杨绛从亲属的角度，写日常视野里的杨荫榆，行文有一贯的淡然和隽永，非常耐读。她对三姑母的感情很复杂，既不喜欢后者性格的孤寒、怪异和为人处世的歪歪扭扭；但对于杨荫榆崎岖、清冷的悲剧命运，又有从人性出发的尊重、悲悯，以及作为亲人的同情、怜惜。

杨荫榆的形象长期以来都颇为丑陋、狰狞。这些年，"骂敌遇害，晚节彪炳"，又为她赢来许多敬佩。惨烈之死，似乎替她洗刷了从前的好些骂名，也让她的晚年有了一抹难得的亮色。

然而，就算杨荫榆不曾"骂敌遇害"，她的一生，也确实不是"推行封建奴化教育，肆意压迫学生"这个标准化标签，所能简单归纳的。作为民国早期留学日本、美国且学业优秀的教育家，她曾有一番传道授业、改良教育的抱负，也有某种程度的自负，自信能有所作为。然而，多年求学国外的杨荫榆没有看到，自己培养"国民之母之母"的想法，与五四后浪翻波涌的时代潮流，有着尖锐冲突；而性格狭隘偏执，处事僵硬失当，欠缺人际关系处理能力以及旧家长式的管理作风，则使她不能消解冲突，反而激化了矛盾；加之种种复杂情势的推波助澜，让这个放弃家庭后投身社会的女人，最终灰头土脸，失去了最理想的一道支撑。

命运数奇兼性格缺陷，使杨荫榆日渐孤僻。如果另有一个花好月圆、儿孙绕膝的人生，她又何尝想当一个鲁迅所揶揄的"拟寡妇"，尽尝世间的清寒、孤独、失意呢？

黄逸梵：行踪飘忽的旅客

"假如晚生一点、婚姻可以自主、从小就能接受系统教育，黄逸梵后来在婚姻、情感和职业上的种种不如意与尴尬，或许可以避得开吧。不过，谁知道呢？"

黄逸梵（1896—1957），1915年与李鸿章的外孙张廷重结婚。因婚姻失意，1924年赴欧留学。黄逸梵深知女子念书的必要，竭力让女儿接受优质的学校教育。她对艺术的兴趣和天赋，传给了女儿张爱玲。1957年，在英国伦敦去世。

来来去去像神仙

黄逸梵这名字,是她后来改的,原名叫黄素琼。素琼,是不是显得平淡无奇,也平庸乏味一些?而逸梵呢,当然更刻意、别致、精巧。假如,这个叫素琼的女人甘于做随遇而安的素琼,她的人生是否会两样?

当然,无论叫什么,如果她不是张爱玲的母亲,绝不会这么频繁地进入今人的视线。

人人都爱说张爱玲父系祖辈的显赫,但黄逸梵的娘家也不逊色。她祖父黄翼升曾与李鸿章一起在曾国藩麾下领军,朝廷让曾国藩从所率将领中选拔"才略素著、谋勇兼全者"升职,黄翼升逐步官至首任长江水师提督。曾国藩的奏言说:"水师事务繁重,惟翼升可以综览全局。"黄逸梵的父亲黄宗炎承袭了男爵爵位,但年仅30岁就在广西盐法道任上去世了。黄逸梵为遗腹女,生母是从长沙乡下买回的姨太太,也很早过世。嫡母看重家世门庭,老早就把她许配给李鸿章的

▲闺中小脚姑娘　黄逸梵还叫黄素琼的时候

外孙、张佩纶的儿子,她不情不愿地嫁了。

两家倒是门当户对,但名门之后张廷重却真是糊不上墙的稀泥,一生除了靠亲戚关系短暂谋过一点闲差,基本上无所事事。抽鸦片、赌博、嫖妓、大把花钱,却样样拿手,还纳又老又难看的妓女为妾,后来还被这姨太太拿痰盂打破头。他染上吗啡瘾后,更是专门雇了人来打针,医生说他注射的吗啡能够毒死一匹马。

黄逸梵1915年结婚,他们起先跟与丈夫同父异母的哥哥一家同住,家中旧俗浓厚,空气沉闷拘束,黄逸梵不免常回娘家解闷。后来终于分了家,搬到天津,丈夫却吃喝嫖赌,日益堕落放荡。是对这具行尸走肉忍无可忍,也向往一个别样的世界吧?1924年,黄逸梵和小姑子张茂渊前往欧洲留学,那年她28岁。丈夫动员了南北各地的亲友来劝阻,最终无效。

亲戚甚至佣人都觉得难为情似的,跟外人解释,只说是小姑子远行,嫂子去作陪。说来,有什么好大惊小怪的呢,时代不同了,留学的女子多的是,1917年,宋美龄就从美国卫斯理女子学院毕业回到上海了;1920年,陈衡哲已从美国取得硕士学位到北大任教;冰心1923年赴美国留学……有所不同的是,黄逸梵是结婚近10年的世家少奶奶,女儿4岁,儿子才3岁。船启航那天,她伏在床上哭了几个小时,心底一定有深重的灰黯和哀怨吧。她周围官宦家庭出身的旧式女子,好些人嫁的都类似《红楼梦》里的贾珍、贾琏、薛蟠之流,还不都是由着丈夫胡作非为,自己忍气吞声、逆来顺受地过了一生一世?她却不甘心跟锈迹斑驳的丈夫一起磨蚀、朽坏,偏要跟命运挣扎一番,走上一条又时髦又冷僻的新路。别的女人吵了架都只好回娘家住一阵子,却不像她,居然要漂洋过海。有人夸她是进步女性,也有人说她不安分。

黄逸梵走后,张廷重更无顾忌地沉溺烟榻,跟姨太太志同道合地赌钱,却也一直在写信请妻子回国。后来他似乎决心痛改前非,戒鸦片,遣散姨太太。黄逸梵1928年回来,既是试图弥合婚姻,也是为了儿女的教育。按她的要求,全家人搬回了上海。一双儿女觉得,母亲回家真是好啊。张爱玲(原名张煐)尤其欢喜:花园洋房里"有狗,有花,有童话书,家里陡然添了许多蕴藉华美的亲戚朋友","家里的一切我都认为是美的顶巅"。母亲身穿缀着淡赭色花球的飘逸洋装,时尚、美丽、练达。有时候,姑姑弹钢琴,母亲练歌,还跟一个胖伯母玩笑着模仿好莱坞电影里的恋爱片段。小煐也感染了热闹和鲜丽,大笑起来,"在狼皮褥子上滚来滚去",幸福极了。

后来,女儿印象中的母亲,来来去去很像神仙,"来到人间一趟,又回到天庭去"。张爱玲在《童言无忌》里说:"我一直是用一种罗曼蒂克的爱来爱着我母亲的。她是位美丽敏感的女人,而且我很少有机会和她接触……在孩子的眼里她是遥远而神秘的。"母亲和姑姑象征了一个新异的、彩色的世界,迥异于父亲那飘着鸦片味的、幽暗霉烂的一角。

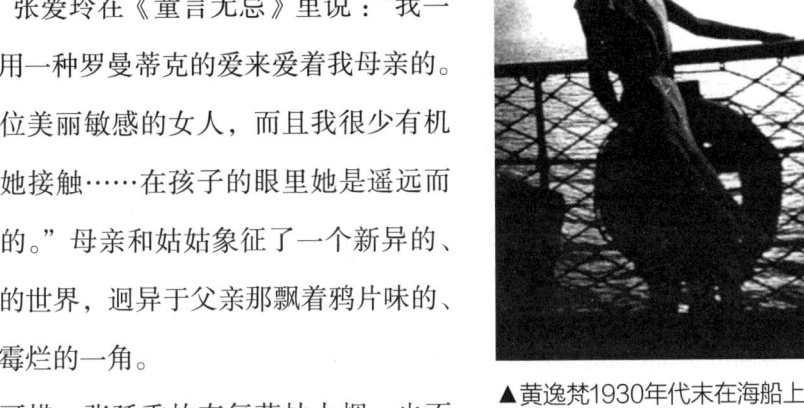

▲黄逸梵1930年代末在海船上

可惜,张廷重故态复萌抽大烟,也不拿生活费,存心让黄逸梵将钱贴光了再也走不掉。夫妻俩差异之大,感情之薄,不可避免地纷争迭起,确实也难长期待在一个屋檐下。儿子女儿都记得,那些剧烈的争吵声里,"偶尔还夹杂着我母亲的哭声和不知是谁摔破东西的声音"。黄逸梵与丈夫从试图复合到坚决要求离婚,不到两年。她感激时代到底不一样了,离婚虽属少见,待到自己"心已经像一块木头",绝望至极,到底还可以休了丈夫。

前往异国他乡,或许既有自我流放的苦涩,也有新鲜的风尚和未知的机缘。所以，哪怕在国内养尊处优，仆佣成群，去了国外也要自己做家务，宁肯一趟趟出走，"只有这样我才觉得年青自由"。她那双缠过的小脚，穿高跟鞋、游泳、跳舞，竟然样样都不妨碍，去阿尔卑斯山滑雪，大脚的小姑子都不如她灵巧。

美人迟暮　珠宝易散

黄逸梵的最大软肋，是受教育程度不够。她只念过私塾，结婚后才开始学英文，出国前基础仍差，负气出走的成分更多，"留学"的准备则显然不够，出国后也未专心致志于学业。所以她深知女子念书的必要，竭力让女儿接受优质的学校教育。张爱玲带着赞美的口气说母亲是"学校迷"，后者料定独子的教育不会被前夫耽误（结果张廷重因为省钱、失责，还是耽误了），千方百计要让女儿进新式学堂，"父亲大闹着不依，到底我母亲像拐卖人口一般，硬把我送去了"。张爱玲进的上海黄氏小学、圣玛利亚女校，都是学费昂贵的教会学校。1938年，女儿逃离父亲和后母的禁锢去投奔母亲时，黄逸梵的经济状况虽已大不如从前，仍决定承担女儿的留学费用，张爱玲的父亲和继母还幸灾乐祸地笑她是"自搬砖头自压脚"。张爱玲报考伦敦大学时，母亲给她请老师补习数学，课时费据说高达5美元，这在当时，是一笔不小的开销。

黄逸梵对艺术的兴趣和天赋，传给了女儿。张爱玲自幼喜欢绘画，八九岁就学钢琴，母亲最爱问小儿女的是：喜欢绘画还是音乐？张爱玲的绘画天赋、文艺气质，显然遗传自母亲。黄逸梵爱读"鸳鸯蝴蝶派"，订了《小说月报》《良友》画报等诸多杂志，坐在抽水马桶上读老舍的《二马》，看得笑出声来。当张爱玲看见母亲的英汉辞典里夹着的一朵褐色玫瑰，又听她感叹人生易老、恍若鲜花，眼泪不觉滚了下来。黄逸梵借机教育儿子：看，姐姐哭了，"不是为了吃不到糖而哭的，这种事才值得哭"。

张爱玲回忆小时候，有两次过马路时车流拥挤，母亲牵住了她的手，这是她极难得被母亲牵手，感觉异样而欢喜。可惜，类似的亲密与甜蜜很稀有。

黄逸梵也关心孩子，小时候常给他们吃她认为有营养的牛油拌土豆泥和菠菜泥，每天早上让女佣把孩子抱到她床上教背唐诗；出国了也不时寄衣服、玩具回来；临行前给保姆立下规矩，每天带孩子去一趟公园；对女儿的入学、升学也很操心、负责；跟孩子见了面或写信，她讲得最多的，是有关健康、教育、教养的训话，教他们人生苦短，须锐意图强。她固然是有见识有主张的，讲的话也正确无误，可惜，她跟子女耳鬓厮磨的日子太稀少，身上又缺乏那种温软、家常的气息，他们听来就不免感觉生硬、有距离，似乎不像母亲，更像有威仪的老师。倘若当妈的全心全意、倾情竭诚，哪怕文化不高，或者贫寒一些，孩子也会感觉踏实和贴心。而一个行踪缥缈、心思淡然的母亲，就算她华丽体面、能说会道，到底像抽了棉胎的被子，只剩流光溢彩的缎面，终究单薄寒冷。

张爱玲还记得母亲离婚后将去法国，来学校看她。等母亲出了校门走远后，她"在寒风中大声抽噎着，哭给自己看"。黄逸梵没有转身看到，却应该想得到孩子那孤凄的一幕幕吧？无论是抛下幼小的儿女出国，还是在其他方面，黄逸梵都不那么肯委屈自己。1930年离婚后，她与小姑子在上海旧法租界的一幢西式大厦合租了一层房子，买了汽车，雇了白俄司机和法国厨师。亲戚们议论，房租都够买下一层房子了。后来，张爱玲在香港念大学，囊中羞涩，异常窘迫，但是黄逸梵旅行到此长期下榻的仍是高级酒店。

黄逸梵这一生，作为妻子固然失意，做母亲却真有点三心二意。大概，她太有人世飘忽的空茫感：丈夫糟朽，婚姻破碎，读书学艺皆未成，谈情说爱不可期，美人迟暮，珠宝易散……所以不免心浮气躁。她对子女自然也有关爱、付出，却时不时要提醒他们自己的不易和牺牲。强调得多了，在特别敏感的女儿眼里，爱就渐渐褪色、变味了。何况，比起爱儿女来，她显然更加自恋自爱，更在意自己的自由、感受或曰追求。然而，不知是起步太晚，还是恒心不够、心意不专，她不像很多留学生那样学有所成。那些追求不曾开花结果，终究不过是拿着祖传的遗产，满世界去找感觉、找机遇（情感的、经济的）罢了。

黄逸梵本有丰厚陪嫁，1922年嫡母去世后，孪生弟弟分得房产田产，她则分得大宗古董、首饰。她每趟回国再出国，就带一两箱古董去变卖——终其一生，都没能靠自己的本领谋生立世。她在国外进了美术学校学油画、雕塑，似乎没有太大长进，虽然有人好心说她是画家。她曾经给小儿女的照片精心着色，还拿去制成漂亮的明信片，这算是她的美术创作吧。

张子静著《我的姊姊张爱玲》回忆：母亲有一次回上海，带了一个英俊的男朋友，做皮货生意的美国人，张爱玲也见过他。1939年他们去了新加坡，在那里收集马来西亚的鳄鱼皮加工成手袋等出售。1941年新加坡沦陷，美国男友死于炮火，黄逸梵在新加坡苦撑，曾一度与家人失去联系，后来她辗转去了印度，做过尼赫鲁两个姐姐的秘书。

黄逸梵生得美，她晓得自己美，也颇为玩味这份美。张爱玲跟母亲相处的时间短，待在一起的很多时刻，似乎母亲都在对镜理妆。她们心情各异，却都眼睁睁看着镜中美人由艳丽渐渐走向干涩。张爱玲的照片，一路看过来，都是清冷、孤傲的女学生女知识分子模样；黄逸梵的眉宇间，却释放着女人的风情，是知道人人都喜欢看她的那种自赏和矜持，后期也有一分怅然若失。黄逸梵离家远走后，情感经历虽然丰富，理想中"坚贞的异国恋人"却也稀少，或者遇见了，却又被战火摧毁。年岁渐长，哪怕再会修饰，看着再不显老，心底还是积满落寞。张爱玲的《易经》里，母亲在香港对着女儿叹息:"年纪越来越大,没有人对你真心实意。"女儿则听得悚然一惊:"再独立再不显老的女人最后都不例外,被人性击败了。"

人家说黄逸梵是旅行家,倒也吻合,她的足迹踏遍欧、亚、非洲。不过,因为身后没有一个灯火融融盼她返回的家,她的好些旅途,大概不免飘零、凄惶了一些。张爱玲在《易经》里也替母亲惋惜:"迈着她的缠足走过一个年代,不失她淑女的步调。想要东西两个世界的菁华,却惨然落空。"

黄逸梵1948年最后一次出国,1951年在英国一度进工厂做女工制皮包。她在给女儿和小姑子的信里说,想学会裁制皮革做手袋销售,好像这计划没有实现。张爱玲在《对照记》里遗憾道:"后工业社会才能够欣赏独特的新巧的手工业,她不幸早了二三十年。她总是说湖南人最勇敢。"黄逸梵1957年孤身在伦敦去世,遗物里有女儿和前夫张廷重的照片。张爱玲接受的遗产里,还包括母亲最后的一箱古董;在经济拮据时,拿去变卖了600多美元贴补家用。

也许,黄逸梵真是生得早了。张爱玲在自传体小说《雷峰塔》里记录了母亲的感叹:14岁时想进学堂,人家嫌大不肯收。"我们这一代得力争才有机会上学堂,争到了也晚了……坐在家里一事无成的时代过去了,人人都需要有职业,女孩男孩都一样……一看见人家重男轻女,我就生气,我自己就受过太多罪了。"

假如晚生一点、婚姻可以自主、从小就能接受系统教育,黄逸梵后来在婚姻、情感和职业上的种种不如意与尴尬,或许可以避得开吧,不过,谁知道呢?

苏雪林：有时自省有时狂

"她兼有作家、教授、学者、画家等身份，小说、散文、诗歌、戏剧、古典文论、时评……样样涉猎，著作等身。"

苏雪林(1897—1999),1919年考入北京女子高等师范学校国文系,大学期间就以笔名苏梅发表了许多诗文、时评。20年代后期,她出版散文《绿天》和自传体小说《棘心》,风靡一时。她还出版了几十本学术专著。一生从事教育行业,先后在东吴大学、安徽大学、武汉大学等校任教。1952年后在台湾省立师范学院、成功大学任教授。

自嘲为"粗制滥造品"

现代文学史上的著名作家里,苏雪林是饶有特色的一位:20世纪二三十年代,她就与冰心、丁玲、冯沅君、凌叔华被并称为"中国五大女作家";她享年102岁,被誉为文坛"超级老寿星",到94岁高龄,还能撰写自传。1998年还曾以百岁之身,回到阔别70多年的老家,黄山脚下的岭下村,一时轰动海峡两岸;她兼有作家、教授、学者、画家等身份,小说、散文、诗歌、戏剧、古典文论、时评……样样涉猎,著作等身;她不像同时代的冰心等女作家,为人为文都留给世人温柔敦厚的印象,她曾经参与或挑起文坛的几次大论争,有时还裹进了旋涡中心,却并不显得很惊慌失措。

《苏雪林自传》的自序开篇就说:"我是一个自卑感相当重的人。"事实上,往往是富于自信或超越了自卑的人,才会自己宣称"自卑"。由苏雪林的自传,的确看得出她的袒露和自负。她自幼聪慧绝伦,当年父亲每天给她和姐姐讲授《唐诗三百首》《古文观止》《古诗源》,为她买回《杜诗镜诠》和李白、韩愈、苏轼等诸多唐宋名家的选集,以及附有注解的袁枚《小仓山房诗集》等。苏雪林悉心揣摩,再被诗画均出色的四叔精心指点,悟性极高的小姑娘,诗兴郁勃,竟能写出"古朴劲健"的五古,其中还不乏新奇、警策的句子。

在安庆就读安徽省立第一女子师范学校期间，苏雪林成绩优异，她的作文总是被老师浓圈密点、广为揄扬，加之能诗擅画，才女之誉，遂纷至沓来，甚至远播至京沪。直到在北京女子高等师范学校读书期间，苏雪林依然写了不少古体诗。她总结，自己的旧文学根柢不是来自四书五经，而是从旧诗歌和旁搜杂览中得来的。

1919年秋进入北京女子高等师范学校国文系后，苏雪林以苏梅等笔名发表了许多诗文、时评。她与同样才华横溢的同学庐隐、冯沅君、程俊英被称为女高师"四大金刚"。

苏雪林的自传也常常不掩饰地自己揭短。比如，在安庆培媛女学念书时，受虚荣环境的影响，为穿华丽衣服而与母亲哭闹不休。就读安徽省立第一女子师范时，为保住惯常的第一名，跟插班进来后与自己打擂的"学敌"明争暗斗，激起一场大风潮，最后结怨很深，两败俱伤。苏雪林的两位发蒙先生学问平平，授课多错讹。父亲虽然中过秀才，也常念别字。所以苏雪林自嘲是个"粗制滥造品"，她第一年在武汉大学任教时，因为写别字、念别字而被学生"检举"，险些被学校解聘。

当时学校聘用教师，很看重学位。苏雪林在北京女高师还差一年毕业，便考入吴稚晖、李石曾在法国里昂创办的中法学院，后进入里昂国立艺术学院学习绘画。留法三年多，因母亲病重，1925年提前返国。她曾经两次留法，都未得到学位，颇引以为憾。第一次回国之初，在苏州景海女子师范学校和东吴大学授课，就因为没有学位，名分不高，薪酬也较低。

苏雪林自1931年开始，在武汉大学任教18年，与著名作家凌叔华、武大外文系教授袁昌英并称"珞珈三杰"。苏雪林生活简朴，但在抗战初期，将嫁奁3000元，加上10年省吃俭用的教书薪俸买成两根金条，共计51两黄金，捐献给政府，"作为抗战经费的小助"。1949年她到香港工作1年，1950年再度留法，想寻觅资料研究屈原的赋。两年后抵达台北，任台湾省立师范学院教授，后来到台南成功大学任教授，在此退休、终老。

苏雪林能操几套笔墨，她的语言没有文艺腔，写人叙事，活泼生动。曾被阿英誉为"女性作家中最优秀的散文作者"。像《我所见于诗人朱湘者》等篇目，描摹活灵活现，议论干脆精准。其学术专著更多，自1928年出版《李商隐恋爱事迹考》之后，有《中国文学史》《辽金元文学》《唐诗概论》等数十种。苏雪林平生投入心血最多的，则是屈赋研究，从1944年开始历时30多年，有《屈原与九歌》《楚骚新诂》《天问正简》等数本专著。苏雪林自觉独辟蹊径，发千古之秘，却未被学术界广泛认同，有人还讥之为野狐外道。但她自己颇珍视它们："我将求知音于五十年、一百年以后。"

▲苏雪林在武汉大学任教时

与温柔和顺无缘

当年，祖母不愿意花钱让女孩子深造，苏雪林百般恳请而受阻，想到"不自由，毋宁死"，差点想跳入深涧以求解脱，最终如愿考入女子师范学校。从安庆到北京、法国，一路求学，眼界既开，她对自己的包办婚姻不免抵触。与未婚夫通信之中，觉得他中英文俱佳，"字迹尤其挺秀。不过他的个性好像甚冷僻，对任何事都无兴趣……同他通信索然无味"。她屡屡想解除婚约，但最终还是遵从家长之命，于1925年母亲去世前不久，与张宝龄完婚，这一年她已28岁。丈夫是五金商人的儿子，毕业于美国麻省理工大学，精通造船业务，为人正派厚道，在上海江南造船厂和苏州东吴大学工作时，都很受欢迎。这对新婚夫妇也曾有过浓情蜜意，苏雪林后来在自传里回忆：

  我又富于感情，笃于骨肉之爱，夫妇之爱也相当热烈。外子生性孤冷，结婚后，受我热情的烧炙，他那一颗冷如冰雪的心，稍稍为之融化，所以我们在苏州天赐庄那一年的生活，倒也算得甜蜜。我撰《绿天》诸文又锦上添花写得风光旖旎，情意绵绵，现在想来，只有好笑。

  苏雪林的公公张余作有国学根基，曾自修英文，对这位有文化的媳妇非常看重，她写的几本书他都读过，深以为荣，"对待我真似公主一样，所以我甚为感激。他儿子即对我冷漠，也不计较了"。苏雪林与张宝龄都是迫于家庭压力而结婚，感情先天不足，虽然新婚时有过短暂的甜美，相处久了，性格冲突明显，彼此都滋生失望。苏雪林觉得，张宝龄乖戾而偏狭，适宜娶个三从四德的旧式女子，半为女仆半为妻子地操持家务、侍奉丈夫。而自己并非低眉顺眼、唯唯诺诺之辈，其兴致和能力，显然也不在下厨做羹汤。丈夫不容忍她每月接济姐姐、嫂子一二十元，更加深了他俩的感情裂痕。"钱是我教书所得，并未用他一文，他却妒恨得像心里有火燃烧一般，刻难容忍。世间竟有这样的男人，实为罕见！"

  抗战期间，武汉大学迁往四川乐山，苏雪林与好友袁昌英和经济系教授韦从序三家人一起居于让庐，那是位于城西陕西街尽头的一座中式两层楼房。袁昌英的女儿、时为武大外语系学生的杨静远在她的《让庐日记》里，对苏先生为人赤诚憨厚、倾其所有捐资抗战赞不绝口，对苏雪林的丈夫印象也很好。张宝龄于1942年9月初到武汉大学机械系任教授，杨静远"觉得他一点儿也不是那个据说凛若冰霜的人，很热闹，很健谈"。他在武大授课那几年，也很受学生欢迎。

  婚姻虽然搁浅，新女性依然有旧思维，苏雪林觉得，离婚二字"总是不雅";当时她开始享誉文坛,也担心好事的报刊会肆意张扬——20世纪20年代后期,她以笔名绿漪出版散文集《绿天》和自传体小说《棘心》,风靡一时;再者,《绿天》以"美文"写新婚情事,诗意弥漫,亦真亦幻,既有激情充沛者的自得自恋,也有"美丽的谎言"。比如,丈夫有事赴北京一个多月,不曾寄过只言片语,她却在书中写了十几篇"鸽儿的通信"。《绿天》的缠绵浪漫,不知倾倒了多少读者,赢得不断再版。所以,苏雪林觉得自己"对谎言也该负责",否则,打破幻象,很辜负读者。

张宝龄1949年没有去台湾,1961年在北京去世。他们结婚36年,共同生活不到4年,彼此疏远隔膜,有意聚少离多。苏雪林更多时间是与姐姐相依为命,组成"姐妹家庭"近40年。她晚年觉得,自己因为种种顾虑不离婚,很对不起张宝龄:让他孤栖一世又不能享有理想的家庭幸福。

姐姐对苏雪林体贴入微,1972年姐姐去世,她哀痛欲绝。苏雪林没有子女,丈夫名存实亡,"生平唯有忧郁,不知快乐是何滋味"。其自传说,"青年时代也颇向往爱情生活,屡受打击,对爱情倒尽胃口"。她于是这么自我安慰、排解遗憾:"百事都从缺陷好。"自己"在文学和学术界薄有成就,正要感谢这不幸的婚姻"。

苏雪林爱憎分明,近90岁了还为一生挚友袁昌英编辑文选。她最尊崇、敬重的文化人是老师与同乡胡适,尊胡适为人格伟大、道德高尚、对文化贡献巨大的"现代圣人"。她对胡适的崇拜,始于就读北京女高师时,听来校兼课的北大教授胡适为她们讲授中国哲学史。《苏雪林自传》回忆:

他(胡适)那时声名正盛,每逢他来上课,别班同学有许多来旁听,连我们的监学、舍监及其他女职员都端只凳子坐在后面。一间教室容纳不下,将毗连图书室的扇槅打开,黑压压地一堂人,鸦雀无声,聚精会神,倾听这位大师沉着有力、音节则潺潺如清泉非常悦耳的演讲,有时说句幽默的话,风趣横生，引起全堂哗然一笑，但立刻又沉寂下去。谁都不忍忽略胡先生的只词片语。因为听胡先生讲话，不但是心灵莫大的享受，也是耳朵莫大的享受。

1962年胡适去世后，苏雪林悲伤涕泣20多天，写了好几篇文章追悼恩师。1982年，老太太都85岁了，不满于唐德刚对胡适的不敬之谈，还因"气不过"而写了一组辩驳文章，后来集为《犹大之吻》，自始至终捍卫老师，"自问对胡大师总算效了微劳"。

苏雪林最惹人议论的，则是她对鲁迅的"由钦敬到反对"。她早期对鲁迅评价甚高，称他是最早也最成功的乡土文艺家。1934年11月发表的《〈阿Q正传〉及鲁迅创作的艺术》一文，还在热切地推崇《阿Q正传》等作品，认为鲁迅的小说创作数量虽不算多，但仅仅《呐喊》《彷徨》这两本书，"已经使他在将来中国文学史占到永久的地位了"。

可是，1936年10月鲁迅去世不久，苏雪林就公开发表《与蔡孑民先生论鲁迅书》，力陈鲁迅的"病态心理""矛盾人格""文笔尖酸刻薄"，以及"偏狭阴险、多疑善妒之天性，睚眦必报、不近人情之行为"，还力阻蔡元培参与主持鲁迅治丧委员会，顿时引发轩然大波——一来，鲁迅尸骨未寒，此举既有违人情，也很伤害爱戴鲁迅的所有人，遂招来一片骂声；二来，那些偏激、刻薄之词，背离了论人论事的理性原则，显得很情绪化。就连素来态度温和、对苏雪林也很尊重的胡适，在信里也颇严厉地批评她："我以为不必攻击其私人行为"，"旧文学的恶腔调，我们应该深戒"。"凡论一人，总须持平。爱而知其恶、恶而知其美，方是持平。鲁迅自有他的长处，如他的早年文学作品，如他的小说史研究，皆是上等工作。"胡适始终倡导"容忍'异己'的雅量"，鲁迅对他贬斥甚多，他却始终能持论宽容。苏雪林尊胡适为楷模，恩师的境界，她未能抵达。

苏雪林出身在一个标准的旧式家庭，祖父捐官出身，作为能吏而晋升为知县。祖母的短视、专制、慵懒与母亲的贤孝、忍耐、能干恰成鲜明对比。苏雪林年仅4岁就被祖母强行裹了小脚，"使我成为'形残'，终身不能抬头做人了"！祖母重男轻女，常常命令母亲打骂她，因此她的童年非常压抑。不快乐的成长经历，给苏雪林的性格敷上了忧郁和叛逆的底色。她的文字引发的争议不少，直到晚年，有时都会自省自责：某篇文章太得罪人，"暴露自己修养缺欠"。她自称"木瓜"，其口无遮拦、出语惊人，既是不平顺的性格使然，似乎也有懵懂、不谙人情世故的成分。

苏雪林最深刻、最耐人寻味的反省，是那篇《吴稚晖先生与里昂中法学院——一个五四时代青年的自白》，文章是为20世纪40年代中期祝贺吴稚晖八十大寿而写。

到法国里昂留学的第二年，苏雪林和同学们闹了一场大风潮，起因是学膳费。原来，里昂中法学院虽然是中法合办，但法方仅提供校舍，中方负担经费。因为大部分经费出自广东，所以广东学生不仅学膳费全免，每月还有几百法郎津贴。于是，几位自费同学动议争取"平等待遇"。自费学生未出国前本来已欣然与学校说妥，每年自己负担600银元的学膳费，"这比之自费留学英美已不知便宜若干倍"。为什么还要闹呢？苏雪林解释，600银元在当时的中国也是一笔不小的数目，贫寒之家，负担起来仍觉吃力，若能不出岂不是更好？所以他们不顾出国前与学校立有契约，要求豁免这笔费用。学校不答允，风潮遂起。苏雪林家境也不算很宽裕，600银元是父亲找一位本家借的，因此同学一邀请她去闹"平等待遇"，她就答应了。

一些学生张贴传单，"将吴先生和几个学校当局攻击得体无完肤"。他们还几次把吴稚晖招到教室质询，以"徇私""植党"和种种污蔑不实之词，加以指控。"吆喝之声，连校舍的墙壁都为之震动。"一向关爱、宽待学生的吴稚晖，不得不黯然离校赴英。

苏雪林等人争取到了"平等待遇",不仅为斗争胜利沾沾自喜,还写了几篇宣言寄回国内各大报纸发表,标题是《开庭审判吴稚晖》之类,报刊则夸他们为"二十八宿闹天宫"。她分析这次风潮产生的时代背景:五四运动"动摇了数千年来封建的壁垒,冲决了最森严的礼教藩篱,打破了蒂固根深的传统习惯",令个人主义大倡,青年人醉心于大破大立,"以叛逆为美德……以破坏为当然手段",不免有呵佛骂祖、抹杀一切的"狂"和壁立万仞、唯我独尊的"妄"。"字典和人类良心上所有'爱戴''尊敬''感激'那类字眼,到唯我主义面前,照例是不能存在的。"

回首往事,苏雪林深感当年的孟浪、无理:不遵守契约;为谋私利而无事生非,且美其名曰争公理——

闹到后来,竟完全忘其所以,觉得自己的动机非常光明纯洁,举动非常悲壮,俨然感觉自己是一个极力与黑暗及不公道搏斗的革命志士。凡不敢附和我们举动者,非视之为"懦夫",则斥之为"叛徒"。

▲1965年苏雪林(右)与琼瑶在新加坡南洋大学

人到中年、阅历已多的苏雪林,深以年轻时的背信、食言为耻,也悚然心惊:

这才知青年的正义感和热忱是可以误用的。自由权利之滥用,也是非常危险的……

假自由之名以行恶固可怕,因自由之故忘其恶而反以为善尤可怕,以其可以流为"暴民政治"而不知。

这一番忏悔，有由衷的内疚、羞愧，有严厉的自我鞭挞，以及明晰、深刻的反思。她说，自己今日作此坦白，对吴稚晖先生诚然是多余的，但"若不如此则不能求得良心的平安"。

年少轻狂，原本不足为奇，难得的是，有多少公众人物肯这么回头审视、自我批评。她这篇"自白"的篇幅不算长，却胜过好些鸿篇巨制。无论苏雪林为文、为人是否曾经偏颇、焦躁，有这篇深挚的自剖自省，可知当时年近五十的她，已经有静水深流般的从容、浑厚。

蒋碧微：爱是有摧残性的

"蒋碧微这一生，拍遍阑干，有全方位、多色调的情感遭际并且体验到极致。从迷醉的巅峰到痛楚的深渊，从守疆卫土的妻子，到攻城略地的'小三'……"

蒋碧微（1899—1978），江苏宜兴人，1917年与徐悲鸿结婚，两人1919年一同赴法国，她进入一所女子学校学习。1927年蒋碧微夫妇回国，居南京。抗战时期，她居重庆，曾在复旦大学教授法文，担任过四川教育学院教授兼图书馆主任。蒋碧微1949年迁居台湾，晚年著有回忆录《我与悲鸿》《我与道藩》。

私奔·裂痕

民国早期，大多数闺中女子还在恭顺地谨遵"父母之命，媒妁之言"，走入包办婚姻，却也有个别例外，她们最惊世骇俗的举动，便是私奔。

私奔的女子，通常有果敢、泼辣的性格，叛逆、冒险的天性，不计后果的决绝，还有一点追新逐异的浪漫。她们私奔之后的人生，绿肥红瘦，千差万别，但往往都不单调平淡。蒋碧微的故事，更是一言难尽。

蒋碧微是江苏宜兴人，父亲蒋梅笙饱读诗书，在复旦大学任过教授。1917年，宜兴同乡的徐悲鸿（1895—1953）年少俊逸，英气勃勃，绘画才华已经显露，是蒋梅笙的座上嘉宾，时常待在蒋家。蒋碧微跟徐悲鸿私奔前，原本已许配给查家。她从未与徐单独会晤过，但两人之间必定有心驰神往的吸引，有热烈缭乱的眼神缠绕，以及某种意在言外的默契。所以，当

▲徐悲鸿夫妇

徐悲鸿的朋友朱了洲来悄悄传话，问她是否愿意跟随徐悲鸿出国，她几乎未经犹豫就毅然答应了。

蒋碧微刚从宜兴来到上海不久，还是幽居一楼一底的旧式闺秀，所见所识仅家人和邻居等，徐悲鸿除了风度才华令她倾慕，也象征了无边无际、惹人遐想的整个外部世界。她搁了一封信给父母，悄然离家。蒋碧微本名棠珍，徐悲鸿私下为她取名碧微，还刻了一对水晶戒指，一只刻着"悲鸿"，一只镌上"碧微"。她回忆道："那一夜，我戴上了那只刻着'碧微'两字的水晶戒指，从此我的名字也改成了碧微。"

蒋碧微随徐悲鸿远走东京、北平，在巴黎待得最久。父母只好对外谎称女儿突然病故，强咽下满腹凄惶和许多冷嘲热讽。

蒋碧微夫妇1927年回国，徐悲鸿于次年初担任中央大学艺术系教授，在画坛声名鹊起，子女也相继出生。后来，国民党元老吴稚晖牵头，为他们在南京建造华屋。异域十年，求学的漂泊、清寒已成往事，远大前程即将徐徐展开。蒋碧微的人生，好像也跟着要进入华彩篇章，她终于可以向那些冷眼看笑话的人们证明，她从前的"孟浪"之举，到底没错。

蒋碧微喜欢也擅长社交，宾客往来，觥筹交错，衣香鬓影，羡慕赞美，令她怡然自得。位于傅厚岗的徐家宅邸，谈笑皆鸿儒，往来无白丁。但是，因为性格、志趣和生活方式的巨大差异，夫妻感情却渐渐淡薄了。她明白，徐悲鸿的心力，全部在他热爱的艺术上，自己"无法分润一丝一毫"。徐悲鸿受不了妻子的控制欲和过于挑剔，蒋碧微则觉得丈夫凡事以自我为中心，有艺术家"但取不予"的自私，性格偏激，就连斋名都是说一不二的"应毋庸议"，画室里的集句联则是"独持偏见，一意孤行"。

20世纪30年代初，徐悲鸿爱上学生孙多慈。她原名孙韵君，他为她改名"多慈"，恰与"悲鸿"呼应，还刻了一方印章"大慈大悲"。他对这位"天才横溢"的女生悉心指点，多方提携，还帮她联系中华书局出画册。蒋碧微感觉到婚姻岌岌可危，既悲且怒，奋起捍卫。她可不是只晓得独自抹泪、凄凄切切的怨妇，她的姿态，硬朗得像个全身披挂、剑拔弩张的斗士，每根毫毛都竖成了匕首。徐悲鸿戴在手上的红豆戒指——孙多慈赠予红豆，他镶成金戒指，镌上"慈悲"二字——既碍眼又堵心，她虽然无计可施，但孙多慈送给老师装点花园的枫树苗，"师母"理所当然要找机会全部拔掉。徐悲鸿只得愤然刻下一枚"无枫堂"印章，将公馆称为"无枫堂"，将画室命名为"无枫堂画室"；徐悲鸿绘的《台城夜月图》，画家与孙多慈一同入画，蒋碧微自有促狭办法，让他不得不自己动手，把一对意中人从画布上刮去，尽管难抑悲愤；徐悲鸿替孙多慈张罗出国留学的官费，蒋碧微则写信给相关负责人，让此事泡汤……总之，她机警、敏捷、骁勇，对"入侵者"跃马横刀，绝不手软。

夫妻俩的冷战，旷日持久。徐悲鸿有家不愿回，远避广西桂林。1938年，他曾在桂林的报纸上刊登启事，声明与蒋碧微脱离同居关系。但他跟孙多慈的八年恋爱，因孙父的坚决反对，最终无果。

徐悲鸿的发妻很早就病故于老家宜兴。他的第三任妻子廖静文出现时，徐、蒋的婚姻早已名存实亡，所以蒋碧微相对处之泰然。她只是看似轻描淡写地转述，说廖静文拿出一瓶毒药，威胁徐悲鸿：除非立即登报和你太太离婚，再跟我

▲徐悲鸿绘孙多慈

举行婚礼,不然我们就一起吃下这瓶药,同归于尽。徐悲鸿吓得赶紧答应。

徐悲鸿确实曾在贵阳的《中央日报》登出启事:"悲鸿与蒋碧微女士因意志不合,断绝同居关系已历八年……破镜已难重圆,此后悲鸿的一切与蒋女士毫不相涉。兹恐社会未尽深知,特此声明。"三天后他又登广告与廖静文订婚。

"同居"这两个字眼,每每令蒋碧微勃然大怒:她18岁跟他一起生活,同享过艺术和青春的欢愉,分担过贫寒日子的衣食无着,也短暂分享过他成功的荣耀,她还是两个孩子的母亲。她所欠缺的,不过就是凤冠霞帔、八抬大轿。假如,他俩一直琴瑟和谐,私奔就是值得频繁提起的趣事、佳话;而她仿效红拂夜奔,却落得有始无终,私奔就成了无法抹煞的难堪,难以愈合的旧伤,一戳就痛,徐悲鸿却偏要一戳再戳。她"受辱以后也就留下了永远无法消弭的憎恨"。或许,蒋碧微也会暗自痛悔:从前太年轻,到底是不知天高地厚,差了一场盛大的仪式,少了一纸郑重的婚书,以致授人以柄。

跟孙多慈分手后,徐悲鸿也曾多次委曲求全,向蒋碧微示好、求和,试图弥合裂痕。她却凛然地将他拒之门外,言语、举措冷若冰霜,有时还很尖酸刻薄。她约请徐悲鸿来家里商量子女的抚养问题,那则刊登"分居"启事的报纸就镶在玻璃镜框里,赫然放在客厅迎门的书架上,下面还写了"碧微座右铭"五个大字,显然是硬要让他看见。徐悲鸿给蒋父丧礼送的奠仪,她也偏要退回。总之,摆明了势不两立、一刀两断的态度。

蒋碧微自陈:"和悲鸿结缡二十年,我不曾得到过他一丝温情的抚慰。"往事怎么可能一笔勾销呢?单看他在巴黎给她画的那些画,哪一幅不是弥漫着双向的依恋与欢好?但是,人的记忆的确太有选择性,欢愉容易随风飘散,创痛却印痕至深,历历在目,耿耿于怀。

蒋碧微说,自己曾经竭尽心力,殷切盼他迷途知返,"如今我已对他全部绝望,又怎能勉强我自己忘却那触目惊心的往事,强颜欢笑,和他重归于好"?如她所言,覆水难收,"早已化为灰烬的感情是不可能重炽的"。而蒋碧微之所以如此冷硬、决绝,更显著的原因,则是她心里眼里已经只有张道藩,再没有多余空间容纳他人。

1945年底,徐悲鸿、蒋碧微正式离婚。

私情·私语

蒋碧微、张道藩1922年初见于柏林。待到徐悲鸿、蒋碧微回访张道藩,仅仅第二次见面,张道藩对她,已经怦然心动:但觉她"亭亭玉立,风姿绰约,显得多么的雍容华贵"。

在巴黎期间,谢寿康、刘纪文、邵洵美、江小鹣等情投意合的留学生,结成别开生面的"天狗会",以兄弟相称。徐悲鸿是二哥,张道藩是三弟,唯一的女性蒋碧微被推为压寨夫人,所以张道藩跟蒋碧微以二嫂、三弟相称。"压寨夫人"口齿伶俐,毫无旧式女子的拘谨局促、孤陋寡闻,常跟他们一起放言高论,被留学生们恭维为"天之骄女"。

▲蒋碧微张道藩在台北

1926年,张道藩曾在意大利翡冷翠(佛罗伦萨)给蒋碧微去信,含蓄、纠结地表达过爱意,未获热烈响应。当时他刚刚在巴黎跟法国姑娘素珊订婚,心情十分复杂。

向张道藩主动示爱、热烈追求的女人一向不少,他避之犹恐不及,却一直暗恋蒋碧微。张道藩留法七年,主修美术,回国后转而从政,很快担任蒋介石秘书、南京市政府主任秘书,抗战前夕已是内政部次长。抗战期间历任教育部次长、中宣部长等，到台湾后担任了九年"立法院长"。因为自身的文人气质和政治、文艺两栖的身份，他在国民党高层中很善于与文化人交朋友，画笔未曾全抛，还写过电影剧本《密电码》《再相逢》，以及《自救》《最后关头》等多部有影响的话剧，有时还亲任导演甚至粉墨登场，算是民国时代有一定影响的文化活动家、美术家、戏剧家。

张道藩跟素珊结婚了，仕途也一帆风顺，却总有一丝郁郁寡欢，那是伤心人别有怀抱。他说自己对蒋碧微秘密崇拜，爱了十多年，"但是从来不敢有任何希求。一直到人家侮辱了她，虐待了她，几乎要抛弃她的时候，我才诚挚地对她公开了我十多年来心中爱她的秘密，幸而两心相印，才有了这一段神秘不可思议的爱史"。1937年，南京被敌机日夜轰炸，"二嫂""三弟"心底掀起狂涛巨澜，跟这座纷乱的危城相似，竟是一刻都无法安宁。即便同处一城，见面频繁，他们依然密函互寄，蜜情迭传。

日寇逼近，南京危急，机关、学校开始内迁，以避战乱。1937年10月初，蒋碧微携子女前往重庆。张道藩送她登舟西去，他在船上盘桓到船已启航，仍然依依不舍。船长只好派了两名水手，用舢板将他送返码头。

这时候，距离他俩感情明朗才不久，匆忙分别，相聚无期，离情惨淡，张道藩失魂落魄。在小船上遥相挥手时，"泪已盈眶"，随后"眼泪已涔涔流下"；回家则"伤心落泪，饮泣多时"；到次日依旧"热泪满面"……总之，相当多愁善感、泪腺发达。相比他在贵州被军阀周西成逮捕时，屡受酷刑也不交出密电码的刚烈，判若两人。

有时候，美的标准，真是相当主观。蒋碧微在张道藩眼里，内外兼修，风度"高贵娴雅"，"俨若天仙"。他在给她的信里还说，"我的爱你，决不是基于青年时之尚虚荣，好美色"，"而是由于彼此间的同情和了解"；"除了以前对（素）珊以外，我不曾对任何女子像对你这样过，我愿意把我所有对女性的爱全部集中给你。因为十多年来，根据我严格观察的结果，只有你的一切条件，才够得上是我理想的爱人"。

从南京开始，到重庆八年，再到20世纪40年代末，蒋碧微、张道藩互写了几十万字情书，在重庆时他们就曾相互交换信件，各自抄录到装订成册的本子上，张道藩将自己的情书题为《思雪楼志》（他俩写信的专用署名分别为振宗、雪，所以蒋碧微将书房命名为宗荫室）。

上了年纪，再去读别人的情书，真是需要相当的耐烦心。如果没有特别出类拔萃的行文，那些蜜里调油、喋喋不休的表情达意，读来就未免絮叨。因为，局外人毕竟超脱于浓情之外，事不关己，冷眼旁观，对文字和思想的质感、密度、深度，就有不一样的期待与标准。当然，他们书信里浓厚、深邃的情意，还是很动人的。"我不忍看前面的江水，因为我一看就想到它是从你那边流下来的，它带了你无限的缠绵情意给我，我却不能使它倒流上去，将我的情愫送达与你。""你若把我拿去烧成了灰，细细的检查一下，你可以看到我最小的一粒灰里，也有你的影子印在上面。"张道藩的表达，就有这么文艺，是少男似的缠绵和热切。而蒋碧微的信，写得更为精练、古典。

重庆期间，蒋碧微除在复旦大学教授法文，又经张道藩介绍，在国立编译馆兼职。后来她改任四川教育学院教授兼图书馆主任。张道藩对她无比殷切、眷恋，对她的父亲、子女，也关照得无微不至。她给父亲送终时，张道藩陪伴在侧。

从陪都岁月到战后返回南京，虽然沉浸于"天地间最伟大的爱情"（张道藩语），但他俩一直伤痛于不能长相厮守。蒋碧微的《红叶》诗说：

霜风红叶总凄其，憔悴年年为别谁？
无奈痴情抛不得，沉沦恨对合欢枝。

张道藩1947年元月在蒋碧微的宗荫室则留下墨迹,借《古诗十九首》之《涉江采芙蓉》,表达忧伤:

涉江采芙蓉,兰泽多芳草。
采之欲遗谁?所思在远道。
还顾望旧乡,长路漫浩浩。
同心而离居,忧伤以终老。

蒋碧微夫妇交恶后,因为嫌徐悲鸿给的家用太少,他们为钱吵架,有一次竟吵到徐悲鸿痛哭失声,他当然也是因为她的伺机发作、不依不饶而痛惜伤心、百感交集。蒋碧微在信里跟张道藩提起这事,则恼怒地说:"你是了解我的,我决不是爱钱,我实在是太气愤了。"另一次,徐悲鸿托人带给她30块大洋,她当即请人退还。随后同样对张道藩抱怨:"我虽无能,亦不至短此而饿死,是真辱我太甚矣。"蒋碧微在徐悲鸿面前,展露的是最无所顾忌的一面,强悍、野蛮、冷酷、物质化。

离婚时,徐悲鸿按照蒋碧微的要求,支付她100幅画、100万元赡养费以及子女的学费。她特别解释,抗战结束后的100万元国币,仅相当于普通公务人员一年的薪水。

蒋碧微、张道藩深度纠缠几十年,最后在台湾同居十年,他最终没能给予她妻子的名分,她的回忆录对他却没有丝毫微词。旁人说蒋碧微不大好相处,她最好的一面大概都留给了张道藩——聪明脱俗,温柔得体,不强求婚姻,知进退,有分寸。在重庆时,张道藩多次想借机给予她经济资助,她每每阻拦:"过去汝每有斯举,均极伤吾心……亦姑赧颜收存,恐过事推却,反使汝难堪也……此后务乞勿再为之,则吾人之爱,或犹可冀其永保清洁也。"张道藩趁她父亲七十大寿,送了厚重礼金,她立即寄还，去信说，"幸君谅吾苦衷，纳回成命，庶几爱吾更深矣"。多么懂事明理，这还是那个为了钱跟徐悲鸿吵架的蒋碧微吗？那个骁勇泼辣的"女将"一旦面对张道藩，真有点"脱我战时袍，著我女儿装"的意味，又仿佛百炼钢已化作绕指柔。

廖静文笔下的徐悲鸿，有圣贤与君子之风。蒋碧微虽然也盛赞徐悲鸿的艺术天赋与勤奋刻苦，但她更要恼怒地罗列他为人夫、为人父那些迹近小人的毛病。同样，张道藩与徐悲鸿眼里的蒋碧微，大约也有天使与悍妇之别吧。一个人的是非、优劣，有可能犬牙交错，难以简单厘清。由不同的眼睛看去，更有天渊之别。汝之蜜糖，彼之砒霜，向来如此。

蒋碧微在回忆录里称呼徐悲鸿"徐先生"，礼貌却也生分。她说，自己独自生活的晚年，依靠徐先生离婚时给的画换钱为生，不曾用过任何人一块钱，也没有向任何人借过钱。她最后的骄傲和自尊，竟还是那个"负心人"提供的。她跟他毕竟曾经是烟火夫妻，有过柴米油盐的琐碎，唇枪舌剑的摩擦，也有过家常日子的粘连、瓷实，更生养了一双儿女。所以，她用徐悲鸿的钱，心安也坦然。似乎，还有一丝庆幸——晚景固然寂寥，好在还不困窘，也有尊严。

蒋碧微跟徐悲鸿和张道藩的关系，分别像是植在土里与浸在营养液里。前者盘根错节，有泥有虫有腐叶，杂、乱、浊、重；后者清澈纯净，无渣滓无杂质，养分虽充足，却似乎有一点点修饰，优美而欠天然、少松弛。

情路·暗伤

蒋碧微生得饱满健硕，大枝大朵，年轻时有青春衬底，自有一番丰艳。到老来也不曾柔软，又积淀了一路走来的坚硬、要强，越发阳刚。站在她身边的张道藩，因此更显得斯文、软懦。

能写出那样黏稠、细腻情书的男人，很难手起刀落地剪断感情的乱麻。尤其是，妻子素珊单纯、温良、柔顺，一根筋地依恋他——她只会为丈夫的背叛暗自饮泣，却从无强硬或过激手段。张道藩一生都在婚姻内外踌躇万端，既想跟蒋碧微朝夕相守，又不忍、不便抛弃妻女。

到台湾后，素珊携女儿定居澳洲，蒋碧微与张道藩共同生活近10年，最终依旧分离。这是她晚年生活的一大转折，蒋碧微语焉不详地说起：1958年底，张道藩表示想去澳洲新克利多利亚，探望素珊、丽莲母女，也流露了接她们回来的念头。蒋碧微或许早就料到终究会有这天？所以波澜不惊："我深切了解他是永远无法打破原有的环境的。"当然，"十年相依，一朝分袂，脆弱点的人也许会受不了，但我生来理性坚强，对于现在情势，我必须做一决断"。

蒋碧微不动声色，推说要去马来西亚探望外甥，两人各自上路，以回避分手的伤怀。几个月后，在她归来前三天，张道藩搬到了新租的房子。昨日永逝，即便再有情绪的铺垫和时空的缓冲，心底怎么可能不翻江倒海？她却只肯说，自己觉得非常安慰："他果然按照我的意思，作了这样的决定。"

1960年，素珊母女返回台湾，张道藩他们阖家团聚。当年蒋碧微离开一双儿女，随爱人"逃到孤岛"，作这样选择的母亲，很自我也很少见吧？眼看着彼此都老了，张道藩终于撇下她重返家庭，其间的伤情和难堪，其实一言难尽。但蒋碧微真是硬朗好强，撑得起场面，她坚持很漂亮很豁达地总结道："基于种种的因素，我决计促成他的家庭团圆。"两岸隔绝，与子女音书难通，她暮年独居近20年，孤独离世。

蒋碧微回忆录多次强调，因为自己遭逢过因外力介入而毁家的痛楚，所以，一直不愿拆散张道藩的家庭。这，或许也是由衷之语？不过，张道藩和素珊的家，形虽未全散，而神早已抖落成残渣碎片了。

与张道藩分手6年后，蒋碧微完成50余万字的回忆录，分为上下篇《我与悲鸿》《我与道藩》，在皇冠杂志连载后，"轰动遐迩"。

蒋碧微这一生，拍遍阑干，有全方位、多色调的情感遭际并且体验到极致。从迷醉的巅峰到痛楚的深渊，从守疆卫土的妻子，到攻城略地的"小三"……她深陷的两段感情，都既飞扬恣肆，又愁肠百结。地下情尤其艰险——恋爱的香醇甜美自不待言，然而使君有妇，罗敷有夫，进退维谷，处境尴尬：既受制于情魔，难抑相思之苦，又不能毅然抽身，慧剑斩断情丝。面对素珊，也曾"内疚甚深，觉孽障重重，无可挽救！""辗转终宵，深自忏悔"。到台湾以后，虽然了却夙愿，两人得以"晨昏相对，形影不离"，"不顾物议，超然尘俗"。但毕竟物议不绝，何况，到底名不正言不顺。蒋碧微特别提到：别人给"张院长与夫人"的请帖，她从不出席，除非另有请帖给她。这，既是自知之明，也有许多难言之隐。

早在重庆时，蒋碧微在给张道藩的信里就曾感慨："人类的爱是有摧残性的。""爱情之为害，早已洞悉。"道理谁不清楚呢，但感情这包鸦片，销魂蚀骨，也撕心裂肺，却又让人欲罢不能，哪里是说戒就戒得掉的？

为情所困的岂止于她呢？孙多慈、徐悲鸿、张道藩、素珊，这一根藤上，牵着多少条苦瓜。

张道藩的重庆岁月，最是愁苦无绪。相见时难别亦难，他常常胡思乱想，想辞职，想上前线，想离婚，想失踪，想逃到孤岛……万分悲观时，竟想过自杀。他甚至盘算过：假如能筹到400英镑（当时折合法币3万元），**够两人的旅费和一年开销，就可以摆脱羁绊，远走高飞**。无奈又受经济更受诸多难题束缚。

最大的难题，是他身居高位。一向致力于立德立言立功，素有儒雅君子的美称，如今正值国难，竟然深陷婚外情，爱上的还是"二嫂"！既有道德自谴，更怕形迹暴露，身败名裂。"倘使我们的爱恋终于暴露，我就得受人指责和唾弃。"他最长的一封信，与蒋碧微讨论何去何从，"以泪和墨"写成于凌晨4点，却依旧没有主张。郁达夫、王映霞的婚变闹得沸沸扬扬时（郁达夫怒写《毁家诗纪》，起因便是发现了许绍棣写给王映霞的信），张道藩吓得差点把蒋碧微的情书和自己的《思雪楼志》烧掉。

素珊对丈夫的私情，心知肚明。20世纪40年代她带着病女到兰州疗养，50年代又远走澳洲。多少委屈辛酸，不言自明。

徐悲鸿与孙多慈，也历经磋磨。徐的老友沈宜甲对孙多慈的父兄印象极坏，但对她本人赞不绝口："来桂林后，凡任何男女友人与之相处愈久，愈觉其为人可佩。""幽娴贞静，旧道德，新思想，兼而有之。受尽家中折磨，外间激刺，泰然处之。"黯然中断牵绊数年的师生恋后，孙多慈与浙江省教育厅长许绍棣结婚。1949年以后，孙多慈随丈夫赴台，他们育有两子。50年代她在台湾师范大学艺术系任教授，绘画颇有成就。学生们说她不急不躁，温文尔雅。看孙多慈中年的模样，柔润清雅，有内敛的灵光。在徐悲鸿深爱过的三个女性里，她无疑最具艺术天赋和智性之美。

今人或许要遗憾，上述人等或失之优柔寡断，或过于执迷执着，或不肯轻易撒手，或不能回头是岸……遂有这堆愁绪万千。然而，人的选择，既受制于性情和环境，也与大时代载沉载浮，甚至被冥冥不可知的命数左右。情天恨海，是谁都能轻而易举跳得出的么？

蒋碧微的同代人里，有过如此浓烈、炽热情感经历的女子，不乏其人。只因为徐悲鸿和张道藩巨大的知名度，她就这么不期然地成为民国两桩最醒目情事的女主角。她当过大学教师，担任过社会公职，但她作为职业女性的那一面，却被人们忽略了。

冯沅君：三寸金莲 一级教授

"由小脚姑娘到著名作家、学者，冯沅君既得益于自身出色的天赋，也受惠于时代变化和家庭影响。"

冯沅君(1900—1974),河南省唐河县人,1935年获巴黎大学博士学位,著名作家,古典文学研究专家,新中国第一位一级女教授。曾任北京大学、武汉大学、东北大学、山东大学教授、山东大学副校长。

出版有《卷葹》《春痕》等小说集与《古剧说汇》等学术著作。

冯沅君的小说，多描写五四前后知识女性对封建礼教的叛逆，倾吐年青一代对情感自由、婚姻自主的渴盼。读她的小说《旅行》和《慈母》那天，电视上恰好在播何炅主持的《我们约会吧》，看得人特别感慨。今天的青年男女，在众目睽睽之下，从容不迫地展示相貌、体格、谈吐、才艺。女孩子们更是花枝招展，应对机智，且毫无扭捏地点评、欣赏甚至"挑剔"来相亲的男子。若相亲的双方恰好情投意合，就牵手约会去了。

时光倒退90余年，空气憋闷得多。新青年们再怎么站在潮头浪尖，想要挣扎、挣脱那些有形无形、无所不在的捆绑，还真是耗神费力。《慈母》里，"我"幼时订了婚，所以出去读书后六年都不愿回老家。为着解除婚约，"我"面对母亲和亲戚，十分忐忑、沉重。《旅行》里的两个恋人，思前想后、躲躲闪闪地计划了一次出行，并在旅馆悄悄地相拥而眠。他们对外宣称是同学，要了两个房间掩人耳目。"我"却觉得茶房与表妹看穿了真相，不禁被羞涩、心虚与奋勇、激越等诸般情绪，搅得翻江倒海。"我们相抱着向里面另寻实现绝对的爱的世界的行为是怎样悲壮神圣，我不怕，一点也不怕！人生原是要自由的，原是要艺术化的，天下最光荣的事，还有过于殉爱的使命吗？总而言之，无论别人怎样说长道短，我总不以为我们的行为是荒谬的。退一步说，纵然我们这行为太浪漫了，那也是不良的婚姻制度的结果，我们头可断，不可负也不敢负这样的责任。"

如果我们设身处地，当不难理解冯沅君们曾经的苦闷。然而，毕竟时过境迁，今天的读者看到这番宣言，大概难免会觉得"我"那种带点火药味的决绝姿态，有点不可思议。而在当时，冯沅君的小说感染、吸引读者的，正是这股赴汤蹈火、不惜牺牲的火辣、叛逆、奔放之情。著名历史学家顾颉刚曾经在日记里提到"以叛逆女性态度"写小说的冯沅君，"读其文者皆惊骇其勇敢无畏之精神，以为非避开恋爱、专写海与母爱之'冰心女士'所能及也"。他在1925年8月的日记里，也盛赞其小说："读沅君《我已在爱神前犯罪了》，甚为感动。她的胆子真大，真敢做敢说。必如此，始可使人间有生气也。"

人的命运有时候很惊险，在某个节点上差之毫厘，后来的走向就失之千里。冯沅君的"化险为夷"，转折点是17岁那年考上大学。她进女高师第一天的情形，同学程俊英直到晚年都还清楚记得：大学开学后十多天，冯沅君才来到学校。学监杨荫榆领她进入饭堂，"她穿一套蓝条土布裤褂，辫梢系了根红绒线，一直拖到脚跟，三寸金莲，慢慢走到我们桌边"。

这个从小订了娃娃亲、扎红头绳的小脚姑娘，尽管生于书香世家，原先最大的可能是早早结婚，在家庭里了此一生。这倒也不见得绝对不好，只不过，她未来的幸与不幸，全得取决于别人，变数更多。冯沅君的大姐就很早嫁人，后半生十分黯然。

如果不是时移世迁，冯沅君非凡的才华必定无从施展。她作为北大研究生、巴黎大学文学院博士、新文学早期女作家和古典文学学者、大学教授的一生，有很多个"第一"，或者开风气之先。她以淦女士和沅君为笔名的小说写作时间约五年，仅凭三个小说集《卷葹》《春痕》《劫灰》，就跟冰心、凌叔华、庐隐、苏雪林等，在早期的白话文写作中同占一席之地。后来她埋首古籍，更成为文学史研究的大家。

由小脚姑娘到著名作家、著名学者，冯沅君既得益于自身出色的天赋，也受惠于时代变化和家庭影响。她是河南唐河县人,父亲冯台异是光绪年间进士,曾任湖北崇阳县知县,在她8岁那年去世,母亲携子女扶柩返回唐河;母亲主持过当地的女子小学,姑母擅长诗歌,有《梅花窗诗草》;大哥冯友兰为著名哲学家,二哥冯景兰为著名地质学家,兄妹三人都毕业于北大,都出国留过学,俱为一级教授,"唐河三冯"闻名遐迩。

冯友兰《忆沅君幼年轶事》回忆:"那时候北大国文学系的教师大部分是章太炎的学生,文风是学魏晋。我就在这一方面选些文章,叫她抄读(当时家里只有'四书'之类有限的书)。她真是绝顶聪明,只用了一个暑假,不但能读懂那些文章,而且还能摹拟那些文章写出作品。"1917年,北京女子师范学校(后改为女师大)国文专修科招生,冯沅君有心赶考,但唐河"风气闭塞,视女子读书为荒唐事"。幸而母亲见识超群,力排非议,支持女儿求学。

程俊英的《忆"五四"前后的冯沅君》说,冯沅君在学校时特别喜欢《九歌》《昭明文选》等,且自有心得。她不喜欢写《女诫》的曹大家,羡慕李清照与赵明诚的志同道合。女教师戴礼宣讲"男治外,女治内"之类旧道德,国文老师陈树声讲授桐城派批点的文章,令渴望新学的女高师学生大失所望。冯沅君对同学说:"一年宝贵的时间过去了,我们千辛万苦冲出封建家庭来此求学,想想看,学到了什么?与其窒息而死,不如吐气而生。"她带头提议,大家上书校长,要求学校另请高明,校长终于采纳了学生们的意见。

冯沅君性格倔强,锋芒毕露,五四学潮的波涌浪卷,实在适合她挥洒澎湃激情。1919年夏,她与女高师同学冲破阻拦上街游行,她们还组成很多个演讲团,到宣武门大街和骡马市一带讲演,反对官僚卖国、抵制日货,宣传罢工罢市。受学生爱戴的陈中凡老师等,被校长方还认定为游行的幕后指使,受到刁难。学生们激愤不已,冯沅君立刻执笔起草"驱方宣言",印成传单发到各校，并寄给当局，政府只好撤了方还之职。

在李大钊的鼓励下，冯沅君、程俊英、陈定秀等学生集体创作了话剧《孔雀东南飞》，冯沅君扮演焦母。

五四运动之后，女高师学生与外校男生可以自由往来，冯沅君在北大的罗素研究会、杜威研究会认识了北大物理系才子王品清，他与冯沅君从互通书信到热恋。冯沅君本名淑兰，王品清本名贵鉁。据顾颉刚先生讲述，"淦女士"的"淦"字就是取两人名字中"淑"与"鉁"的偏旁合为一字。

冯沅君幼时订过婚，1923年坚决要求解除了婚约。王品清虽是理科生，却颇具文采，常在《语丝》等发表诗文，与鲁迅、周作人兄弟来往都多，两位师长对这位文学青年多有提携。但王品清进入北大之前在家乡河南济源已经娶妻，也不忍抛弃妻子，他与冯沅君被甜蜜与苦涩轮番包裹。1924年，冯沅君在《创造季刊》等杂志发表的短篇小说《隔绝》《隔绝之后》《旅行》《慈母》，就有这段经历的投影。浓烈而压抑的感情，令无数青年读者心有戚戚焉，"淦女士"名噪一时。

1926年，鲁迅应王品清之请，将上述四篇小说编入《乌合丛书》，以《卷葹》为名出版。

冯沅君成名之后，与王品清都承受了更多的社会压力。后者毕业后在孔德学校教书，难遣愁闷，先得盲肠炎，又染肺病，形销骨立。还有文章说他常常通宵打麻将，以致债台高筑。王品清的旧式婚姻既是他们之间的巨大阻隔，其个性消沉、意志坍塌也令冯沅君难以接受，两人最终分手。也有记载说是冯沅君与陆侃如相爱后离开王品清。王品清失恋后精神失常，曾经从医院的窗户跳楼，后来被送回老家。

王品清1927年秋去世。这年底，周作人写过一篇《关于失恋》，回忆两人的交往。王品清在1月下旬写给周作人的信里说："这几日我悲哀极了，急于想寻个躲避悲哀的地方。曾记有一天在苦雨斋同桌而食的有一个朋友是京师第一监狱的管理员,先生可以托他设法开个特例把我当作犯人一样收进去度一度那清素的无情的生活么?不然,我就要被柔情缠死了啊。"王品清写给周作人的另一封信里,提到他读了4月1日那期《语丝》上周作人翻译的一首希腊小诗,"颇觉畅快"。那首倾吐恋爱之苦的诗大概特别击中其要害:"不恋爱为难,恋爱亦复难。一切中最难,是为能失恋。"周作人不赞成有的朋友为王品清鸣不平的情绪,因为恋爱中的是非曲直,局外人很难知晓详情。他只是痛惜于这位有文学天分的青年过早离世,也委婉地表示,因失恋而颓废,有一半是性格的悲剧。

冯沅君那时"虽然一年三百六十天有三百天在愁苦中讨生活",却不曾过度萎靡。陆侃如(1903—1978年)早就倾慕她的学问、才调,"你可爱的姿态,在五年前便已印在我的心上";读到她的悲伤的诗和信,由敬而怜,又由怜而爱,"'为伊消得人憔悴'——我自投罗网了"。两人的感情迅速升温,冯沅君1926年底至1927年5月写给他的信,后来辑为书信体小说《春痕》出版。陆侃如为该书设计封面,题字并写后记,他在后记里说:《春痕》里50封书信,记叙了一位女子与情人五个月中"从爱苗初长到摄影定情"的过程;陆侃如致冯沅君的情书《小梅尺牍》此后也连载于《文学周报》。两人1929年初结婚,胡适为证婚人。

陆侃如比冯沅君小三岁,是出色的文学史专家。他1922年进入北大,20岁便出版研究屈原的学术专著,此后又出版《宋玉》和《乐府古辞考》等,年纪轻轻便享誉学术界。北大毕业后考取清华大学国学院研究生。

▲1928年冯沅君陆侃如摄于北京

冯沅君与陆侃如毕业后都担任大学教师。这对著名的学术夫妇双峰并峙，相互辉映。他俩20世纪30年代初出版合著的《中国诗史》《中国文学史简编》，在学术界内外都有很大反响，多次再版，后者到1947年3月，总印数达10万册。1932年，冯沅君夫妇一起进入巴黎大学文学院，1935年获得博士学位后归国，继续在各大学任教。

抗战爆发后，冯沅君夫妇随内迁的大学辗转于湖北、四川等地，在动荡与颠沛中，虽然生活艰苦，文献缺乏，仍然不断有学术成果问世。1942年，两人到迁于三台县的东北大学工作，陆侃如任中文系主任，冯沅君任教授。此后，冯沅君完成了《汉赋与古优》《金院本补说》《古优解补正》《古剧四考跋》《南戏拾遗补》等一系列重要学术论文，获得学术界好评。她1947年出版的《古剧说汇》，是古典戏曲研究的重要著作。新中国成立后，冯沅君也有一些著述问世。

冯沅君曾任北京大学、武汉大学、复旦大学、东北大学、山东大学等校教授，1949年后担任山东省妇联和文联副主席、山东大学副校长，她是新中国第一位一级女教授。

他们夫妇的一大遗憾是没有子女。跟同时代的许多知识分子一样，两人的晚期生活也被许多阴霾覆盖。陆侃如1957年成为右派，被撤销山东大学副校长等职务，由一级教授降为四级教授。1959年右派摘帽，1968年又入狱三四年。

冯沅君的一双小脚，穿市面销售的皮鞋，里面必须塞上棉花，行走难免吃力。但她的创作和学术之路，却走得开阔畅达。这位原名冯淑兰的女子，无疑是20世纪的一个传奇，仿佛在车辆杂陈、新旧交错的站台，上了一列奔向新时代的列车，从此越驰越远。

董竹君：娜拉出走之后

"洋车夫与粗作娘姨的女儿、青楼歌女、督军夫人、锦江川菜馆老板……很少有人的一生，像董竹君这么一波三折、奇崛峭拔。"

　　董竹君（1900-1997），出生在上海一个贫民家庭，13岁被父母抵押到书寓（长三堂子）卖唱。后逃出火坑，与曾任蜀军军政府副都督的革命党人夏之时结婚。后赴日本念书，又定居成都。夫妻分歧增多，矛盾尖锐，董竹君带着四个女儿回到上海，1929年与夏之时分居，1934年正式离婚。

　　她1935年在上海开办锦江小餐，后逐渐扩大规模。1951年，将锦江川菜馆、锦江茶室献给国家，出任锦江饭店董事长兼经理。

"清倌人"逃离火坑

洋车夫与粗作娘姨的女儿、青楼歌女、督军夫人、锦江川菜馆老板……很少有人的一生，像董竹君这么一波三折、奇崛峭拔。

董竹君生于上海，13岁因家贫被父母抵押到长三堂子（又称书寓）当"清倌人"。邀她出场演唱的局票（请帖）每晚应接不暇，有时高达五六十张。那几个天天必来围着她转的革命党人，都争相多摆花酒，以争夺美人。

董竹君一旦晓得了"清倌人"前景堪忧，便开始留意这些追求者。她看中夏之时（1887—1950）的高大英俊、体贴文雅。他则同情她的身世，诚心诚意鼓励她读书，为她谋划前程。她一打听，不得了，夏之时竟是一位乱世英豪：这位四川合江人留日学习军事期间，加入了孙中山领导的同盟会，回川后在新军担任排长。辛亥革命爆发后，他策动200多名军人起义，之后队伍不断扩大，1912年才24岁就担任蜀军军政府副都督，后任重庆镇抚府总长。袁世凯揽得民国大权后，革命党人发动讨伐袁世凯的二次革命失败，夏之时他们被通缉后躲在上海，秘密从事反袁活动。

跟夏之时感情渐深，遂谈婚论嫁。董竹君的前提是：不做小老婆，要去日本求学。老鸨要夏之时拿3万块钱赎董竹君，他已答应支付1万块，正在为钱发愁。董竹君坚决反对，既不愿让老鸨的敲诈得逞，也不能容忍自已被夏之时"买"回家。她小小年纪，已有超凡的见识和胆略，居然设法成功逃出火坑，与夏之时在上海结婚。那是1914年春末，她虚岁15。

到日本后，夏之时不放心太太单独进学校，聘请了各科家庭教师给她授课，董竹君聪明又用功，花四年时间学完了东京御茶之水女子高等师范学校理科的全部课程。教数学的夏老师是四川人，说她可以去成都师范学校当数学老师了。董竹君也学习家政，日本人的简朴、坚韧、整洁、发愤图强，女人们的善理家务，给她留下了深刻印象。

从日本回国后，董竹君先随丈夫生活在合江老家，大家庭的复杂阴郁、钩心斗角，颇令人不快。1919年以后，夏之时除短暂担任过川西护法军总司令，一直赋闲于成都，创办过锦江公学。他们租住过将军街（以前叫猫猫巷，1925年后被陆军上将杨森改为此名）的小独院，后在东胜街买下并改建了豪华、轩朗的四进院落公馆。鲜花茂林，点缀雕梁画栋，层层院落，间间精舍，华美典雅。

旁人眼里可望而不可即的荣华富贵，尽在掌握，儿女也渐渐成行。虽然家事冗杂，应酬频繁，董竹君却渐感深院曲廊的空虚，不满足老于此温柔富贵之乡。她一向好学聪敏，早就想去法国留学，遂到成都平安桥的法国修道院补习过两年法文。后来她谢绝无聊的应酬，在理家的同时，开办了飞鹰黄包车公司和富祥女子织袜厂，经营得挺不错。

五四思潮荡涤成都，董竹君在书店里订购了许多新书、报刊，妇女解放的话题特别吸引她。她深感女人必须首先在经济上独立，才能实现男女平等。她办的女子织袜厂在成都既属创举，也增加了贫家妇女的就业途径。

夫妻感情却渐渐淡薄。夏之时比董竹君大12岁，他曾经是她的恩人和引路者。她一路成长，日益丰沛，他却固步自封，抱残守缺，且不自觉地以"恩主"自居。从前的辛亥革命元老，如今渐渐显出冬烘、僵硬，在年幼的儿女面前，还能维持一言九鼎的威权，要压制眼界日益宽广、有主见有魄力的妻子，还真不容易。女权跟男权碰撞得火星飞溅，两人个性都强硬，在价值观、教育子女等方面，矛盾日益尖锐，董竹君遂带着四个女儿回到上海。1929年与夏之时分居，1934年正式离婚。

在当年闭塞、保守的成都，夏太太和孩子们西化的装束，夏太太的留学生做派，包括夏家的分餐制，一直被视为洋派。人们都说夏家是有朝气的模范家庭。这个家庭在新思潮冲击下的分崩离析，在成都的官绅圈子里，引起轩然大波。

董竹君说她一生曾跳出了两个火坑。平心而论，她与丈夫感情基础不错；她作为夏家的当家太太，很受亲友尊重；夏之时严守一夫一妻制，在腐化落后的成都官场，也非常难得。换成性格优柔或怯懦的人，这第二个"火坑"，是不会舍得或不敢跳出的。

锦江小餐风靡上海

董竹君与四个女儿初回上海，也有过处处碰壁、典当度日的困窘。据董竹君晚年所撰自传《我的一个世纪》讲述：当时几乎是绝处逢生，四川人李嵩高久闻其大名，知道她有经商能力，将带去日本购买枪支的款项借了2000元给她。这是天赐良机，也是背水一战，不容丝毫闪失。董竹君思前想后，决定开办四川菜馆。当时上海的餐饮业以广东菜、福建菜最为知名，川菜因过于麻辣，店堂通常很简陋，只能吸引四川人光临，故生意较为清淡。

▲董竹君

董竹君在四川生活多年，深知川菜品类繁多，一菜一格，大宴小吃各领风骚。其风味既包罗万象，更有上流社会与普罗大众的分野。她随夏之时寓居成都十来年，往来皆官绅名士，更深谙高档川菜辛辣却不乏清新素淡，浓郁又不失细腻精致的特色。她很遗憾川菜没有在上海餐饮业获得应有地位，想独树一帜，以清雅的菜品、精良的装潢、上乘的管理，让川菜扬名上海甚至国外。

一个单身女子开餐馆，需要八方周旋，难度可想而知，朋友们都忧心忡忡地劝阻，还有人觉得她支撑不到三个月餐馆就会倒闭。董竹君却不为所动，雷厉风行地筹备起来。1935年3月，可容纳四张小桌和少许包间的锦江小餐正式开业。

董竹君有那么果决的性格和敏锐的商业直觉，幸而义无反顾投身了实业，不然真是可惜。锦江小餐的选址，竟然在仅有四五家寥落店铺和普通房屋的马路边，人人都嫌那里门前冷落车马稀。董竹君却看中它既位于市中心，租金又便宜，更喜欢其门面开阔，有停汽车的场地，便于吸引上层顾客。

所以，锦江小餐规模虽小，却一开始就走的精品路线，有准确的顾客定位。开业后每天座无虚席，南京政府和上海军政界要人以及杜月笙、黄金荣等去了，也往往要等很久座位。

不久，在几乎每天光临的杜月笙帮助下，锦江小餐扩大店面，更名为锦江川菜馆，能容纳300位顾客，还至少要提前三天订座。旁人见董竹君如此神通广大，都以为她是帮会中人。

"锦江"汲取了川菜中官场酒筵和民间菜式的精华，更讲究刀法和菜品的美化，辣味适度，令各方食客都能接受。那些精巧别致的菜品，纸包鸡、干烧冬笋、干炒牛肉丝、成都素什锦等，让人入口难忘。卓别林1936年访问中国，曾在锦江小餐品尝香酥鸭，多年后他还记得这道菜。

董竹君设计、监造的店堂装饰，中西合璧，也吸取了日本元素，用本色柚木镶嵌墙壁和天顶，配以高档家具，点缀书画、宫灯等，风格别致淡雅，还装备了当时上海餐馆少有的暖气。她不仅要求餐具、毛巾等严格消毒，服务员的个人卫生，小至指甲、牙齿的清洁，也都一一过问。

环境安逸，菜肴精致，服务周到，顾客遂纷至沓来。国内外各界贤达名流到了上海，都会涉足"锦江"。其菜品定价虽高于上海任何一家同行，营业额依然节节攀升。不久，董竹君又于1936年1月开办了有40多张台桌、能容纳200多位顾客的锦江茶室，上午、下午卖茶点，中午、晚上供餐，很快便扩充为楼上楼下的雅室。大厅面对大门的整堵墙上，是大幅油画《都江堰索桥》，有时也更换为《地中海峡》。这一中一西的景致，画面都雄浑瑰丽，气势磅礴。

董竹君也一直关注时事，善于分析政治、经济走势。1948年因国共战争，物价飞涨，政府发行了号称坚挺的金圆券。但董竹君多方分析，预测其寿命必定只有三五个月，金圆券一旦贬值，必定是恶性通货膨胀。她果断地借进金圆券，冒险囤积了足够使用一年的原料（当时政府规定店铺只能有两个月存货），待金圆券贬值，再卖出少许货物还债。不久，金圆券果然大幅度贬值，很多经营者惨遭灭顶之灾。因为她的先见之明，锦江幸免于难。

胆略超群 强硬机敏

无论董竹君怎样想跟过去一刀两断，与夏之时十几年的婚姻，还是深刻地影响了她的后半生：虽然她已跟他离婚，但"前督军夫人"的身份，多少增添了她在上海这个名利场的身价；夏之时的一些社会资源对她经商也有所帮助，多次向她们母女施以援手的上海警备司令杨虎，就是夏之时的故交。

董竹君自传曾讲述餐馆名称的来历：锦江萦绕成都，九眼桥外的锦江侧畔，有人们为凭吊唐代艺伎、诗人薛涛而建的望江楼。董竹君与那位流寓成都的唐代女校书，同是青楼沦落人，同样有遮掩不住的非凡才情和高标心气。"锦江"二字，就寄寓了她对薛涛的遥想和同情；成都历史上盛产锦缎，她也希望"锦江"这块招牌，像蜀锦一样以熠熠光华，辉映中外。

"锦江"的装修、管理，也得益于她往日的经历。董竹君在日本读书，"受了日本人民爱好干净卫生的影响，使我养成一生整洁优雅的爱好"；夏之时在成都做寓公时，收藏了丰富的书画古董，董竹君耳濡目染，也有了不俗的鉴赏力。

当然，就算是顺便"借势"，路还是她自己跃马横刀越走越宽的。"锦江"风靡上海后，董竹君创办过《上海妇女》杂志，资助《妇女知识》丛书、《救亡日报》和上海剧艺术，匿名帮助女儿的同学交纳学费，也为地下党做过大量工作。她尤其鼓励年轻女子自尊自立、开阔眼界。她自己的经历，当然是女性独立自强的最好教材。

从照片和电影上看20世纪30年代的上海女子，电影明星和社交名媛就不说了，多数有粉腻脂浓的靡丽。其他人则视分工不同，既有女教师式的简朴素淡，也有办公室"花瓶"的花枝招展。董竹君固然是美丽的、考究的、耀眼的，不过，妩媚娇俏不是她的路数，她有大姐大那股气场，不取悦于人，当然也不剑拔弩张。她美得素净、端凝，毫不摇曳，自有一股盛大、庄重气象，彰显的是智慧和力量。在男人成堆的商场，谁敢因为她是女流而小觑她？当时，上海的职业女性虽不少，像董竹君这么纵横捭阖的，却是屈指可数。

董竹君也曾遭遇过无数风波险阻：苦心经营的纱厂被日本飞机炸毁；因"政治嫌疑"饱尝四个月牢狱之灾；去菲律宾时恰逢太平洋战争爆发，躲轰炸、逃难、跑单帮，几年后度尽劫波才辗转回国；商海沉浮，已费思量，还要应付三教九流，要在复杂的政治力量之间走钢丝，进退有度又不显得敷衍。乱世仓皇，上海滩鱼龙混杂，她单身抚养四个女儿……碰上哪一条，都足以让人崩溃，难得她竟处乱不惊，应付裕如，几番身历险境，都能随机应变，绝处逢生。"锦江"被房东敲竹杠时，她的律师出面，直接拿她做挡箭牌，连唬带吓："你们不知道她的'道行'，不要弄得自己吃苦头，到那时就晚了。"房东也相信她"道行"了得，遂知难而退。

儿子夏大明说母亲非常刚强，有时很像男人的性格。董竹君赞同此说，她归纳自己是"不向无理取闹低头，对人生坎坷没有怨言"。

当年，董竹君携四个女儿离开夏之时，他曾经断言，在既是天堂又是地狱的上海，她独自"蓬头赤脚""捧一只逃饭碗"，还想让孩子们接受高等教育："到头来，如果你不弄得走投无路，带着四个孩子都跳黄浦江的话，我手板心煎鱼给你吃。"

董竹君通过读书、阅世长了见识，添了勇气，有了不依赖男人而傲然立身的本领，当然希望孩子们能接受最好的教育。她在上海开纱厂、办餐馆，从苦苦撑持，到云开雾散，梦想实现，真的可以喊夏之时拿手板心煎鱼给自己吃了。几个女儿均留学美国，学有专长：夏国琼年轻时为钢琴演奏家，后任中央音乐学院一级教授；国瑛毕业于纽约大学电影技术学院，曾参与创建八一电影制片厂，后为电影导演；国璋为哥伦比亚大学图书馆学院硕士，后任香港大学图书馆、洛杉矶图书馆馆长。

1991年元旦，女儿国璋寄给母亲的贺年卡写道："永远感谢您带我们离川，在沪艰苦奋斗，培养我们成人，不然在那闭塞封建的地方长大，后果不堪设想……"当年董竹君离开丈夫，母女五人都前程未卜，作为母亲，她担着多大的干系？女儿的衷心夸赞，是给她的最高奖赏吧。

1951年，上海副市长潘汉年等指示董竹君将锦江川菜馆和锦江茶室迁移到华懋公寓，在原有人员及设备基础上扩建为锦江饭店，成为新中国成立后上海第一家供国家领导人和外宾下榻的高级酒店。董竹君将苦心经营16年的两家店（当时价值折合黄金3000两）献给国家，她出任锦江饭店董事长兼经理。1957年后她连续七届担任全国政协委员。1967年秋，董竹君曾被扣上特务、汉奸、国际间谍等帽子，入狱5年。

1950年，夏之时以"组织策划土匪暴乱"的罪名被枪决，1987年获得平反。2010年，其墓葬从合江县迁入成都磨盘山公墓功勋园。

五四运动之后，那些挣脱封建桎梏而与家庭决裂的女子，往往被称为娜拉（易卜生《玩偶之家》女主角），郭沫若也曾将董竹君比作娜拉。娜拉们因为绝望、觉醒或怀抱对新世界的幻想而离家出走，她们出走之后的故事，千差万别。董竹君是胆略超群的行动派，在那些命运攸关的转折点，她总是独自掌控，强硬机敏，成就了一段贯穿20世纪的传奇。

程俊英：由绚烂归于沉潜

"她一生结缘《诗经》，从奔放的五四青年，成为沉潜的古典文学研究者。"

程俊英(1901-1993),福建福州人。1922年毕业于北京女子师范大学国学部。先后任教于母校与上海暨南大学、大夏大学。自1951年起,任华东师范大学中文系教授。她一生致力于古典文学研究,尤精于先秦文学,《诗经》研究更是硕果累累,出版了《诗经漫话》《诗经译注》《诗经注析》等书。

五四时代"四公子"

1920年前后的北京,每逢假日,中央公园、北海、陶然亭等处,不时能见到四个结伴游玩的姑娘。她们个子虽有高低,服装却是一致的:上面为浅灰布罩衫,下面是黑绸裙,裙子中间横着镶嵌了一道两寸宽的彩缎花边。这几个装扮得素净又不乏俏丽的女子,是北京女子高等师范学校学生庐隐、程俊英、王世瑛、陈定秀。她们年龄相仿(程俊英小两岁,其余三人同岁),志趣、抱负相投,其中三位还是福建同乡,被同学们称为"四公子"。程俊英回忆,"我们四人无论上课、自修、回寝室、外出,都形影不离"。庐隐的性格最放旷,自命孟尝君,她后来的小说《海滨故人》,就以"四公子"为原型。

程俊英的父亲程树德是清末翰林,毕业于日本政法大学,是北大教授兼清华研究生院导师,著有《中国法制史》《九朝律考》《汉律考》等,我国著名法律史专家。1917年,程俊英从报上得知北京女子师范学校国文专修科(1919年改为国文部)招生,她用暑期两个月读完中学历史、地理教科书,顺利考取,成为首届录取的24名新生之一。但是父亲保守,并不支持女儿读书。母亲沈缇珉是清末福建藏书家沈卓之女,福建女子师范学校第一届毕业生。程俊英13岁时,父亲纳保姆为妾,母亲郁郁寡欢。母亲很想谋求职业,自立自主，却未能如愿，她帮助女儿逃出去读书。

1919年，学校更名为北京国立女子高等师范学校，1922年又改为北京女子师范大学。程俊英的同学们，多由各省保送来，很多人都经过一番曲折、抗争才得以进入大学，她们的人生，从此转折。但大学生活，并不全是海阔凭鱼跃的高远自在。校方的管理严格、拘束，个别老师冬烘、守旧，女学生们不免失望、苦闷。女高师的校服为僵硬的草绿色布衣与裙子，白袜黑鞋，一律梳"一把抓"的高髻，都颇乏味。"四公子"的假日出游，连带别出心裁的着装，算是小小地张扬了个性。

五四运动风起云涌，"四公子"当然也倾情参与。北大学生是五四前锋，女高师学生也不示弱，她们组成讲演团、宣传队去各处宣传，还奋力推倒学校的后门后墙，上街游行。这所全国当时唯一女子高等学校的学生，举着纸旗走上西长安街，高呼着"还我河山""打倒卖国贼曹、陆、章""抵制日货"等口号，还闯入新华门，冲进中南海……她们激愤、热切的面容，纤柔的身影，在1919年灰扑扑的北京，特别引人注目。这次游行影响巨大，程俊英和同学们都异常兴奋："这是中国有史以来女子的第一次干政游行。"此后，她们进出校门，无须向学监交出入通知簿了，有如小鸟出笼般痛快。

他们的老师，有国故派的刘师培、黄侃，新潮派的李大钊、胡适和欧美派的傅铜等，很多是来兼课的北大名师。新文化运动的领袖李大钊、胡适对学生们影响很大。胡适"将北大的文学新风，吹到了女高师"。他讲授中国哲学史，以白话文写讲义，对学生倡导白话文。程俊英回忆，胡适头一个向她们介绍《新青年》杂志，并将全套《新青年》借给她们。李大钊讲授女权运动史、社会学、伦理学等课程，他出的论文题目是"论妇女解放"。程俊英那篇写得"离经叛道"的论文，被他选中，亲自送到女高师校刊发表。

李大钊还鼓励学生们以话剧的形式批判封建礼教、宣扬婚姻自由。大家将汉乐府《孔雀东南飞》改编为五幕话剧，李大钊任导演，程俊英演刘兰芝，冯沅君演焦母，陈定秀演小姑，演员们写好各自的台词。该剧1921年在学校预演，当年冬天还借教育部大礼堂公演了四天。观众多为北京各大学师生，很多人流泪不已。此后，程俊英还演出了《金钱与爱情》《一只马蜂》等话剧。

女学生初登话剧舞台，不仅又创了个"第一"，开女演员演话剧之先河，还另具一层革命性意义：她们挑战了几千年来文人轻视艺人、轻视俗文学的传统。程俊英因此一度动心去当演员，考虑到当时女演员处境卑微、险恶而作罢。

新文化运动的摧枯拉朽，使旧世界的板滞土壤渐趋松动，万物都添了新异。中国这批最早的女大学生，有幸亲身沐浴五四精神的急雨飘风，她们的眼界和举止，

▲1929年与庐隐（中）、罗静轩合影（左一为程俊英）

跟母辈相比，十足的标新立异，是炫目的时尚。程俊英等参加北大学生组织的杜威研究会、罗素研究会，去听他们讲演；她们上街游行，剪发，演话剧，在学校会客室会见来访的外校男生，轰走宣扬"三从四德"的老师……既受惠于新风尚新思潮，也挣脱了千年约束，张扬地释放青春激情、舒展个体生命，且苏醒了女权意识。

一生结缘《诗经》

从奔放的五四青年，到沉潜的古典文学研究者，中间的转折看似突兀，却又自然而然。幼时，母亲教程俊英古诗和四书五经、《文选》，她的国学根基被奠得很牢。她从1918年之后不再写古文，是受了胡适的影响。但是程俊英对萌芽时期的新诗，却有所保留，觉得胡先生的《尝试集》"两个黄蝴蝶，双双飞上天。不知为什么，一个忽飞还。剩下那一个，孤单怪可怜……"（《蝴蝶》）到底不如古诗蕴藉隽永，故一直坚持跟黄侃学古诗，最喜欢黄老师的诗歌选作课，也教授了一辈子古诗。

程俊英一生致力于古典文学，尤精于先秦文学，《诗经》研究更是硕果累累。20世纪六七十年代，她修改存稿，出版《诗经漫话》《诗经译注》《诗经注析》等书，备受海内外学术界推崇。她还主编了《诗经赏析集》和《中国文学大辞典》先秦两汉部分。

程俊英与《诗经》的缘分，可以追溯到童年。七八岁时在福建私塾念书，老师每天的讲授内容，就有《诗经》《千家诗》等。她记得："读到《宾之初筵》：'宾既醉止，载号载呶。乱我笾豆，屡舞僛僛……'几句，描写醉汉又叫又闹，搞翻宴会桌上的碗盘，歪戴着帽子，歪歪斜斜不断跳舞。绘形绘声，令人笑不可仰、乐不可支。"自那时起《诗经》就攫住了她。

《诗经》今译的版本不少，程俊英的译本特别受读者喜爱。她的主张是：翻译《诗经》，可以相对自由地"意译"，因为逐字硬译，难免涩滞，但是，为了尽可能接近《诗经》的本味，又不妨"拘谨"一些。来看她翻译的"桃之夭夭，灼灼其华。之子于归，宜其室家"（《周南·桃夭》）译文为：

茂盛桃树嫩枝丫，桃花灿烂粉红花。
这位姑娘要出嫁，和顺对待你夫家。

"我行其野，蔽芾其樗。昏姻之故，言就尔居。尔不我畜，复我邦家。"（《小雅·我行其野》）她译为：

我在郊外独行路，臭樗枝叶长满树。
因为结婚成姻缘，才来和你一块住。
你却无情不爱我，只好回去当弃妇。

"将仲子兮！无踰我里！无折我树杞！岂敢爱之？畏我父母。仲可怀也，父母之言亦可畏也。"（《郑风·将仲子》）程俊英译成：

求求你呀小二哥！别爬我家大门楼呀！
别弄折了杞树头呀！树倒不算什么，
爹妈见了可要吼呀……

译得既朗朗上口，又遵循了原诗或雅或俗的口吻、意趣，每字每句的语感、分寸，皆精心推敲。她说，"译诗的优劣，非经过比较和反复咀嚼，不能得其三昧"。程俊英同时也认为，诗歌其实是不宜翻译的，比如"昔我往矣，杨柳依依。今我来思，雨雪霏霏"。再高明的译文，都无法复现那种缠绵悱恻之美。她觉得，将《诗经》通俗化的努力，只是帮初学者砌几道台阶，让他们最终能"拾级而上，登堂入室"，去领略"真金美玉"。

几桩新式婚姻

家长们都希望女儿未来的家庭稳定而有保障，有的还早早物色好心仪的人选。但"四公子"有共通的择偶标准：不计较对方的名位、财产，唯独看重情与德，她们多数经过自由恋爱而结婚——程俊英的父母本已相中一个"女婿"，是"交通部秘书长，擅长文书，留学日本，家有恒产，年轻貌美"。(《回忆庐隐二三事》)而程俊英自有意中人——老师张耀翔。何况，她讨厌官场中人喜逛妓院的恶习，认为男女都为对方守贞操，是婚姻的前提。最具反叛性格的庐隐，情路崎岖，1934年死于难产。王世瑛曾与郑振铎有过恋情，但父母嫌弃郑家贫寒而坚决阻拦，后来郑振铎与商务印书馆编译所长高梦旦的女儿高君箴结婚。王世瑛后来经庐隐夫妇介绍，认识著名政治学家、哲学家张君劢（徐志摩首任妻子张幼仪之兄）。1925年张与元配沈氏离婚后，与王世瑛结婚。王世瑛1945年因难产去世，张君劢"伤心惨绝"，没有再婚。郑振铎则常去王世瑛墓前献花。陈定秀于1924年在苏州与程俊英的叔叔程树仁结婚，他是我国最早留美攻读电影专业的留学生。他们后来迁居上海，编辑《中华影业年鉴》，还成立了孔雀电影公司和东海、西海电影院。后来程树仁移情于外妇，程俊英一直痛惜好友陈定秀"遇人不淑"。

程俊英1922年夏毕业后，任学校周刊编辑，兼任中学国文教员。这年秋天她与张耀翔订婚，两人在天坛祈年殿立下誓愿，以教育为毕生职业。程、张于次年初结婚，几十年间感情深厚。他们的朋友，有的做官，有的进入各种党派，也有的去了延安，很多人欲动员他俩参与政治，但他们固守了终身执教的初衷。张耀翔是哥伦比亚大学的心理学硕士，历任北师大、暨南大学、大夏大学、华东师大等校教授，他创办了我国第一本心理学杂志《心理》并任主编，有《感觉心理》《情绪心理》等专著，是我国心理学科的重要创始人。程俊英民国时期历任多所大学的讲师、教授，1951年后担任华东师大教授，80多岁还在带研究生。她的学生，很多成为了一流学者。

程俊英和她的同学，早年都目睹过女性亲友的婚姻悲剧。她们的一位同学，因为反对包办婚姻，不幸去世。所以，呼吁妇女解放、婚姻自主，也是她们投身五四运动的重要动因。接受教育、走入社会，使妇女得以摆脱依附地位，自尊自立，施展才华；杜绝包办婚姻，则给了她们自由选择爱人的权利。不过，旧式婚姻的质量虽然普遍不高，但自由恋爱，结下的也不见得都是金玉良缘。程俊英的闺蜜庐隐，就是最伤痛的一例。

曹诚英：梦魂无赖苦缠绵

"'朱颜青鬓都消改，惟剩痴情在。''廿年孤苦'已将青丝红颜熬干熬枯。"

曹诚英（1902-1973），安徽绩溪人，1931年毕业于中央大学，留校任助教。1934年赴美国康奈尔大学留学，1937年获硕士学位后回国。曾在四川大学、复旦大学、沈阳农学院任教授。

曹诚英是有成就的农学家，其古典诗词造诣也很高。

烟霞山月　洞府神仙

在民国早期的知识青年中，男女隔绝之藩篱已经松动。不过，不少人因为各种原因，还比较谨慎或羞涩，为着避人耳目，那些有心交往又有意遮掩的青年男女，往往在公开场合以表兄表妹的身份亮相。

不过，胡适（1891—1962）那位著名的表妹曹诚英，跟他的确是亲戚：她乳名丽娟，字珮声，是胡适三嫂曹细娟的同父异母妹妹，小胡适11岁，跟胡适为姻亲，说她是表妹也还不算牵强。胡适1917年跟江冬秀结婚时，曹诚英是伴娘之一。她16岁时与同乡富家子弟胡冠英结婚。1920年，曹诚英冲破家庭阻力，到杭州的浙江省立女子师范学校学习，起初就读于附小，半年后考入本部。胡冠英则进入浙江第一师范学校。

著名作家郁达夫的妻子王映霞，曾与曹诚英为女师校友，低一个年级。她在自传里回忆："曹诚英长得不好看，而且是小脚，但同学都对她另眼看待，因为知道她是大名鼎鼎的胡适的表妹。"

江勇振著《星星、月亮、太阳——胡适的情感世界》，将胡适复杂而隐秘的情感脉络，梳理得特别清晰，也兼及讲述胡适思想发展的轨迹。在江勇振看来，"曹诚英显然是一个热情、外向、领袖型、交游广阔的女性。在杭州读书的时候，她常邀女友游西湖，有时还利用这种机会帮男亲戚介绍女朋友"。她也写诗,是汪静之组建的新文学社团"晨光社"的成员。1921年夏,为了给姐姐细娟的儿子,也即胡适的侄儿胡思永介绍女朋友,曹诚英一口气邀请了八位女同学游西湖,其中就有后来成为汪静之妻子的符竹因——那天出场的男士,除了胡思永、胡冠英,还有汪静之。

曹诚英与同龄的汪静之既是亲戚,也是青梅竹马的玩伴。汪静之说,他之所以成为诗人,其诗情诗兴都应当归功于"小姑母"曹诚英。姐姐曹细娟对曹诚英的新潮做派却很不以为然,后来,因为独子胡思永之死,她一直不原谅妹妹。

胡思永听说符竹因与汪静之相爱,曾写信给汪让其退避,否则他要去杭州跟汪拼命。他有文学天赋而比较疏懒,因先天遗传的结核病导致肾上腺衰竭,1923年4月13日死亡。胡适虽将侄儿的病因对寡嫂做过详细解释,遭遇丧子巨痛的曹细娟却不由分说,将怨气指向曹诚英,她在给江冬秀的信中抱怨:儿子在杭州"飘荡数月,乐而忘返,这都是我那妹子招惹他引诱他的。据说永儿在杭曾大醉一昼夜,大约病根就在那时埋伏。她又不向我和你们说明永儿的病根,以致起先医治,找不着病路——由这种种想来,永儿的死可不是活活的受她陷害吗"?胡思永病故,曹诚英又受姐姐如此责难,身心俱疲,"嫉世如仇"。

情绪最低落之际,恰逢胡适到上海公务。1923年4月29日,他利用在上海开会的休会时间,去杭州玩了几天。曹诚英和汪静之等陪他游西湖,这一次,胡适对表妹有了别样感觉,他的诗《西湖》看似在写西湖的美丽撩人:"轻雾笼着,月光照着,我的心也跟着湖光微荡了。"于是,"听了许多毁谤伊的话而来,这回来了,只觉得伊更可爱,因而不舍得匆匆就离别了"。这个"伊",重点不是说的西湖吧。

此后,曹诚英在给胡适的信中不再称他"适兄""适哥"而改称"糜哥"(胡适原名嗣糜),语调也颇亲密。胡适6月初再到杭州,游过风景宜人、房间清洁又僻静的烟霞洞后,决定离开原来住的新新旅馆,从6月23日与侄儿胡思聪搬进去养病,在烟霞洞住了3个多月。曹诚英恰好放暑假,他们整日下棋、赏桂、爬山、游湖,他给她讲莫泊桑……这就是胡适一生最销魂的烟霞之恋。汪静之去烟霞洞拜访,发现他俩"满脸欢喜的笑容,是初恋爱时的兴奋状态。适之师像年轻了十岁,像一个青年一样兴冲冲、轻飘飘,走路都带跳的样子"。

▲胡适、曹诚英在杭州

好友徐志摩对这对"洞府神仙"的甜蜜,更是心知肚明。9月28日,徐志摩张罗了他与胡适的众多朋友到海宁观钱塘江大潮,那张著名的"到此一游"合影里,有胡适、徐志摩、陶行知、汪精卫、马君武、陈衡哲、朱经农等,曹诚英也在其中。胡适看上去喜滋滋的,曹诚英的表情,不知为什么却有些凝重。

从来是欢娱嫌日短,胡适10月3日的日记说:

我这三个月中在月光之下过了我一生最快活的日子……自此一别,不知何日再能继续这三个月的烟霞山月的"神仙生活"了!枕上看月徐徐移过屋角去,不禁黯然神伤。

10月4日出了烟霞洞,胡适对杭州依旧恋恋不舍,10月21日还在此地盘桓:"我们四个人去游西溪花坞……吃了午饭,坐船到开化凉亭附近上岸,步行进花坞。娟（曹诚英）走不动了，我们到一个庵小坐吃茶……"再看10月27日的日记："娟借曹洁甫先生家内厨灶，做徽州菜，请经农、志摩和我去吃饭……两餐味道都极好，大家都很痛快。"两天后，胡适又跟"娟"去游平湖秋月，步行至孤山。

徐志摩10月下旬的日记，也津津有味地记录了他与胡适、曹诚英的西湖之游：湖心亭看晚霞，楼外楼吃蟹。她贪恋月上柳梢头，他们就将桌子移到窗口，持螯赏月。夕阳里、月光下的芦荻，或染金或泛银，"曹女士唱了一个'秋香'歌，婉曼得很"。如此良辰美景，最宜才子佳人自品自赏，徐诗人却并不嫌自己多余——哪怕胡适再小心谨慎、不欲张扬，但浓烈、饱满得似要爆炸的幸福感，也真还需要宣泄和见证。徐志摩不仅是知交，也是情种，最宜倾诉，所以他之前已经知道底细：10月11日，胡适就已请徐志摩去沧洲别墅聊天，也看他的"烟霞杂诗"。徐志摩何等妙解风情，早已看出蛛丝马迹，追问好友是否还有"匿而不宜宣者"，胡适红了脸承认有，但是有所顾忌，不敢公开。隔了两天，他又跟徐志摩聊天，"无所不至，谈书谈诗谈友情，谈爱谈恋谈人生，谈此谈彼；不觉夜之渐短。适之是转老回童的了，可喜！"

旧式婚姻　小脚太太

接下去的故事，就是大家常讲的：胡适回北京后提出离婚，江冬秀以孩子和自己的性命相挟。

1904年初，12岁的胡适与远亲江冬秀订婚，不久他离开家乡去上海求学。母亲与江家很早就想让他回乡结婚，1908年7月，胡适给母亲写过一封长信，详细解释因学业未毕、家中经济也困难，所以结婚之事"今年万不可行"。

未满17岁的少年深感长辈逼婚压力之大,又是说理又是抒情,写得"手颤欲哭":"男此次辞婚并非故意忤逆,实则男断不敢不娶妻以慰大人之期望。即儿将来得有机会可以出洋,亦断不敢背吾母私出外洋不来归娶。"母亲唯恐不好面对江冬秀家,他专门去信解释。

在上海念书六年之后,胡适1910年又去了美国留学,不仅越走越远,还不断以各种理由推迟归期与婚期。当时,见了世面的大学生、留学生与乡下姑娘解除婚约的,大有人在,江冬秀母女自然十分忐忑。胡适虽然早就在家信里信誓旦旦,绝不会"忤逆"地毁弃婚约,但在他去美国前后,都不断建议江冬秀放脚、念书、亲笔给他写信。无论语气多么温柔得体,也充满关爱,但这些提议,事实上桩桩件件都会戳到江冬秀的软肋、痛处——不错,她是小脚,土气,没受过多少教育,视野狭窄,提笔艰难……她跟翩翩才子的差距,比他俩的空间距离还宽,何止千里万里。胡适希望未婚妻放脚、念书等,也让母亲与亲家的关系增添了紧张。

胡适在1912年的信里曾经忍不住向母亲抱怨:屡次建议江冬秀给自己写封短信,哪怕几行字也可,"藉此销我客怀,亦可令冬秀知读书识字之要耳",却都没有音信。同时,对自己迟迟未能迎娶冬秀,他不免自责,也多次向她表示歉疚,还曾写诗,对她畅想美好未来,"我当授君读,君为我具酒"。

胡适从康奈尔大学写回的家信里,时常提起美国男女齐聚一堂就餐、聊天的社交习惯,就连胡适的母亲都忍不住要狐疑、紧张,这无疑更刺激江家母女。胡适留美七年,江冬秀年龄一天天大了,被"弃置"的担忧、惶恐,肯定很痛楚地啃噬过她,江母也在焦虑中去世。

胡适对母亲包办的婚约,自然有过矛盾、挣扎。他在日记里自陈,去美国后交游虽广,起初却鲜有跟女士往来。随着眼界越来越宽,逐渐克服羞涩、拘谨,才打破了男女交往的界限。不过,他既深感旧式婚制的不人道不文明，却也并不像当时的"志士青年"那么极端或偏激。他对植根于"名分"的夫妻之爱，也有某种程度的认同，至少不曾深恶痛绝。胡适的母亲22岁就守寡，他对母亲相当敬爱，也很感激未婚妻经常去陪伴母亲、为母亲分担家事。

但是，胡适与大他六岁的美国女友韦莲司——一位有才华的画家、地质学教授的女儿，交往频繁，不知不觉间，好感与日俱增。他笔下的韦莲司风度落拓不羁，"极能思想，读书甚多，高洁几近狂狷，虽生富家而不事服饰"。从1914年开始，胡适日记里经常出现韦莲司的身影：他俩在绮色佳沿湖滨偕游三小时，"且行且谈，故不觉日之晚也"。回到韦莲司家晚餐后，又围炉而谈，直到9点才归；他们一起探讨"繁复难尽"之人生伦理，或在月光下漫步，听韦莲司给他讲印度神话"月中兔影"；他在信中遗憾无法折柳相赠，她就送他自己的摄影作品秋柳图；胡适去纽约时，也几次去看望在此念大学的韦莲司，在她的寓所共餐，"纵谈极欢"。他们或一起逛博物馆，或联袂流连于风景绝佳的赫贞江畔。那种棋逢对手的默契交流，无疑使胡适怦然心动，向往未来的爱人有"高尚智识"，"谈辨时能启发心思"。

韦莲司1927年向胡适坦诚，他1917年那封宣布即将回国结婚的信，让她"整个崩溃了"。在那以前，她没有产生与胡适结婚之念。据江勇振分析，作为优秀留学生的胡适，远不像后来那么声誉卓著，而当时白种人与黄种人之间的等级差异事实上也存在。所以，韦莲司与胡适当时的关系还仅止于朋友，但理智与情感的冲突，一定曾让胡适纠结。他倒是能设法说服自己："智识上之伴侣，不可得之家庭，犹可得之于友朋。此吾所以不反对吾之婚事也。"他认为，"若以'智识平等'为求耦之准则，则吾人终身鳏居无疑矣"。再说，有学问并非成为贤妻良母的唯一条件，择偶的标准"除智识外，尚有多数问题，如身体之健康，容貌之不陋恶，性行之不乖戾，皆不可不注意"。

江勇振的《星星、月亮、太阳——胡适的情感世界》讲述，1915年夏秋之间是胡适对韦莲司最为眷恋的时节，他为她写的《满庭芳》《临江仙》，皆情思迷醉，后者写于8月20日：

隔树溪声细碎，迎人鸟唱纷哗。共穿幽径趁溪斜。我和君拾葚，君替我簪花。　　更向水滨同坐，骄阳有树相遮。语深浑不管昏鸦。此时君与我，何处更容他？

江勇振的《舍我其谁：胡适》写道："反之，对江冬秀，胡适则写了一首令人读之触目惊心的英诗《今别离》（*Absence*），赤裸裸地道出了他的心境，说那造成'妳'和'我'形同陌路的，不只是'那诺大的半个地球'，而是那心灵的阻隔。"

婚约在身的现实处境，却将胡适从韦莲司带来的酣甜中使劲拽出：母亲和未来的岳母听到谣传，说他已在美国娶妻，他10月3日的家信赶紧辟谣："儿若别娶，于法律上为罪人，于社会上为败类，儿将来之事业、名誉，岂不扫地以尽乎？此虽下愚所不为，而谓儿之为乎？……儿久已认冬秀为儿未婚之妻，故儿在此邦与女子交际往来，无论其为华人、美人，皆先令彼等知儿为已聘未婚之男子。"联系到他当时强烈的情感波动，这番话简直像在奋力警醒自我，使劲悬崖勒马。

胡适的中庸之道，其实是改良已经"命定"的未婚妻。他去美国之前就对母亲这么解释过："实则儿如果欲儿媳读书识字，则他年闺房之中，又未尝不可为执经问字之地，以伉俪而兼师友，又何尝不是一种乐趣？"他也一直给江冬秀写信、写诗、寄相片，传情达意，畅想未来。江冬秀确实依从胡适，放了脚，念了书，也很努力去靠拢他——看她婚后写的信，虽然错别字不少，表达也还天然、流畅。但是很显然，胡适没有得到理想中那种入肠入肺的回应。他幻想的迷醉、缭乱的恋爱感觉，是后来在曹诚英那里得到的。

不管怎样，江冬秀枯等十几年，他们终于在胡适26岁生日那天结婚，新娘已经27岁——这个岁数，在当时属于极端大龄，若未能顺利成婚，她另行出嫁的机会非常少。

与江冬秀婚后，也算相亲相爱。胡适那组《新婚杂诗》写得很是欢畅、缠绵，"今宵别后，便觉得这窗前明月/格外清圆，格外亲切"。1919年至1921年，他们接连生了三个儿女。外界对于这对夫妻的"不般配"，一直很好奇。苏雪林的《适之先生和我的关系》一文回忆，她在北京女高师念书时，胡适的中国哲学课极受欢迎，听同学说，师母比先生大10岁，站在一起有如母子。后来在招待哲学家杜威的晚会上，胡先生携夫人出场，她们见了"朴素大方"的胡夫人，方知传言之谬。

胡适1921年8月30日的日记记载：很多"旧人"恭维自己没有背弃婚约，"难能可贵"。"我说，当初我并不曾准备什么牺牲，我不过心里不忍伤几个人的心罢了。假如我那时忍心毁约，使这几个人终身痛苦，我的良心上的责备，必然比什么痛苦都难受。其实我家庭里并没有什么大过不去的地方。这已是占便宜了。最占便宜的，是社会上对于此事的过分赞许。"话虽如此，"大过不去"的一个"大"字，看得到他在多么努力地打磨心底那些崎岖不平。

唐德刚认为，被胡适接纳的江冬秀，是同时代"千万个苦难少女中，一个最幸运、最不寻常的例外"。夏志清为唐德刚《胡适杂忆》写的序里，却为胡适抱不平，觉得"胡适如能同陈衡哲这样的女子结婚，当然生活要美满得多"。他说，20世纪二三十年代，因江冬秀没有现代医学常识，也不善管教子女，弄得爱女夭折，二儿子思杜从小身体虚弱，教不成器，"一个家庭里产生了这两大悲剧，总不能算是美满的"。"我总觉得江冬秀女士不能算是我们一代宗师最理想的太太，二人的知识水准相差太远了。"

江冬秀固然不能跟胡适旗鼓相当地唱和,但她作为主妇,不乏能干、细致。他们一生里有许多次关系紧张的时候,也有老夫老妻的相互体贴。1940年,胡适在美国收到江冬秀寄去的一箱衣物,他穿上绛红色的便袄御寒时,觉得口袋里有什么东西,伸手摸出一个小纸包,"里边是七副象牙挖耳。我看了,心里真有点说不出的感情。我想,只有冬秀想得到这件小东西"。(致江冬秀家书)

曹诚英再吸引胡适,他想离婚也没那么容易。江冬秀历经多少艰难险阻,方才修成正果,她捍卫婚姻的决心,坚如磐石,风格也颇强悍,据说吵闹时曾将剪刀刺向丈夫。而胡适即便深陷情网,也不是决绝、刚烈之人,尤其是,他很顾忌自己的公众形象;加之,江冬秀的泼辣干练有决断,在生活上对胡适的精心照顾,也是他受用的。何况,胡适其实心底也认为,"love只是人生的一件事,只是人生许多活动之一而已"……凡此种种,离婚的事也就作罢。他果然是"新文化中旧道德的楷模;旧伦理中新思想的师表"。

朱颜青鬓都消改,惟剩痴情在

胡适一生恋情不少,但曹诚英留给他的印痕很深,他的好几首诗里,都有挥之不去的凄凉、眷恋:"山风吹乱了窗纸上的松痕,吹不散我心头的人影。"(《秘魔崖月夜》)自杭州分离之后,他们一直保持着联系。曹诚英在给他的信里说:"如你在空山月色中感受到了暂时的悲哀的寂寞;我却是永远地沉浸在寂寞的悲哀里!"1924年9月江浙战争爆发,胡适担心曹诚英的安危,请徐志摩专程到杭州去接她到上海。徐志摩冒着战火去了才发现,杭州并不如外界想象的那么危险。

曹诚英从女师毕业后，进入东南大学（后来的中央大学）念农科，作过关于棉种改良的研究。1926年和1928年，胡适去到南京，他俩又再见面。曹诚英1931年大学毕业后留校任助教，1932年到北京看望在协和医院住院的胡适。江冬秀在给丈夫的信上说，她推门见曹诚英在他枕边睡下，"我当时放下面来，没有理你们。我三天没有理你……我知（之）后见着他没理过他"。

曹诚英的哥哥曹诚克曾留美学习矿业，他在给胡适的信里曾说妹妹"气量极细小"，但兄妹感情极深。1934年秋，在天津北洋大学教书的曹诚克与胡适资助曹诚英到胡适母校康奈尔大学留学。胡适给多年知己、1933年成为情人的韦莲司写信，请她在英文口语与生活等方面给予"表妹"帮助和引导。

久走夜路必逢鬼。虽然胡适遮掩秘密的段位很高，他1936年10月到美国绮色佳时，也试图避免跟两位相好同时碰面，但曹诚英的真实身份还是暴露了。胡适去绮色佳前夕给韦莲司的信里，甚至还说起过曹诚英的小话："你信中所描述的她相当正确。她的确是一个人人哄捧、夸她有小聪明、被惯坏了的孩子。"这么说或许是为了在韦莲司面前撇清他跟曹诚英的关系？又或许胡适此时对曹的感情已经由烫转温？不过，韦莲司知道曹诚英是胡适的情人后，虽然心碎欲裂，依然很照顾她。曹诚英与胡适在美国相会后，写下心旷神怡的《水调歌头》："一醉名湖西子，再醉凯约佳上，星月与周旋。"

曹诚英1937年获得硕士学位后回国，在安徽大学短暂任教。资料上说，她是我国农学界第一位女教授。抗战爆发后曹诚英前往四川，1938年初任四川大学农学院教授。她在给胡适的信里，曾讲述自己的棉种研究情况。但胡适到美国后音信渐少，曹诚英总是望眼欲穿，期盼只言片语。

有一次，在美国读博士的中央大学同学吴素萱给曹诚英的信里提到，她见到了胡适。曹诚英闻讯反应很激烈："糜哥，你要答应我以后不要再和吴素萱、吴健雄接近，除了不得已的表面敷衍之外，否则我是不肯饶你的。糜哥，答应我说'不'！一定答应我！……别人爱你我管不着，然而若是我的朋友，她们爱你，我真会把她们杀了。"只有爱得太狠太烈太苦也欠缺安全感的女子，才会这般狂乱地、有点失控地冒酸，吃不相干的飞醋吧？

1939年七夕，她填词寄给胡适：

孤啼孤啼，倩君西去，为我殷勤传意。道她末路病呻吟，没半点生存活计。　　忘名忘利，弃家弃职，来到峨眉佛地。慈悲菩萨有心留，却又被恩情牵系。

胡适日记记载，曹诚英的信里除了这首词，"此外无一字，亦无地址，故我不能回信。邮印有'西川，万年寺，新开寺'几个字可认"。

查辅成所著《才女曹诚英》讲述，曹诚英在四川大学的教职止于1939年7月，她曾到峨眉山带发修行，后来被哥哥和好友百般劝了回来。她于岁末一度任教于重庆白沙大学先修班，1941年在重庆大学短暂任教。那两年与胡适音书断绝、困于情魔，加上工作不稳定影响心情，曹诚英频繁住院。

吴素萱1941年初给胡适去信感慨："珮声之聪明才能，在同学中不可多得，惟不能驱情魔，以致怀才莫展，至以为可惜！"她说，曹诚英身体素弱，近来更是"百病皆生"，"伊每来信，动辄提及三年来未见先生只字。虽未必如是，然伊可望先生之安慰可知"。

吴素萱回国后几经辗转，为曹诚英带去胡适的信和200美元，后者顿时快乐得忘却烦恼，也不再有出家之念。吴素萱写信向胡适报告曹诚英的近况："可见你魔力之大，可以立刻转变她的人生观。我们这些作女朋友的实在不够资格安慰她。"

1943年，曹诚英托人带给胡适三首词，都写得深情而凄苦。《虞美人》云：

鱼沉雁断经时久，未悉平安否？万千心事寄无门，此去若能相遇说他听。　　朱颜青鬓都消改，惟剩痴情在。廿年孤苦月华知，一似栖霞楼外数星时。

这阙《虞美人》写于6月19日，恰好距离他俩堕入情网20年。这时，曹诚英已41岁，"廿年孤苦"已将青丝红颜熬干熬枯。词写得真是好，她深陷情海不能自拔的处境，也真是惨淡。

胡适1949年离开大陆前，与在复旦大学任教的曹诚英见过最后一面，从此杳如黄鹤。1952年院系调整，曹诚英调到沈阳农学院，她在那里培育出东北地区广为种植的高产马铃薯，1958年退休。20世纪六七十年代，曹诚英几次被红卫兵抄家，1969年回到安徽绩溪老家。她有较高的退休金却很节俭，为家乡修桥补路、救灾助学、购买农机，贡献良多。晚年病痛缠身，求医不易，居所也简陋而不稳定，1973年去世。

胡适作为新文化运动的领袖，声誉如日中天，加之仪容风度谈吐都不凡，曾经倾倒众生。好友朱经农的妹妹特别痴情，求之不得，寤寐思服，竟至于精神崩溃。与好友徐志摩恋爱得轰轰烈烈的做派大相径庭，胡适即便内心暗流涌动，表面却尽量不动声色，哪怕在日记里也写得节制、隐晦。但江勇振探幽索微，"小心求证"出：曹诚英、韦莲司之外，与胡适有情感瓜葛的还有诗人徐芳、美国护士哈德门、后来成为哲学家杜威续弦的罗慰慈等。甚至，胡适1925年还一度跟陆小曼走得很近，口吻亲昵地通信——当时徐志摩与陆小曼相恋惹出舆论风波，徐曾经暂时避走欧洲。吴虞1925年6月的日记，写他去开明戏院听孟小冬的戏，见"胡适之、卢小妹在楼上作软语，卢即新月社演《春香闹学》扮春香者，唱极佳"。徐芳生于1912年，是张中行的北大同班同学，他印象中的徐芳"身材中等以上，白净，有点风流成分"。徐芳为胡适写过不少热辣的情诗，也有跟曹诚英同样的沉溺、伤怀。胡适向徐芳表露撤退姿态的诗《扔了？》说："两鬓疏疏白发/担不了相思新债。"他1937年赴美以后，与她渐渐断绝书信。1943年，徐芳与陆军大学教育长徐培根结婚。

　　果真男女有别：胡适是花开几朵，各表一枝；曹诚英却唯有"梦魂无赖苦缠绵"。(《临江仙》)1922年底，其婆母以媳妇几年不曾生育为由，在家乡为胡冠英另娶。婚姻结束后曹诚英没有再婚，而"穈哥"一直是别人的丈夫，甚至也是别人的情人。她年轻时向胡适诉苦的那句——我却是永远的沉浸在寂寞的悲哀里——竟是一语成谶么？1923年夏秋的烟霞之恋，是她此生的大劫还是大幸？如果没有遭遇胡适，她会有怎样迥然不同的一生？这些问题，旁人还真不好回答。所以，不问也罢。

石评梅：无穷红艳烟尘里

"三年前她给高君宇写的挽联是:'碧海青天无限路;更知何日重逢君。'孰料,转眼间生死之隔就已不存,她也同赴黄土垄中。"

　　石评梅（1902—1928），山西平定县人，毕业于北京女子师范大学，后任中学教师。20来岁就开始发表话剧剧本、散文、小说等。从1924年底开始与好友陆晶清、庐隐编辑《京报》副刊之《蔷薇周刊》。

　　石评梅去世后，朋友们将她的作品结集，编成《涛语》《偶然草》出版。

陷入愁城恨海

石评梅个子不高,面色黑里透红,是太阳晒过的健康之色,跟她当体育教师有关。这形象,似乎跟人们对这位女作家的想象略有出入。她20岁刚出头,还在大学念书时,已在报刊发表诗文,后来更涉笔小说、话剧等,年纪轻轻就名满京华,前期的文字很是风愁雨露,似乎她也应该是一副纤弱清冷的模样?

了解石评梅的人却知道,她教自己的学生,既要有女子细腻温婉的天性,又要远离骄矜、造作、娇气。她自己当然是落落大方的,衣着朴素,不喜钗环,全身唯一的饰物,是生日那天收到的一枚月白色象牙戒指。

闺蜜陆晶清见到,颇不喜欢,希望她取掉这"惨白枯冷"的东西。

象牙戒指是热烈追求石评梅的高君宇所赠。高君宇是中共早期著名活动家,1916年考入北大英语系,五四运动时是北大学生会骨干,后为中共第二、三届中央委员,北方党团组织的主要负责人,国共合作时曾任孙中山秘书。

1924年10月10日,高君宇跟随孙中山指挥平息广州商团叛乱,流弹洞穿汽车窗,幸而只负轻伤。大难不死,他跑去买了一对象牙戒指,自己戴一个,小的寄给石评梅:"愿我们用'白'来纪念这枯骨般死静的生命。"他希望她接受这礼物,不要再拒绝。

这枚象牙戒指比他此前送的那片红叶幸运——1923年10月下旬,高君宇在北京西山养病。他从碧云寺采了一片红叶寄给石评梅,叶上题诗:"满山秋色关不住,一片红叶寄相思。"

高君宇与石评梅邂逅于一次山西同乡会,他是她父亲最得意的学生,有这层渊源,往来渐多。红叶让石评梅第一次晓得,高君宇竟对自己"有这样一番不能抑制的热情"。但是,她却无法投桃报李。独立寒秋,心如乱麻,最后蘸墨在红叶背面写上:"枯萎的花篮不敢承受这鲜红的叶儿。"按原样包好,寄还给他。

石评梅的父亲是前清举人,民国后曾在太原教书。她13岁以前在家里念书,得过父亲亲授,古文根基不错。1920年从太原女子师范学校毕业后,报考北京女子高等师范学校,恰逢那年国文系不招生,石评梅就读了体育系,毕业后在北师大附中任女子部主任和体育教员,后来兼授国文。

去北京念书时,父亲辗转托了同乡、北大毕业生吴天放照应孤身离家的石评梅。他确实相当照顾她,也声情并茂地追慕并打动她。这是石评梅的初恋,却很快肠断神伤,原来吴天放早就有妻儿。石评梅"沉入愁城恨海",虽然忍痛离开吴天放,却创痕至深,每日强颜欢笑,独身之念也日渐牢固。好友庐隐说,她因为此番遭遇,想做一个游戏人间的玩世者,却婉转于感情,无法挥剑斩情丝,所以左右为难。

以这样的心境结识高君宇,他又尚未具备令石评梅清空记忆的魔力,所以注定收获失望。他们交往虽密,也通了很多信,石评梅却只答允做他"唯一的知己""以事业度过这一生的同志"。这当然与他的期望相距千里,不禁"万分凄怆"、顾影自怜。高君宇绝望之余,却也稳住了心神:

我是有两个世界的:一个世界一切都是属于你的,我是连灵魂都永禁的俘虏；在另一个世界里，我是不属于你，更不属于我自己，我只是历史使命的走卒。

高君宇揣度，是自己的包办婚姻尚未解除，因而没有求爱的资格。1924年6月，他回老家与妻子离婚后，写了20页的长信，双挂号寄给石评梅，很欣慰地报告，自己已得到妻子的谅解，粉碎了旧时的桎梏。孰料，她却依旧只有深致抱歉。私底下也替他难过："从此后他真的孤身只影流落天涯，连这个礼教上应该敬爱的人都莫有了。"

庐隐回忆，破釜沉舟的高君宇"如同陡然听见半空里的一个霹雳。受了绝大的刺激，顿时肺管破裂，病倒在医院里"。高君宇在医院咯血不已，情绪跌宕，神志迷乱。在病床前陪护他的石评梅忧心如焚，头痛欲裂，也万分不安、不忍：如果你能静心养病，我们的问题当在你病好时解决。高君宇果然由阴转晴，石评梅却并无定情后的欢愉，反而"九转回肠，苦痛万状"。恰逢这时吴天放突然给她来信："……一方面我是恭贺你们的成功，一方面我很伤心……我总觉得这个世界上，所可以安慰我的只有你，所以你一天不嫁，我一天有安慰……"旧爱新人，旧伤新愁，交相冲撞，前后夹击，惹人心烦意乱，备受煎熬。石评梅大哭一场，立刻又去医院找高君宇，推翻先前的承诺。他再受重创，病体日衰。

1925年3月5日，长期卧病的高君宇又患急性阑尾炎，很快去世，年仅29岁，那枚象牙戒指，他一直戴进坟墓。噩耗让石评梅数次晕厥。高君宇素有咯血旧疾，恋爱受挫，越发磋磨多愁多病之身，但其致命死因，是阑尾炎的术后不治。生前，他绝不希望用病与死来换取她的怜悯同情，然而，的确又是因为他的命赴黄泉，让石评梅幡

▲高君宇

然回头,从此倾心,之死靡他。

收藏旷世深情

　　高君宇去世后,石评梅才读到他写给自己的最后一封信。她说,信的口吻、内容都像遗书。这信似乎有奇异的力量,让石评梅"遍体如浸入冰湖",更将她牢牢钉住,从此深陷忏悔与哀痛。一个鲜活生命的猝然消逝震骇了她,她觉得自己背负罪恶,"是一个值得诅咒的女子"。"我是万分的对不住他,我是万分的欺凌他!"遗物中还有那片已经枯萎的红叶,石评梅心如刀割,收捡起这片"志恨千古"的红叶,也收藏好他的旷世深情。

　　她在给好友袁君珊的信里说:

　　我在天辛(高君宇)的生前心是不属他的,在死后我不知怎样便把我心收回来交给了他。所以我才和W君(吴天放)断绝友谊,便是防备我心的反叛。如今我一直是沉迷着辛的骸骨,虽然他是有许多值得诅咒值得鄙弃的地方。不过在我心里,我总觉他是这宇宙中曾热烈的爱过我的……我宁愿把我的心,把我的爱情,把我的青春,和他一同入葬。

　　高君宇生前,石评梅无法投入地爱他。初恋虽已成空,旧影还在牵牵绊绊,未能轻易抹杀。她虽然有不结婚的念头,却无法弃绝爱情,所以情感上不免游移、矛盾。她愧悔高君宇因为自己"这种偏僻的主张"和"一颗心周旋于两个人中间而死"。实际上,高君宇生前不能被她完全接纳,更重要的缘故,是他之于她,魅力尚欠火候。也是在这封信里,石评梅说:"爱情有时是不能和她讲道理讲理智,讲该不该的。她至少有点盲目,而且是自己主观的沉醉。"的确，高君宇再以"一腔心血溅我裙前"，她这厢缺乏缭乱迷离的陷溺感、无来由的痴心醉意，仅以感动、感激，终究撑不满恋情。

五四时期的知识女性，好些有过独身主张，实践到底的却不多。石评梅口口声声要高君宇理解她独身的"素志"，既因以前的创伤还未平复，同时也是善意的推诿。1924年她才22岁，自认为已经望断天涯路，其实花月正春风。假如遇到心驰神往、寤寐思服的对象，所谓独身之念，是很容易冰消雪融的。

1925年，莺飞草长、柳绿花媚的春天，却显得愁云惨淡。石评梅忙着为高君宇料理后事、刊印遗书。他们如他所愿，将他葬在陶然亭，石评梅天天都去那里。墓碑上镌刻了她写的一段话：

"我是宝剑，我是火花。我愿生如闪电之耀亮，我愿死如彗星之迅忽。"这是君宇生前自题相片的几句话，死后我替他刊在碑上。君宇！我无力挽住你迅忽如彗星之生命，我只有把剩下的泪流到你坟头，直到我不能来看你的时候。

石评梅真是说到做到，陶然亭的新坟前，从此又多了一个神色愁惨的哭墓人。她时不时要去抚碑洒泪，有时也与庐隐、陆晶清等一同前往，恸哭一场。高君宇的忌日被石评梅视为"埋心"之日，他去世周年，她早早就约了双方好友，带了酒肉去祭奠并举行"悲宴"，"愿祭扫的人们都在这苦酒中醺醉"。她的桌前放着高君宇遗像，寒灯孤影，每每触景生情，想起他俩曾经的欢聚畅饮、在陶然亭的踏雪寻梅。她写了《象牙戒指》《肠断心碎泪成冰》《梦回寂寂残灯后》《墓畔哀歌》《缄情寄向黄泉》等一系列文字，一看就是哽咽着动笔的，通篇冷月荒冢、落花残叶。悲哀、辛酸、愁苦、凄清等词语，密集出现。石评梅经常梦见高君宇，梦里他还在怪她没有去信。

有一天，一位女友好心劝慰，让她不要再去陶然亭，也不要再穿黑衣服了，石评梅只是礼貌地笑笑，"但是我心里真恨她"。

她的诗《扫墓》刊于《妇女周刊》纪念特号：

狂风刮着一阵阵紧，尘沙迷漫望不见人；
我独自来到荒郊外，向累累的冢里，扫这座新坟。

秋风吹得我彻骨寒，芦花飞上我的襟肩，
一步一哽咽，缘着这静悄悄的芦滩，
望见那巍巍的玉碑时，我心更凄酸！
……
几次要归去，又为你孤冢泪零！
留下这颗秋心，永伴你的坟茔……

同赴黄土垄中

1928年9月30日，石评梅患脑膜炎，医治无效去世。三年前她给高君宇写的挽联是："碧海青天无限路；更知何日重逢君。"孰料，转眼间生死之隔就已不存，她也同赴黄土垄中。

庐隐等好友根据她"生前未能相依共处，愿死后得并葬荒丘"的心意，将她葬在高君宇墓侧。她的作品由庐隐、陆晶清等结集，编成《涛语》《偶然草》出版。

聘请石评梅任职的北京高等师范大学附中校长林砺儒，是出色的教育家。林校长很欣赏石评梅的端正、爽利，说她"为人的好处，就是一般女子的短处她都没有"——性情磊落大气，做事绝无扭捏推诿，不计利害，公正负责。石评梅在附中当教员五年多，有四年住在林校长家中。校长夫妇看得出，石评梅开朗乐观的表象下，有浓郁的凄婉气息和女学生初涉世事的敏感失落，写文章"满纸都是衰飒伤心话"，"青年苦闷如此，恐不永寿"。林砺儒痛惜地点评道：文学家心绪往往苦闷，又寄身于想象的世界；青年人尤其富于想象力；而女子通常是深情的；石评梅的气质更偏于灵敏忧伤。所以，她成了过度伤感的"青年女文学者"。这，实在是对文学女青年最中肯的归纳。

作为当时凤毛麟角的女知识分子，石评梅等既有兼济天下的理想，"想替沉没浸淹在苦海中的民众，出一锄一犁的小气力……能为后来的青年人造个比较完善的环境安置他们"。她们也更关注妇女的命运，欲一扫妇女界的消沉。但现实的潮湿发霉，周遭的暗箭利刃，以及伪君子的狡诈无耻，都让阅世不深的石评梅愤懑忧伤。她给庐隐的信里曾写道："我真愿做个奔逸如狂飙似的骏马，把我的生命都载在小小鞍上，去践踏翻这世界的地轴……"想飞翔也罢，欲逃离也罢，又谈何容易？世间的种种束缚、牵累，让人又不得不愤慨、叹息着"蜷伏槽下"。

石评梅说自己性情孤僻，不喜交游，交友颇挑剔，"但有时狂气起来，又是很放浪的"。她的诗文，的确兼有凄冷与狂放。她去世时才26岁，创作丰盛那几年，正当青春年少。那时节，也恰好是新文学的青春期，大多数写作者，都有点匆忙热切、迫不及待，表达也略显随心所欲，恣意而欠节制。石评梅同样有此特色，稚嫩、迷蒙、怅惘，有年轻人的多情易感、愁肠百结；同时，也多新青年的慷慨、梦幻，常发出铿锵、激越的金石之声、警世之语。毕竟，五四运动还没有翻页，"革命"依然是热血青年的流行词和主旋律。庐隐说，石评梅作品由起初徘徊、哀鸣于个人的悲情愁绪，转而关注人世，有更宽泛的悲悯，"不但是替她自己说话，同时还要替一切众生说话"。

从1924年底开始，石评梅先后与庐隐、陆晶清编辑《京报》副刊之《妇女周刊》，《世界日报》副刊之《蔷薇周刊》。在为前者写的发刊词里，石评梅希望该刊有助于"粉碎偏枯的道德"，"脱弃礼教的束缚"，"拯救沉溺的弱者"，"创造未来的新生"。

石评梅1927年写的《无穷红艳烟尘里》，抒写从象牙塔走向十字街头的惊心动魄。她痛切感慨：花正艳、草正青，却有"无穷娇艳青春的生命"，埋葬在灰尘烟火中。

年轻固然妙不可言，充盈着澎湃的激情、热望与无限的可能。但青春本身有时也会缓释致幻、致命的毒素，相当啃噬身心。因为纤细、焦虑，看人论事容易极端，待他人、对自己都不肯原谅，所以年轻人可能被环境伤害，也被自己伤害——理想与现实落差巨大，济世之心容易被浇冷、浇息；自负才华却可能明珠暗投；世道人心往往复杂、暧昧，乃至凉薄、险恶；如果再陷入感情迷雾，那更是愁云惨淡万里凝：求之不得的绝望，进退失据的彷徨，悔不当初的苦闷……样样都撕心裂肺。

倘若留待时日，成熟一些，人也许会更松弛、厚重，有了韧性，不那么脆薄、柔嫩。石评梅、高君宇等皆因病去世，但是在身体被摧毁之前，他们那根心弦，都绷得太紧，已先自断了，没能等到云淡风轻那一天。

陈小翠：翠楼清韵成绝响

"陈小翠、周炼霞等正是民国时期江南女画家之翘楚，像她们这一代深厚地浸染过传统文化、有古典遗韵的才媛，一旦凋零，便成绝响。"

陈小翠（1902—1968），杭州人，自幼聪慧能诗，13岁时已有《银筝诗》问世。1927年出嫁前，父亲陈碟仙将她的诗文词曲编成《栩园娇女集》出版。

陈小翠是上海女子书画领军人物之一，多次举办画展。她的诗词与绘画都受推崇，曾在无锡国学专修学校讲授诗词。50年代进入上海画院，在画院有"文采第一"之誉。其诗、词、曲作品收入《翠楼吟草》（20卷），诗歌成就最高。

诗似美人惟淡好

陈小翠生于杭州,生日在中秋后九日,她平生引以为荣的,便是与李后主同月同日生。父亲陈蝶仙是鸳鸯蝴蝶派代表人物,写有《桃源梦》《郁金香》《柳非烟》等大量言情小说与《媚红楼》等昆曲剧本,一生著述丰厚。他同时是成功的实业家,生产的无敌牌牙粉、蝶霜等日化用品十分畅销。小翠的哥哥陈小蝶也擅长诗词书画,写有不少言情小说。

陈蝶仙说,小翠自幼聪慧过人,十二三岁时写的小诗已"婉娈可诵"。做父亲的还真没有言过其实,《银筝集》结集时小翠才13岁,其中不少诗句才思缤纷,像《十年》的"诗似美人惟淡好,花如良友不嫌多。招来明月凉于水,拍碎红牙哭当歌"等,有超乎其年龄的老到。

陈蝶仙视女儿为谈诗论词的知音。1927年陈小翠出嫁前,陈蝶仙将她的诗文词曲编成《栩园娇女集》(收入《翠楼吟草》《翠楼文草》《翠楼曲稿》)出版,以助嫁奁。他在序文里说,女儿出嫁,心中有万千感想,难以措辞。自己平日不喜欢交游,傍晚回家,习惯在"灯边酒畔,拈词斗韵,以消郁闷",小翠最能跟自己谈诗。做父亲的素来健忘,女儿则堪称"立地书橱"。现在她将要出嫁,自己简直"不知来日光阴如何排遣"。

陈小翠的性格内敛文静,少女时期朋友很少,仅跟父亲的学生顾青瑶

（后为书画、篆刻名家）密切往来，且引为知己。她写给顾青瑶的不少诗里，有"死生在我原如寄，患难论交得几人？""我视顾君同骨肉"等诚挚之语。

陈小翠不爱交际，不喜应酬，但与人探讨、辩论古今得失，却又滔滔不绝，谈锋劲健。她每天潜心于书画，谋取自立之途。母亲见女儿对居家琐事不甚在意，曾经打趣道：家里养了一只书虫，不问柴米油盐。将来出嫁了，怎么侍奉公婆呢？莫非要一辈子不嫁人吗？小翠笑着回应：自古以来，女子都把自己等同于杂役的角色，习惯于充任灶下婢。但是修身齐家之道，难道在米盐当中吗？母亲闻说，也就听之任之。

陈小翠师从知名画家杨士猷、冯超然学画，其工笔仕女花卉很受夸赞。看她的《中元闲情图》《竹阁闲绪》《桐荫试砚》《玩月图》《桃花燕子》《春江垂钓》《蝶恋花图》等，那些花鸟、仕女、山水，确实样样都好。她20世纪三四十年代的画，已有从容淡定的大家气象，风格固然也属女画家的纤丽婉约一派，但疏淡中有股说不出的清雅秀逸；笔调怡然自得，绝无犹豫、

▲陈小翠绘《采菱图》

▲陈小翠绘《中元闲情图》

心虚或媚俗。一些仕女画则有清代画家费丹旭的意趣。

陈小翠是上海女子书画界的领军人物之一。1934年，她与李秋君、冯文凤、吴青霞等在上海发起成立中国女子书画展览会，聚集了120多人参与，这可能是有史以来女画家们第一次这么高调地集体亮相。陈小翠是常务委员，也负责编辑书画会的特刊。次年第二届中国女子书画展，陈小翠与李秋君、何香凝等百余名画家共有500多件作品参展。她同冯文凤、顾飞、谢月眉还联手于1939年、1941年、1943年三次举办"四家书画展览会"，也颇受关注，她们的仕女、山水、花鸟、书法，各尽其妙。

20世纪40年代后期，晚清进士、著名教育家唐文治聘请陈小翠担任无锡国学专修学校诗词教授，该校名师荟萃。50年代，她与周炼霞、陆小曼等成为首批进入上海画院的女画家，她在画院有"文采第一"之誉。

小翠的好些画上有题画诗词，写得秀润婉丽，跟画面互为映衬。比如《寒林图》上题有五绝：

落叶荒村急，寒星破屋明。

不眠因酒薄，开户觅秋声。

诗境与画面上的远山、疏林、草房、人影，交相烘托。

《桐荫试砚》上，一树梧桐枝叶纷披，三位眉目秀丽的姑娘身着轻柔纱衣，在几案前专注地兑水、磨墨、试砚。正是夏日，桐荫增添了她们的安闲，似觉清凉之气扑面而来，不见一丝溽热。陈小翠在画上题道：

纱衣天气人如玉，午睡刚刚足。起来双髻未曾梳，先向梧桐花底学真书。

浓荫满院蝉声绿，碧砚宜新墨。座中谁是卫夫人，好把簪花题遍石榴裙。

陈小翠的诗词有口皆碑，名诗人陈声聪的《兼于阁诗话》说她的诗"脍炙人口，郁有奇气"，"灵襟夙慧，女中俊杰"。她的诗有许多描绘登山游湖、赏花弄琴的闲适，不乏古典闺阁的趣味、情思，还有不少篇幅充满对日军入侵的愤怒，以及遭逢乱世的悲声。后一部分诗作，与士人忧国伤时的传统，一脉相承。

陈小翠1937年以后的诗作，有大量内容描述上海、杭州等地沦陷后的惨状，写尽了在"举国如沸汤""白骨盈道旁"的大背景下，平民的哀苦绝望，她愤然吟出："下民亦何罪？乃入屠杀场。嗟嗟会稽耻，忍哉君莫忘。"小翠的《返沪》诗尾，附有几段详尽的说明：上海失守之后，城东南火光满天，"一片惨红，令人啼下。南市浦东大火，月余不熄，路无行人，尸骸堆积。"接下来，她记叙杭州城破后妇女的死难与冯氏姑娘的"正气凛然"，还有父亲怕被敌伪罗致，从武汉至成渝、昆明的一路流亡。最后一段讲述江南落入敌手后，"米珠薪桂"，工部局遂用存米以不超过一元的价格供应市民。每逢开市，"鹑衣鸠面者拥挤争先，蠭（同"蜂"）集米肆，虽巡警鞭之不退。嗟乎，一饭之难，乃至于此哉！"

写于1938年的组诗《戊寅感怀》等，对当时孤岛上海的生活成本奇高、居大不易，多有体现。陈小翠还讥讽兵灾后尸横遍野之际，租界一角已是车水马龙，繁华居然超过往昔，"舞榭歌场，日日客满"，"千家野哭成焦土，半壁楼台尚管弦"。

小翠20来岁时写的《感赋》等诗，就有家国之思，对中原战乱导致的满目疮痍、漫天烽火忧心忡忡。她抗战期间的诗集，干脆取名《劫灰集》《思痛集》。无论她多么喜欢拈笔濡毫、怡情于书斋，此刻山河蒙羞，就更不可能对身边疾苦无动于衷，不得不伤时感事，有女诗人难得的宽阔眼界；与此同时，时代的烈雨悲风，会冲刷与裹挟每一个个体，陈小翠一家，也饱尝战乱中的种种愁惨：父亲的工厂被炸，杭州的家园难抛，一家人生离死别。

他们天未亮就欲出逃,在门前久久相望,洒泪诀别:"生当重相见,死当终不忘。"待到终于迎来父亲的平安消息,"一纸家书掩泪看","万里流离悲骨肉,故园零落忆桑麻"。

陈小翠与父亲感情深厚,她眼中的陈蝶仙仁爱正直,至情至性,饱览诗书,异常勤奋。他晚年嗜好化学,创办的几家工厂有雇员近万人,但家中"四壁萧然"。陈蝶仙常说,"文学所以养心,工业足以救国"。1940年春临终前,他拉着女儿的手说,自己平生致力于文学,愿为名士,也希望子女成为名士而非名人。他特别解释道:名士与名人迥然不同,"名士者,明心见性,以诗书自娱,苟得其道,老死岩壑而无悔。偶传令名,非其素志。古之人,如陶渊明是也"。而名人则特别媚谀趋世,与名士恰好相反。父亲的教诲,小翠深以为然。

诗难再续始为佳

著名篆刻家陈巨来的《安持人物琐忆》,记录师友故交的逸闻趣事,往往毫无遮拦地揭丑揭短。写到陈小翠,落笔倒难得地没有丝毫尖酸。他印象中,陈小翠爱用法国香水,往往人未抵达而香已飘至。她性格孤傲耿介,画院开会,经常拒绝参加。

陈巨来讲述:陈小翠原本与陈父的得意门生、诗文俱佳的顾佛影相爱,父亲却将她许配给了更有家世背景的汤彦耆。陈小翠生女后不久提出离婚,但汤家的离婚条件是,汤彦耆不再娶妻,她也不得另嫁。陈小翠虽有了自由之身,与顾佛影依旧难偿夙愿,但他俩时有唱和,写有不少情诗。顾佛影一生郁郁不得志,体弱多病,小翠常去他寄居的亭子间殷勤探望,"二人情话绵绵,真所谓缠绵悱恻,其情至惨也"。顾佛影临终时为了不令陈小翠授人以柄，将她写给他的诗词与信函都付之一炬。陈巨来说自己见过顾佛影多次，对他印象不错，"乃一恂恂学人也"。与陈小翠关系密切、常一同举办画展的顾飞，就是顾佛影之妹。

刘梦芙先生编校了陈小翠的诗词曲文集《翠楼吟草》，并在该书前言《二十世纪传统文学的玉树琪花》中，对陈巨来的上述叙述多有纠正："汤寿潜虽任过民国浙江第一任都督，却是当时著名的社会贤达"，"小翠与其丈夫汤彦耆婚后两三年即分居，是因情趣、性格不合，并非没有感情"，"分开后对其夫婿始终未能忘情，词中时时流露"。她20世纪40年代中后期的《绿梦词续》《微云词》里，"仍然有许多怀念夫婿的词章"；而顾佛影与小翠虽是同学，却比她年长13岁，两人却并非网上文章所说的"年貌相当"；她作为"儒家道德的实践者"，"谢绝友人的追求……是贞介人格的表现"。

陈小翠1927年结婚，次年女儿翠雏出生。丈夫汤彦耆（1901—1952）是汤寿潜之长孙。汤寿潜为光绪年间进士，当过龙门书院山长和浙江军政府都督，自奉甚俭，有"布衣都督"之称，著名学者马一浮是他的女婿。

虽然没有离婚，但陈小翠与汤彦耆确实是渐行渐远，直至分居。她的《子夜变歌》可以看出两人的疏离："采莲莲叶深，莫采青莲子。同房各一心，含苦空自知。"《别意》写分别后的牵挂与郁结，同时也自我排解："昨梦送君行，睡中已呜咽。况兹当分袂，含意不能说。人生苟相知，天涯如咫尺。岂必儿女思，相守在晨夕。"虽说，不一定要仿效小儿女日夜耳厮鬓磨，但既然相知，为何却不能相守呢？一旦分别，送行者又久久伫立，望尽天涯路，甚至"思为路傍草，千里印车辙"。那种纠缠萦绕、愁肠百结，相当一言难尽。

陈小翠还写过两组七绝《拟去妇吟》与《迁居·梦中作寄彦耆》，直抒"回首空堂泪万丝"的伤心，也很在意丈夫的冷暖，为之"检点衣箱"；她还借辛苦营巢的燕子，流露对他的期盼："衔尽香泥待汝来。"《拟去妇吟》之二写道：

一镜当窗证鬓丝，百年心事少人知。

为防隐语伤忠厚，删尽《终风》几首诗。

《诗经·终风》写一位怨女的心潮起伏，曾经的欢快亲昵已难追寻，如今他行踪缥缈，女子辗转反侧，既痴心期待又黯然失望。小翠这后两句颇费思量——为了无损"忠厚"，她删掉了自己那几首语意虽隐晦但带有《终风》情绪的诗。不知他俩的分居，有无类似缘由？

抗战初期汤彦耆从军，陈小翠写有《送长孺》（汤彦耆字长孺）与《早行》等诗："一战本来非得已，全家何敢愿流离。""长闲骏马消奇骨，出塞秋鹰有壮心……杜陵四海飘蓬日，一纸家书抵万金。""乱离生白发，患难见真情。"既伤离别，也多牵绊。她"惜别悲怀强自持"，叮嘱他少饮酒，莫熬夜……看得出他俩之间不乏情义。新中国成立之前，汤彦耆去了台湾，1952年去世。陈小翠写于1954年的七律《咏汤氏园白藤花》，以"东风吹冷黄藤酒，翠羽明珠漫寂寥"黯然收尾。当时她去踏访汤氏园，是不是已经辗转知晓了他的死讯呢？

陈小翠有不少诗词，是写给顾佛影的。顾佛影（1889—1955）号大漠诗人，是陈蝶仙的得意门生，诗词曲都受人推崇，当过上海中央书店等处编辑，后在大同大学、金陵女子大学任教。

抗战结束后，顾佛影从四川返回上海，于1946年夏与陈小翠见面，两人已睽违十年，她应邀为他的《劫后集》题诗十首，夸他"隽句如珠"，也感慨历经大难之后，彼此都幸存于世，"劫后哀鸿霜后雁，可知俱是再生人"。

这年秋天，陈小翠有《南仙侣·寄答顾佛影同学兄》，表达故人重逢的百感交集：他长期避难内地，"烽烟满后方……怎十年、音信断他乡"。幸而劫后余生，只是"万劫重逢鬓欲苍"。好在他的诗囊里添了许多新作，身旁学生不少，其雄辩豪放之态，还如往常。小翠同时表示，自己历经家破人亡,肠断心伤,"十年血泪洒钱塘,把诗情画意都轻放"。如今百炼柔情早就化作钢,年岁渐老,已经不作他想。

顾佛影有谈婚论嫁之意,陈小翠在七绝《还珠吟有谢》(九首)与《重谢》(两首)、七律《大风雨日写示大漠》中,委婉谢绝:"明珠一掷手轻分,岂有罗敷嫁使君。""千金马骨君何取,谣诼蛾眉我却忧……梁鸿自有山中侣,珍重明珠莫再投。""百年松竹葬江南,谥作桃花死不甘。莫以闲情伤定力,愿为知己共清谈。"一方面,她看重与顾佛影早年同学的情谊,也晓得如此知己三生难求,同时却也很在意双方的已婚身份,担心惹来流言蜚语,宁肯与他永远只做快意清谈的知交。

与顾佛影之间是进是退,陈小翠或许有过犹豫。上述表达,确实能明显看出她有旧式贤媛的谨慎,守文持正,爱惜羽毛,不肯越雷池一步;另外,小翠年轻时性格就沉静矜持,1946年她44岁了,既有饱经坎坷的沧桑、淡然,更有人到中年的理性、透彻——"潮来海气千家白,雨过天心一片蓝。日汲清泉三洗涤,怕教诗梦落尘凡。"也许,不让澄净心境、飘逸诗情堕入红尘扰攘,或消磨于庸常日子,也是她选择止步的重要理由。

《还珠吟有谢》最末一首写道:

人生忧患亦无涯,玉案双吟愿已奢。
万炼千锤戛然住,诗难再续始为佳。

就做心有灵犀的默契知音,已属难得,何必非要抵达世俗意义上的所谓圆满?小翠的"诗难再续始为佳",为她与顾佛影的关系定了调,看似消极,却也玲珑剔透——谁能说臻于"极致"就必定至善至美?

陈小翠的独女汤翠雏也是画家,能填词,后来定居法国。哥哥陈小蝶1948年迁居台湾后,在大学教授诗文。陈小翠晚年不免孤寂。她有这么复杂的海外关系,从20世纪50年代开始当然能体会到更多世道艰险,1959年她在给陈小蝶的信里说:"海上一别忽逾十年,梦魂时见,鱼雁鲜传。良以欲言者多,可言者少耳……人事难知,沧桑悠忽,妹亦老矣,诚恐阿兄他日归来,妹已先化朝露……"有许多哀伤,欲言又止。陈小翠晚年有不少思念女儿的诗作,写于1966年的两首五律《避难沪西,怀雏儿代书》,特别沉郁:

举国无安土,余生敢自悲?回思离乱日,犹是太平时。痛定心犹悸,书成鬓已丝。谁怜绕枝鹊,夜夜向南飞。

欲说今年事,匆匆万劫过。安居无定所,行役满关河。路远风霜早,天寒盗贼多。远书常畏发,君莫问如何。

时局混乱,阴霾蔽天,加剧了凄惶愁惨之绪。那时节,她只是直观地感觉到大难来临,有"举国无安土"的恐惧,忍不住吟出哀音。但更大更难应对的灾祸,还要接踵而至。20世纪六七十年代,陈小翠不堪凌辱,于1968年夏以煤气自尽。同事庞左玉曾经用红楼人物比拟画院诸人,陈小翠以性格"孤洁"而被形容为妙玉。那份不落流俗的清净孤绝,是有几分像呢。

据刘聪先生著辑的《无灯无月两心知:周炼霞其人与其诗》记载,陈小翠的好友、与她同样兼擅诗画的周炼霞曾经在一首词里,将陈称为"词仙"。70年代末期在陈小翠的追悼会上,周炼霞的挽联写满对老友的推崇与惋惜:"笛里词仙,楼头画史,恸一朝彩笔,竟归天上;雨洗尘埃,月明沧海,照千古珠光,犹在人间。"

从明代中后期到清代,能诗擅画的江南才媛层出不穷。她们通常生于书香门第,祖辈、父兄往往都是诗书画名家。进入民国后,江南闺秀画家除了同样得到家族熏染,更在新旧文化碰撞、西学东渐的大背景下,有了更广阔的眼界,更宽泛的人际交往,更大的社会影响力。她们的足迹不再局限于自家的楼台水榭，而是颇有声势地办画展、建协会、教学生，时常与博学鸿儒谈笑风生，或驰骋诗情画艺，才气甚至不输于男画家。陈小翠、周炼霞等正是民国时期江南女画家之翘楚，像她们这一代深厚地浸染过传统文化、有古典遗韵的才媛，一旦凋零，便成绝响。

陆小曼：一生半累烟云中

"陆小曼这道柔艳的蕾丝花边，其实不适合缝缀在书生的哔叽长袍上。"

陆小曼(1903—1965)名眉,江苏常州人,生长于上海、北京。1921年与王庚结婚,1925年离婚。1926年秋与徐志摩结婚。陆小曼有文学艺术天分,能演昆曲、擅绘画,但早年比较疏懒。中年后戒鸦片,研习画艺,50年代成为上海文艺馆馆员、上海画院画师。

坠下云端

即便隔了那么长的时间看过去，陆小曼的名字前面，还是有点影影绰绰的，好像飘散着缭乱的烟雾……对了，那是鸦片燃出的青烟。

她的阿芙蓉癖，始于病痛。但美人一旦惹烟，无论容貌还是"对外形象"，都不免沾染上一层灰败。

陆小曼的早年，也曾艳光四射，她就读于北京圣心学堂，通琴棋书画，懂英语法语，曾在外交部做过翻译。作为社交界的名媛，陆小曼的才调风情，都不同寻常。胡适曾对刘海粟说，你到了北平，没见到有名的王太太（当时她是王赓之妻），等于没到过北平。而刘海粟见到"美艳绝伦、光彩照人"、少女一般的王太太，禁不住惊叹——"这位女士真配叫陆小曼！"

陆小曼很有灵气，她学过几折昆曲，颇有心得："演戏决不是易事：一个字咬得不准，一个腔使得不圆，一只袖洒得不透，一步路走得不稳，就容易妨碍全剧的表现……我看读什么英文法文还比唱戏容易些呢！" 1925

▲陆小曼

年新年，陆小曼曾在新月社同人的聚会上表演昆曲《春香闹学》，获得好评。1927年夏，何应钦夫人、白崇禧夫人与李宗仁夫人等发起上海妇女"慰劳北伐前敌兵士会"，于7月中旬与8月上旬，分别在南洋大学和中央大戏院举办游艺会、剧艺会，募集捐款。陆小曼应邀在剧艺会上演出昆曲《思凡》，又与江小鹣、李小虞合演京戏《汾河湾》。她认为《思凡》词句最美，"一气呵成，情文相生"。她演的小尼姑很受记者夸赞："扮相果然美妙，嗓音更是清晰动听，台步和做工，都出于自然，伊的表情，亦能达到妙处。"周瘦鹃在《小曼曼唱》中评价：诗人徐志摩夫人陆小曼女士表演的《思凡》，唱和演当得上神化二字，"值得我们的欢喜赞叹"。

1921年，18岁的陆小曼与王赓（1895—1942）结婚。后者学业优异，由清华保送至美国留学，毕业于普林斯顿大学、西点军校等，回国后在军警界任要职，先后担任过哈尔滨警察厅厅长、交通部护路军副司令、五省联军总部参谋长等职。王赓是徐志摩（1897—1931）、胡适、张歆海的朋友，因自己在外地工作，一直请他们照顾妻子。他对小曼不乏爱惜，在给胡适等人的信中感谢他们"种种地方招呼小曼"，希望他们继续引领她："她有她的天才，好好培养可以有所造就的。"

从陆小曼移情别恋，1925年秋跟王赓离婚，再到她与徐志摩结婚，一直是当年沸沸扬扬的新闻。女作家苏雪林回忆，徐志摩当时被许多女郎视为最高择偶对象，女高师同学陈健吾自视甚高，替她做媒而碰壁的朋友常愤愤然对她说："你想必要像徐志摩一样的男人才能满意吗？可是徐志摩只有一个。"

这对引人注目的才子佳人相恋，却面临重重关隘，首先是"罗敷有夫"。热恋中的徐志摩不惧险阻，1925年8月14日对陆小曼写过斩钉截铁之语，表达他的爱情至上主张："恋爱是生命的中心与精华，恋爱的成功是生命的成功，恋爱的失败是生命的失败。"随后他鼓励她消除顾虑，快刀斩乱麻："只要你我有意志,有志气,有勇,加在一个真的情爱上,什么事不成功,真的!"恋爱中的渴望绝望、迷乱发烧,都特别激发诗情,诗人写下许多深挚、狂热的篇章。

历经波折,果然心想事成。陆小曼后来回忆,他俩"那时快乐得直忘记了天有多高地有多厚,也忘记了世界上有忧愁二字",好像踏入乐园。徐志摩虽然觉得,君子应居安思危,前路或许不乏障碍,但他深信,志向、勇气与真情,可以所向披靡。

两个人的差异,他其实有所觉察,《爱眉小札》中有两段写于1925年8月20日:"你这无谓的应酬真叫人不耐烦,我想想真有气,成天遭强盗抢。""为什么你不肯听我的话,连极小的事情都不依从我——倒是别人叫你上哪儿,你就梳头打扮了快走。"那时陆小曼欲与王赓离婚,被母亲拘束监管着。徐志摩与她相见时难,这番小小的抱怨,侧重的还是恋人之间的撒娇。

▲陆小曼与徐志摩

1926年秋结婚不久,两人从徐志摩老家硖石回到上海。从12月27日的文字可以看出,他开始感到不适,虽然还比较轻微:

> 我想在冬至节独自到一个偏僻的教堂去听几折圣诞的和歌,但我却穿上了臃肿的袍服上舞台去串演不自在的"腐"戏。我想在霜浓月澹的冬夜独自写几行从性灵暖处来的诗句,但我却跟着人们到涂蜡的跳舞厅去艳羡仕女们发金光的鞋袜(《眉轩琐语》)。

1927年1月6日，小病三日之后，他写下一些看似没头没脑的话："轻易希冀轻易失望同是浅薄。""爱的出发点不定是身体，但爱到了身体就到了顶点。厌恶的出发点，也不一定是身体，但厌恶到了身体也就到了顶点。""最容易化最难化的是一样东西——女人的心。"既是病后消沉，似乎也有所触发。

陆小曼1928年沾上鸦片烟瘾，徐志摩日日难受，心里"像有蟹在横爬"，见她体弱，又不忍干涉。看到凌叔华与陈西滢的孩子，他异常心动，给陆小曼写信羡慕道：我们自家不知到哪天有做爸妈抱孩子的福气。又趁机温言软语跟她商量：不妨暂时做些牺牲，戒掉鸦片，哪怕等孩子长到某种程度再吸都行。

对陆小曼黑白颠倒的作息方式，徐志摩也苦口婆心："你爱我，就该听话。晚上早睡，早上至迟十时得起身……每天太阳好到公园去。"他劝她打消上银幕的念头，往文学、美术方面努力，认真学画读书，"以你的聪明，只要耐心，什么事不成，你真地争口气，羞羞这势利世界也好！"

1927年12月17日的《福尔摩斯小报》上，刊出过一篇非常下流的《伍大姐按摩得腻友》，影射陆小曼与她的按摩师翁瑞午。徐志摩曾请来律师起诉该报编辑侵害名誉权。有关翁瑞午的浮言，其实早已弥漫。徐志摩提醒过陆小曼：受朋友怜惜与照顾也得有个限度，否则有界限不分明的危险。可惜收效甚微。

徐志摩好面子，要做西式绅士，所以对妻子的鸦片与腻友，都强力消化。胡适等好友在意他的处境与名誉，建议他回北大教书。徐志摩重返北平后，一次次苦劝陆小曼北上，离开上海的不良环境。

当时很多朋友劝徐志摩离婚，包括"最拥护女权"的胡太太江冬秀。当初，是他千方百计将她从王赓那里拽了出来，现在必须咬紧牙关承担自己选择的后果。徐志摩对沈从文坦言，陆小曼是为自己而离婚的，所以他无论如何不会走出离婚这一步；再说，他们的这场惊世之恋，曾经引来多少歆羡与冷眼？区区不过几年，他怎能自己塌台？而且，陆小曼肯定也有令他不厌其烦去忍耐的理由，他对待她和前妻张幼仪，一温软一冷硬，真有天壤之别。

陆小曼情形依旧，执迷不悟。1931年3月，徐志摩的长信仍然写得情真意切，哀求夹杂激励，说理又兼抒情，无非希望她振作身心，"提起勇气做人"，摆脱积习。他说自己毕竟不是洋场人物，只想好好做事，赢得有荣誉的地位和朋友们的敬爱。说到自己的孤单，也有点可怜巴巴：

你真的不知道我曾经怎样渴望和你两人并肩散一次步，或同出去吃一餐饭，或同看一次电影……我守了几年，竟然守不着一单个的机会，你没有一天不是engaged（时间被占用、已订约），我们从没有privacy（不受干扰的，独处）过。到最近，我已然部分麻木，也不想往那种世俗幸福。

那个阶段的陆小曼积重难返，瘫软得像难以成型的稀泥。徐志摩的确很有涵养，去世之前，还在说情说爱，想把她聚拢、扶起。他内心的翻江倒海、苦涩晦暗，也可想而知。

难成佳偶

一度的神仙眷侣，绕不开的还有钱这道坎。陆小曼大手大脚惯了，流连戏院舞池，恣意购物，有时还光顾豪华赌场，捧起角儿来也出手阔绰……每月花费银元五六百元。徐志摩在上海光华等几所大学授课，收入颇高，要维持偌大开销，却不免捉襟见肘。1930年下半年他去北大英文系任教授，同时在女师大兼课，每周分别有八小时课时，不仅疲于奔波，还要花时间备课（都是新课），"晚睡仍迟，而早上不能不起"。教书消耗了精力、时间，他更喜欢的写作就得受损；"身不定，心亦不定"，想要翻译的莎士比亚也无法下笔。

徐志摩当时寄住胡适家，每月身边只留30元零用。衣衫破烂，让胡太太江冬秀看不过去，叫奶妈帮忙缝缝补补，他总说不碍事，学生们不会留意。他一领到钱就寄回家，无奈总也填不满窟窿，"拮据得手足维艰"，不时找朋友借钱。父亲厌烦这个媳妇，断绝了对儿子的经济支援。徐志摩细数自己的种种为难后，求陆小曼减少点开支，"眉眉亲爱的，你想我在这情形下，张罗得苦不苦？同时你那里又似乎连五百都还不够用似的"。他有点低声下气地恳请她，将每月消费降到400元："眉眉，你如能真心帮助我，应得替我想法了，我反正如果有余钱，也决不自存。我靠薪水度日，当然梦想不到积钱，唯一希冀即是少债……眉，你得知道有时竟连最好朋友都会因此伤到感情的，我怕极了的。""你爱我，在这窘迫时能替我省，我真感谢。我但求立得直，以后即要借钱也没有路了，千万小心。"当时与徐志摩同样月收入300元左右的许多大学教授，负担一家老少数口，雇有厨师、佣人、车夫等，日子依旧优裕。比较起来，陆小曼确实比较难养。

陆小曼不肯离开上海，徐志摩南北奔波，有时拮据到将买好的火车票卖了救急，"穷得寸步难移"。后来他设法从朋友那里得到免费机票，"不是我乐意冒险，实在是为省钱"。除了课余写稿增加收入，他还曾向外国人兜售父亲给的古董，临终前还在盘算，为亲友卖房屋当中介赚点佣金。

郁达夫的妻子王映霞回忆，陆小曼"派头不小，出入有私人汽车"，"她家里用人众多，有司机，有厨师，有男仆，还有几个贴身丫头"。王映霞感叹，陆小曼每月仅房租就花去百元左右，够他们寒碜人家用大半个月了。"寒碜"是自谦之说，当时每斤鸡蛋、猪肉售价两角，百元的购买能力是相当不错的。这就难怪,虽说徐志摩遇难那天匆忙搭乘免费飞机赶往北平,是为了给林徽因当晚在协和小礼堂的一个建筑讲座捧场,他去世后,朋友们还是不原谅陆小曼:如果她肯搬去北京,或者用度不那么大,他何至于京沪奔波,又那么窘迫。

消费习惯上的差异,恋爱时徐志摩有过隐忧,1925年8月27日就提醒过陆小曼:"我不愿意你过分'爱物',不愿意你随便花钱,无形中养成'想什么非要到什么不可'的习惯。我将来绝不会怎样赚钱的,即使有机会我也不来,因为我认定奢侈的生活不是高尚的生活。""论精神我主张贵族主义;谈物质我主张平民主义。"(《爱眉小札》)徐志摩当时为北大教授,收入不低,徐父是工商实业家,资产丰厚,所以这番由衷之论,并无"酸葡萄"之嫌。此前他曾快活地夸过一身素服的陆小曼:

我爱你朴素,不爱你奢华,你穿上一件蓝布袍,你的眉目间就有一种特异的光彩,我看了心里就觉着不可名状的欢喜。朴素是真的高贵……"玩人丧德,玩物丧志"这话确有道理。

这些话似乎冥冥中预示了后来的分歧,他们的生活方式与价值观,果然很是八字不合。难成佳偶的伏笔,已经埋下。但是,热恋中的人谁顾得上怀疑呢?都是兴兴头头朝前冲的。他想得很是轻快、浪漫:"在你完全的蜜甜的高贵的爱里我享受无上的心与灵的平安。"

说来,这两人都特别适合飘在恋爱的云端,在爱与美的交汇处喜滋滋地燃烧,金风玉露一相逢,便胜却人间无数。如果,仅仅是盘桓一番,或许双方都属三生有幸。陆小曼这道柔艳的蕾丝花边,其实不适合缝缀在书生的哔叽长袍上。所以,他们一旦踏进难免烟熏火燎的婚姻,双方都有点像没有金刚钻却揽下瓷器活的孟浪。

再说，排场里包裹着的心子，往往还是虚荣、攀比。陆小曼自己后来也惋惜："可叹我从小就是心高气傲，想享受别的女人不容易享受得到的一切，而结果反成了一个一切不如人的人。"如果一个人有闲心、有兴致耽于玩乐，又有经济能力一掷千金买快活，旁人当然无须指责。只不过经营家庭，需得量入为出。家境的优厚优越和独女的娇生惯养，养成了陆小曼的靡费习惯。可是，她的家底子还没有厚到取之不尽用之不竭呢。何况，世事沧海桑田，人生阴晴难料，有多少繁华奢靡能够长久呢？无常也许就埋伏在前方。

重拾画笔

难怪有不少人说，陆小曼跟翁瑞午，其实更为般配。他是世家子弟，擅书法，精鉴赏，喜演戏，会推拿，能戏谑，美丰姿，也属风雅之人，尽管有文人觉得他雅得俗。翁瑞午与陆小曼在一起，玩乐起来才真是投契，她的鸦片烟瘾，也是在他的建议下染上的。陆小曼跟翁瑞午共同生活20多年，虽然自陈"并无爱情，只有感情"，但后半生与他相守的她，容颜渐渐残损，缠绵烟榻，多愁多病。他除了工资，还变卖祖产供养她，这份感情，也还不能算轻薄。苏雪林1949年见过陆小曼，说她"穷无所归，依瑞午为活……翁瑞午站在她榻前，频频问茶问水，倒也像个痴情种子"。那一年她已经46岁，未老先衰，美人迟暮："小曼长年卧病，延见我们也是在病榻上。我记得她的脸色，白中泛青，头发也是蓬乱的，一口牙齿，脱落精光，也不另镶一副，牙龈也是黑黑的，可见毒瘾很深。不过病容虽这样憔悴，旧时丰韵，依稀尚在，款接我们，也颇温和有礼。"（苏雪林《我所认识的诗人徐志摩》）

陆小曼回忆，徐志摩去世后，尽管有许多追求者，也有很多人劝她改嫁，但她都不愿意,"因为始终深爱志摩"。她说,自己1938年与翁瑞午同居,之前与他"绝无苟且瓜葛",并不像浮言传播的那样。孀居后因伤心过度,身体大坏,频繁请他医治,他"又作为老友劝慰,在我家长住不归,年长日久,遂委身矣。但我向他约法三章:不许他抛弃发妻,我们不正式结婚"。

不管出发点如何,她陷于这种有点尴尬的外妇角色,遂再次授人以柄;再加上,翁瑞午虽然也家学渊源,留给世人的印象却到底是个玩家,他如果是个科学家、哲学家之类的,旁人看陆小曼的眼光或许又不同。这,可不可以看作世间的"势利"呢?好像是,好像又不全是。

胡适曾经建议,陆小曼离开翁瑞午,由他来负担她的生活。这显然不是个妥当办法。赵家璧和赵清阁则登门去劝陆小曼,建议她紧缩一些不必要的开支,打起精神写文章、绘画,以求经济自立,摆脱对翁瑞午的依附。这番话对她倒有所触动。

翁、陆共同生活的后期,两人都疾病缠身,经济非常困窘。陆小曼真的戒掉鸦片,重拾画笔并渐入佳境,能够靠售画获取一些收入,画作有萧疏苍寒的古意。因为徐志摩遗孀和画家的双重身份,1956年她由市长陈毅安排担任上海文史馆馆员,后来成为上海画院画师。

陆小曼的自醒,是山穷水尽之后不得不谋求出路?还是年岁增长,终于抖落掉残留的浮艳、懒散?早年她是社交场上蹁跹的蝴蝶,然后是鸦片烟榻上慵倦的困猫,最后才真正在画案前立定、站稳,成为画家陆小曼。她曾在《哭摩》里抱歉,自己让丈夫荒废了诗意、失却了文兴,受到世人笑骂。她对徐志摩的亡灵痛下决心:"我一定做一个你一向希望我所能成的一种人,我决心做人,我决心做一点认真的事业。"后来,她真的做到了,若能早点去做,岂不是更好?

旁人固然可以用"年轻"去解释一个人曾经的恍惚、荒疏,但他(她)自己"悔不当初",肯定有尖锐的痛楚。所以,大众更喜欢清明自持而非凌乱瘫软的形象，欣赏善自珍重而非闲掷浪抛的人生，并不是势利，而是人心向暖向阳的本性使然。

看张午弟的《陆小曼传》与柴草的《一代才女·旷世佳人——图说陆小曼》，觉得陆小曼的性格，既让人怒其不争，也不乏可爱之处，朋友感念她为人忠厚诚恳。任性、娇懒与疾病，是她的灰色标签。她一生败笔虽多，但那些瑕疵和漏洞，都被她漫不经心地摆在面上，并未去刻意遮掩或涂抹，自有一份难得的天然与率直，不造作也不矫饰。

沈从文晚年在致赵家璧的信里，回忆起1932年他与胡适的一次交谈，胡适把林徽因、凌叔华与另一位著名作家并提时，认为"论才情，小曼先生或不及三人有才气，论为人气度开阔，小曼却高一着。依胡先生分析……对人对事真正厚道，还是小曼好。"看徐志摩去世后的"八宝箱"之争，林、凌两位的表现，确实都稍欠"气度开阔"。

陆小曼身后萧然，去世时只有朋友王亦令撰了唯一的挽联，却也道尽其生平："推心唯赤诚，人世长留遗惠在；出笔多高致，一生半累烟云中！"

林徽因：玲珑的生 从容的死

"林徽因是造物主的神来之笔、得意之作。但绝大多数个体生命的不简单、不容易、悲喜交集,她身上照例不缺——既有四月的芳菲,也有深秋的零落……"

　　林徽因（1904—1955），原名徽音，福州人，生于杭州，童年、少年时代居于杭州、上海、北京、天津，就读于培华女中。16岁随赴欧考察的父亲林长民同行，游历诸国。1922年与梁思成恋爱，两人1924年赴美留学，1927年毕业于宾夕法尼亚大学美术学院，梁、林1928年在加拿大结婚，回国后在东北大学建筑系任教。

　　20世纪30年代初，定居于北平，林徽因与梁思成一起考察、研究了黄河流域的大量古建筑。林徽因于1931年开始发表诗歌，此后有散文、小说、诗歌、剧本等问世，《你是人间四月天》等诗作，广为流传。

对林徽因的印象，经历过几重转折——

开始，当然是惊为天人。女作家与女学者中，绝少有人像她那样，兼有这么极端标致的脸庞与超逸出尘的气质。她少女时代的照片，尤其有仙女似的缥缈灵秀，好像不染丝毫人间烟火气。而且，徐志摩成为诗人、梁思成成为建筑学家，起因都跟林徽因相关，她身上因此附着了比一般人神奇得多的故事，还都跟爱与美、浪漫与传奇、理智与情感相关。她堪称一个时代的文化女神，点燃或牵惹了诗人、哲人浓烈或绵长的情思，难怪围绕她的话题多如牛毛。

有一阵子，热度则稍微降了温。那时候，忽略了她作为建筑学者的身份，只觉得，拿冷静、客观的标准看，林徽因的诗文固然清丽灵慧，但作品不算多，与现代文学史上的一些大家相比，也较少惊世之作。她的文学成就与其显赫的文学声誉之间，多少有点落差。不免猜测，是那些绕满她的、繁复的彩色花边，增添了其美誉度吧？再看到她给冰心送醋之类逸事，更有点腹诽：这类举动，是不是太过强势，也不够大气？

再往后，年纪渐长，重新去看林徽因，以及她那代知识分子沉重却闪亮的背影，又有了另外一番感触。

送她一坛老陈醋

现代文学史研究学者陈学勇在《林徽因寻真》（中华书局2004年版）中，转引了李健吾写的《林徽因》一文，送醋的段落是这样的：

（林徽因）绝顶聪明，又是一副赤热的心肠，口快，性子直，好强，几乎妇女全把她当做仇敌。我记起她亲口讲起的一个得意的趣事。冰心写了一篇小说《太太的客厅》（？）讽刺她……她恰好由山西调查庙宇回到北平，她带了一坛又陈又香的山西醋，立时叫人送给冰心吃用。她们是朋友，同时又是仇敌。

李健吾还说：林徽因"缺乏妇女的幽娴的品德，她对于任何问题都有兴趣"，对文学艺术尤其有本能的感悟力。她口若悬河，叶公超、梁宗岱等谈锋健旺之辈，在她面前也甘拜下风。

陈学勇讲述了林徽因与冰心因《我们太太的客厅》而生嫌隙的前因后果：说来，她俩颇有渊源，同为福州人，黄花岗烈士林觉民（林徽因堂叔）牺牲后，林觉民家为避难，卖了福州的房产，买房的就是冰心的祖父；梁思成和吴文藻是清华的同班同学，还同过寝室，留美时两对恋人就曾一起野餐。不过，冰心1987年写的《入世才人灿若花》，介绍了数十位有影响的女作家，提到林徽因时，夸赞得很节制："1925年我在美国的绮色佳会见了林徽因，那时她是我的男朋友吴文藻的好友梁思成的未婚妻，也是我所见到的女作家中最俏美灵秀的一个。后来，我常在《新月》上看到她的诗文，真是文如其人。"

冰心与林徽因在绮色佳的聚餐，还留下一张合影：冰心系着围裙切菜，林徽因靠在她肩后，神情都颇愉快，那时她们彼此还融洽吧？陈学勇曾陪澳大利亚墨尔本大学汉学家孟华玲访问冰心,顺便问到林徽因,"我满心希冀得悉珍贵史料,不料冰心冷冷地回答:'我不了解她。'话题便难以为继。我立即想起访问冰心前不久萧乾说的,为了《我们太太的客厅》,林徽因与冰心生了嫌隙,恍悟冰心此时不便也不愿说什么的。"陈学勇在《林徽因寻真》里还回忆,"林徽因之子梁从诫曾对我谈论冰心,怨气溢于言表"。

冰心的短篇小说《我们太太的客厅》发表于1933年秋,文内一口一个"我们的太太",口气很是不以为然:"我们的太太是当时社交界的一朵名花,十六七岁时候尤其嫩艳!"布置得很"软艳"的客厅里,墙上有几个大镜框子挂着她的画像和照片,正对着沙发那张,"客人一坐下就会对着凝睇的,活人一般大小,几乎盖满半壁"。我们太太嫁给一位言语无趣、神情木然的银行家,不过是"因为种种的舒服和方便"而敷衍着他,自有一群诗人、哲学家、政治学者、文学教授热衷于跟这位"明眸皓齿能说会道的人儿"谈笑。我们太太作为沙龙女主人,当然还是有足够的风雅,书柜上摆着精装的外国诗文集,脱口而出的都是叔本华、萧伯纳。

我们的太太自己虽是个女性,却并不喜欢女人。她觉得中国的女人特别的守旧,特别的琐碎,特别的小气。而不守旧,不琐碎,不小气的如袁小姐以外的女画家,诗人,却都多数不在我们太太的眼里,全数不在我们太太的嘴里,虽然有极少数在我们太太的心里。

这唯一的女友、画家袁小姐不修边幅,臃肿黧黑,她外表的粗陋,又恰好衬托了太太的精致。而太太虽不"小方",一旦觉得美国女友抢了自己的风头,"想垄断一切的听众",待她的态度立刻就晴转阴了。理所当然,"我们太太"是擅长笼络男人,喜欢他们众星捧月的。

"文坛祖母"冰心留给世人和婉、蔼然的形象,其作品大多围绕母爱、童心、自然的主题，写得娴静、温良、淡雅，有近乎透明的澄澈之美。但她的笔墨也有丰富的色调，以"男士"为笔名、用男人口吻写的《关于女人》，就颇诙谐俏皮；而《我们太太的客厅》作为小说写得真是好看：篇幅不长，人物不少，寥寥勾勒几笔，每个人就神情毕现，幽默里裹着辛辣。"我们太太"的人情练达、矫揉造作、工于心计，更是跃然纸上。小说有对世态人心的深刻洞察和细致描摹，更有讥时讽世、评头论足的犀利与敏锐。

虽说小说属于虚构，不宜对号入座，但《我们太太的客厅》中，确实有很多元素跟现实生活可以找到对应。当年，北平北总布胡同3号的梁宅与紧邻的金岳霖家，每周末都有一帮清华、北大的教授们欢聚，因为主人的博洽好客，尤其是女主人的妙趣横生，朋友们喜欢来此纵论古今、谈笑风生。周培源、张奚若、陈岱孙、叶公超以及费正清等学者及其家人，即是密集前往的常客。"太太的客厅"的确名扬京城；而小说中那位在"我们太太"的石榴裙边痴心徘徊的诗人，"白袷临风，天然瘦削"。"他的头发光溜溜的两边平分着，白净的脸，高高的鼻子，薄薄的嘴唇，态度潇洒，顾盼含情，是天生的一个'女人的男子'。"呵呵，他长得像谁，一目了然吧？

冰心早年曾对文洁若说过，《我们太太的客厅》是以林徽因、徐志摩为原型的（她晚年也曾改口，对来访者说写的是陆小曼）。这篇小说显然挽了一个不易解开的疙瘩：一个笔尖带刺、痛快淋漓地揶揄影射，另一个则毫不留情地用老陈醋迎头还击。这对引人注目的女作家，由此给文坛留下一则虽不温柔敦厚却很活泼热辣的趣话。让我们看到了她们曾经的年轻气盛、锋芒毕露，她们在某种程度上的欠缺容忍。

对于自己喜爱的作家，读者往往不自觉地将其"神化"，忘了他们也会跟寻常人一样有复杂、微妙的心绪，有任情任性乃至失度失控的举措。送醋这类逸闻，就简捷、明快地把她们还原为人，还原为有脾气有个性，甚至会使"小性子"的女人，所以特别有意思。它当然无损于两位女作家的形象，如果再想一想她们的年轻——当时林徽因才29岁，冰心也只有33岁——就会更加释然。

无独有偶，钱锺书先生的小说《猫》，也曾被人"索隐"。好事者甚至列出名单，标明小说中某某系影射沈从文，某某又是周培源……《猫》的女主角是美貌而擅弄风情的李太太爱默，她看似游刃有余、实则劳心劳神地撑持着社交场上的排场与风头。她的沙龙，在北平文化圈也被津津乐道。有幸进入爱默客厅的，是一帮有头有脸的政论家、作家、画家、科学家。日本人觊觎北平，战火硝烟的呛鼻味道已经飘近，这帮上层知识分子虽然也为时局动荡而不宁，但客厅里挥洒得更多的，还是他们以各自的风格唇枪舌剑，卖弄聪明，明里暗里讨女主人欢心。倘若非要拿《猫》里的角色跟当时的著名京派文化人对应，固然能找到一些蛛丝马迹。但《猫》跟钱先生后来写作的《围城》，其实异曲而同工。他冷眼描摹的知识分子群像，各尽其妙，真让人忍俊不禁：他们都有良好的自我感觉，看似光鲜体面，却难掩滑稽、委琐或酸腐，难逃人性的缺陷与局限。

曾经的文学青年萧乾，被人"指认"为《猫》里青涩、局促的大学生颐谷。他第一次去见林徽因之前，的确欢喜和向往得心神不定、坐立不安。他听说林徽因肺病严重，以为她精神不振，结果她完全不像病人，"比健康的人精力还旺盛，还健谈"，话讲得又多又快又兴奋。萧乾也跟着大家称她"小姐"，"但她可不是那种只会抿嘴嫣然一笑的娇小姐，而是学识渊博、思维敏捷，并且语言锋利的评论家"。

几乎所有人对林徽因印象最深的，除了她的美丽绝伦、风度迷人，就是言语机智。美国学者费正清、费慰梅夫妇1932年来到中国不久，便结识梁思成夫妇，四人成为终生挚友。林徽因的女性朋友绝少，费慰梅是她最亲密的女友。费慰梅著《林徽因和梁思成》（法律出版社2010年版）这么形容客厅里的林徽因：

她的谈话同她的著作一样充满了创造性。话题从诙谐的轶事到敏锐的分析，从明智的忠告到突发的愤怒，从发狂的热情到深刻的蔑视，几乎无所不包。她总是聚会的中心人物，当她侃侃而谈的时候，爱慕者总是为她那天马行空般的灵感中所迸发出的精辟警语而倾倒。

《费正清对华回忆录》忆起林徽因，也说"她交际起来洋溢着迷人的魅力"。

林徽因的辐射力之强，同龄人或晚辈都备受感染。1948年，林洙（她1962年成为梁思成第二任妻子）的父亲写信给福建同乡林徽因，请她帮助女儿进入清华大学先修班学习。林洙初进清华园，去拜会传说中的林徽因时，后者刚做了肾切除手术，肺结核也到了不治的晚期。她眼窝深陷，长期被疾病锈蚀的容颜，与书柜上那张二八佳人的柔嫩影像，形成无比强烈的反差，谈锋却依然很健。林徽因过问了林洙的学习、食宿情况后，便兴致勃勃地给她讲起北京城的历史。浑然不觉，两三个小时就过去了，林洙从梁家出来，感觉"既兴奋又新鲜"。她的《梁思成、林徽因与我》（清华大学出版社2004年版）讲述：

我承认，一个人瘦到她那样很难说是美人，但是即使到现在我仍旧认为，她是我一生中见到的最美、最有风度的女子。她的一举一动，一言一语都充满了美感、充满了生命力、充满了热情……

▲林徽因20世纪30年代在北平

她是那么吸引我,我几乎像恋人似的对她着迷。

太太岂止在客厅

  1931年11月,徐志摩去世,林徽因的《悼志摩》刊于当年12月7日《北平晨报》。在朋友们写的大量追悼文章中,林徽因这一篇很有分量,这不仅基于他俩曾经特别亲近,她因此有更多机会感受、了解他;也因为她写得的确好,比她的好些文章更好。林徽因不掩饰痛失故人的哀伤、恍惚,却又没有写得语无伦次,她把诗人的才气趣味、"痴傻"性格、说话的神气,都描绘得鲜活灵动,也看得人直感慨:她是否选择徐志摩做丈夫是一回事,但她对他真是有深刻的懂得。

  常人只道徐志摩浑身充溢诗意的浪漫,林徽因却更洞悉他为人处世的精华,是"纯净的天真"、浓厚的慈悲心,和由此而生的同情、和蔼、包容、厚道;当然,还有他"对理想的愚诚,对艺术欣赏的认真,体会情感的切实"。她对他的欣赏、赞美,情感浓郁,不偏不斜,句句都恰到点子上,撇开了世人误解的浮沫,看得到他天性的清澈、"痴傻"背后的近情近理,赞赏他有时惊世骇俗的诗人行径。这个女人的确是玲珑剔透,有机敏、精准的透视和感悟力,要是徐志摩还活着,读了也一定会再叹知己难得。这也就不难理解,为什么即便他跟陆小曼结婚后,依然对林眷恋不已、神思缠绕。

  徐志摩涉猎广博,对天文、音乐、建筑、绘画,都兴致勃勃。他最后在北平的那几天,还接连与林徽因一同去听了好几出京戏,散场后热烈起劲地讨论。她的宽泛情趣和艺术颖悟,正好跟诗人棋逢对手。徐志摩去世后,林徽因常对费慰梅谈起他,从来没有停止思念他,他俩的价值观和艺术趣味接近,心有灵犀,所以彼此有敬重有珍惜。比较起来,"我们的太太"

就浅薄、冷漠得多，对裙下之臣有手腕而欠真情。

　　林徽因既是文字清丽的诗人，也是勤奋的建筑学学者。抗战前那些年，她随梁思成等进行的古建筑考察工作，显示了她精雅之外不畏艰辛的另一面。他们涉足的河北、山西、河南、陕西、山东等地，旅社跳蚤猖獗，沿途土匪出没，道路交通不便，经常要深入至比都市"至少有两世纪"差距的荒僻山村，住老乡家的破房，吃粗粝之食。梁思成当然是测绘、研究、保护古建筑工作的灵魂人物，但看林徽因那些工作照，她也攀爬在古老寺庙、塔阁、钟楼的屋檐下、房梁上，以瘦弱身躯在积年尘土中穿梭，很是令人尊敬。

　　林徽因纤柔病弱，却不耽于安逸享乐，男人们去得了的高处险处，她照旧攀梁上柱，不畏危险肮脏。她当然迥异于冰心笔下那位造作、矫饰的太太，后者仅擅长周旋于沙发与茶几之间，左顾右盼，拿捏分寸，一心一意以那帮男性文化人围绕并趋奉自己为赏心乐事。

　　那段四处调研古建筑的日子，虽然跋涉于深山僻壤，艰辛难述，但所得所见，常有惊喜，真是惬意得很。1932年至1937年，中国营造学社调查了1800多座古代殿堂房舍，梁思成实地踏勘过的唐、宋、辽、金代木结构建筑，就有40多处，年代近些的元、明朝佳构，更是过眼繁多。林徽因参与过探测的，为数也不少。他们对那些被遗忘的、尘封烟锁的庙宇塔楼，有由衷的喜爱、珍惜，并为之惊叹与骄傲。每到一处，必定致函提醒当地政府加以保护。

　　1937年6月，梁思成、林徽因、莫宗江等四人到山西五台山考察佛光寺建筑。骑骡入山的惊险，自不待言。每日攀上爬下测量、探索佛光寺，也极为辛苦：从檐下的空隙攀爬到大殿的梁架上，累积的灰尘有几寸厚，踩上去像棉花一样。千百成群的蝙蝠盘踞其上，更兼臭虫聚集，秽气难耐。梁思成特别提到，距离地面两丈多高的梁底隐约有墨迹，但字迹难辨，大家轮流审视辨认，幸而"徽因素来远视，独见'女弟子宁公遇'之名，深怕有误，又详细检查阶前经幢上的姓名……果然也有'女弟子宁公遇'者，称为'佛殿主'，名列在诸尼之前"。就这样，与经幢上的时间对照，确定大殿建设于唐代。当时尚未发现唐代建中三年的南禅寺大殿，所以佛光寺是梁思成等多年踏勘所知中国唯一存留的唐代木建筑！

考察完佛光寺，他们立刻寄信到太原教育厅，"详细陈述寺之珍罕，敦促计划永久保护办法"。沉浸在发现唐代木建筑的狂喜中，他们游览了台怀诸寺，沿滹沱河经山西繁峙县抵达代县，工作了两天，才知道卢沟桥战事已爆发五天。佛光寺之喜与"七七事变"之痛，几乎同时来临。

梁思成写作这篇《记五台山佛光寺的建筑》时，山西已沦陷七年，距佛光寺不远的台怀镇，正遭日寇进攻。他们不由得对那座建于857年的木结构古刹，心存忧虑。国家蒙难，黄河两岸那些烽烟弥漫的焦土上，散落着几位建筑学者曾经摩挲过的许多古建筑瑰宝，"当时访求名胜所经的，都是来日敌寇铁蹄所践踏的地方"。他们无疑比常人更痛彻心扉。

随着北平沦陷，心无旁骛潜心学问的日子从此结束。梁思成生长于日本，11岁才跟随全家回国。北平沦陷后，日本人要他组织"中日友好协会"，他当然不可能成为汉奸，刻不容缓，必须赶紧逃离。1937年9月5日凌晨，梁思成一家匆忙离开北平，走上流亡之路。这对学者夫妇曾经生气勃勃又优越舒心的日子，一去而不复返。这一年，林徽因33岁，她的锦绣年华，从此碎成丝丝缕缕。

林徽因发表于1939年2月的散文《彼此》，比起她抗战前写的《蛛丝和梅花》等纤细、唯美的文字，显出迥然不同的深沉、厚重，有了青石般的质感。从前那些空灵、飘忽也稍显无谓的感伤，已随风远去："一片国土纵横着创痕，大家都是'离散而相失……去故乡而就远'。"离开沦陷区的学者们，开始饱尝颠沛流离，体会朝不保夕的凄惶。光洁的面容，被镀上困顿、愁楚的风霜。"生是如此艰难,死是如此容易。"

屡遭敌寇炮火,与亲人生离或死别,辗转在肮脏的车船,陌生小城臭烘烘的小客栈挤满难民……每一天都是煎熬,前路迷蒙,林徽因的文字却并无愁楚绝望,显得硬朗有力:"我们彼此所熟识的艰苦正在展开一个大时代……让我们共同酸甜的笑纹,有力地,坚韧地,横过历史。""我们今天所叫做生活的,过后它便是历史。"那时,战争开始还不久,他们知不知道,流亡将持续多年?尤其是,她是否知道,自己不久就会被结核彻底击垮,在四川南溪县的小镇李庄卧床五年?

一烛细香,不胜风狂

梁思成一家离开北平后,一路辗转,饱尝惊险。在长沙遭遇敌机轰炸,两个孩子都在病中,夫妇俩几乎是下意识地,一人抱起一个孩子,冲出室外,差点被炸成碎片。从长沙前往昆明时,林徽因病倒在湘黔相交的晃县,高烧40摄氏度,当地气候寒冷,缺医少药,投宿困难。

流离失所、通货膨胀,战前生活安逸的学者们陷入赤贫。在昆明,梁思成夫妇为了维持起码的生活,只好为那些"卑鄙的富人和奸商"设计房子。林徽因描述自己:作为女人,理所当然变成了纯粹的"糟糠",照顾家人,困难地张罗

▲林徽因梁思成结婚照

一日三餐,"根本没有时间感知任何事物"。金岳霖旁观了她的忙乱不堪:"实际上她真是没有什么时间可以浪费,以致她有浪费掉生命的危险。"

1940年,林徽因给费慰梅去信讲起知识分子战时的种种曲折遭遇,也提到由昆明移居重庆、出任国民参政会参政员的冰心,"冰心"二字被她翻译得很有意思——冰冷的心:

但是朋友Icy Heart却将飞往重庆去做官(再没有比这更无聊和无用的事了),她全家将乘飞机,家当将由一辆靠拉关系弄来的注册卡车全部运走,而时下成百有真正重要职务的人却因为汽油受限而不得旅行。她对我们国家一定是太有价值了!

同年底,林徽因扶老携幼,由昆明迁往四川李庄,30多个老弱妇孺挤一个车厢,每家人只能携带80公斤行李,颠簸半月才抵达。再次在冬天带着老人孩子长途跋涉,到李庄不久,林徽因肺结核复发,连续几周高烧不退。此后她长期卧床,跟疾病深度纠缠,再也没能康复。

林徽因到李庄不久,还经历了一次沉痛打击:1941年3月14日,她非常疼爱的同父异母弟弟林恒,在成都上空的一次空战中牺牲。梁思成赶往成都料理后事,一个月后才返家,他发现"徽因的病比她在信里告诉我的要严重得多"。林恒原就读于清华大学工程系,后投笔从戎,进入空军航校。他成绩优异,在全级100多个学员中名列第二。林恒在空战中击落一架日寇飞机,自己也被击中头部坠机牺牲。

这其实已是林徽因身边遇难的第九位飞行员"兄弟"——她和梁思成南迁途中,曾在小城晃县邂逅8位空军航校学员。在昆明时,他们相处得很像家人,梁思成夫妇以"名誉家长"身份去参加他们的毕业典礼。后来,这批年轻飞行员相继阵亡,遗物都寄到梁家。每一次噩耗传来,林徽因都要痛哭一场。弟弟林恒的去世，无疑更揪心扯肺。三年后，她写了《哭三弟恒》：

……
要相信我的心多苦，喉咙多哑，
你永不会回来了，我知道，
青年的热血做了科学的代替；
中国的悲怆永沉在我的心底。
……

费正清夫妇注意到，来自李庄的信件，信纸经常粗劣不堪，有时像是包过肉或咸菜的纸，字总是写得密密麻麻，没有任何留白。物价飞涨，工资仅够家人吃饭，梁思成去信请费正清买些旧杂志寄来，他发现妻子也正在请费慰梅寄些旧衣服来，不由得感慨自己好像已沦为乞丐。但他也在信里告诉他们："能过这样的好日子，我们已经很满足。我那迷人的病妻，因为我们仍能不动摇地做我们的工作而感到宽慰。"

李庄的日子原始、困顿，林徽因一直在病痛里挣扎，病情稍轻时则要料理无休止的家务，为梁思成和两个孩子缝补烂得不成样子的衣服、袜子。缝缝补补对她来说，"比写一整章关于宋、辽、金的建筑变迁或描绘宋朝都城还要费劲得多"。

她在病榻上也大量阅读，从宋代墓室建筑到清代宫殿，从托尔斯泰到莎士比亚，从丈夫的手稿到儿子的作文。身体稍好时，便在床上翻阅《二十四史》和各种典籍，为梁思成撰写的《中国建筑史》润色，她校阅、补充了整部书稿，其中的辽、宋代部分由她收集文献资料并执笔。

即使卧床不起，林徽因还在饶有兴味地研究汉代历史，梁思成显然很欣赏她的钻研功夫和有声有色的讲述："她一提起汉代人，简直像在谈论隔壁家要好的朋友！这还不打紧，她把他们的习惯、服装、建筑，甚至性情都牵连成一线。若按现在的速度做下去，她迟早会成为汉朝研究的专家。"

除了贫病交织、家务烦杂，林徽因的母亲，被朋友们认为头脑跟小脚一样被缠过的老太太，也很搅扰她。林徽因向费慰梅抱怨："我自己的母亲碰巧是个极其无能又爱管闲事的女人，而且她还是天下最没有耐性的人。"用金岳霖的话说，老太太很寂寞，跟女儿交流的方式，就是跟她吵架。

令林徽因感到新奇的是，在流亡知识分子聚集的李庄，受过高等教育的人也不时相互吵架，"吵到快要不可收拾的地步"。其间既有文化和流派冲突，也有意气之争，更因为学术孤岛上生活贫乏、枯涩、绝望，有时杯水也起波澜。

抗战期间，费正清夫妇经常寄来支票资助他们亲密的老朋友。费正清到重庆工作后，专程到李庄探望梁氏夫妇和其他老友，他劝梁思成花掉他们捐的钱，卖掉他们赠送的钢笔、手表等。找到好的女佣，有费正清送的奶粉，使林徽因的身体一度好转："不发烧、不咳嗽、没有消化不良，睡眠和胃口都好，又有好的食物和克宁奶粉。"不发烧之类，对健康人来说不过是天经地义的常态，却让一个久病之人感到多么舒坦幸福。

思想更复杂的女士

徐志摩第一任妻子张幼仪觉得，林徽因是一位"思想更复杂、长相更漂亮、双脚完全自由的女士"。"双脚完全自由"指她不像徐志摩一位朋友那般缠过小脚；"更复杂"所指的，既有思想的广度、厚度，是否也包含性格层面的不简单？

林徽因的母亲是林长民的侧室，她生的两女一男只有林徽因长大成人。林徽因8岁时，父亲又娶了姨太太程桂林，并让程掌管家庭事务，林长民的书房就叫"桂林一枝室"。程桂林生了一女四子，这无疑是一个旧式女人极大的成功。他们那一房人丁兴旺，住在宽敞的、洋溢着欢声笑语的前院。林徽因母女住在后头冷清的小院子，前后院的反差如此巨大。堂弟林宣回忆，林徽因小时候看到同父异母弟弟林暄的眼睛就有点怕，因为他的眼睛很像其生母程桂林。

费慰梅的《林徽因与梁思成》讲述到林徽因的少年时代时，将中国传统多妻家庭复杂、残酷的人际关系，女人和孩子们委屈、痛楚的处境把握得非常到位：林徽因仍然是父亲最钟爱的孩子，但"父亲太过宠爱二姨太，且毫不掩饰他的情感，徽因的母亲承受不了这份羞辱。那长年的怨念隐隐地变成无可表达的恨。敏感的女儿夹在中间，她理解母亲被羞辱的心境，同时又要珍惜父亲对她的爱"。母亲难以纾解的失落、怨艾，令她自己一辈子都不快活，在林长民去世后母女相依的日子里，也经常让林徽因不胜其扰。

林恒长大后，从福建老家来北平准备报考清华。林徽因很喜欢这个弟弟，但母亲的仇恨很深，受不了这孩子住进家里。林徽因给费慰梅写信说：

> 三天来母亲简直把我逼进了人间地狱……我精疲力竭，到临上床还想着，真恨不得去死，或者压根儿没有生在这样的家庭……我知道我真的很幸运，但年幼时的那些伤害，对我是永久性的，一旦勾起往事，就会让我跌进过去的不幸之中。

年少的经历会或明或暗地塑造人的性格，那些混杂着斑驳色调的伤痛，深锁密封却又时常被激活的旧日阴影，会怎样漫长地投射到一个人的成年之路，影响到他们的心境和与人相处的方式？

与此同时，身体状况也会强有力地控制人的情绪甚至性情。

1934年夏，费正清、梁思成夫妇去山西考察古建筑，他们在偏僻峡谷地带骑驴，坐骡车，徒步跋涉，收获甚丰。费慰梅回忆："徽因一如既往，对周遭事物极端的敏感。当她休息够了的时候，对美丽的景色和有意思的遭遇迎之以喜悦。但是当她累了，或因为某种原因情绪低落时可能很难对付。"遇到令人不快的事，"就会大声咒骂起来，这对从小受到父母的教育要'随时保持风度'的我来说，颇受刺激"。

林徽因显然有典型的艺术家性格，喜怒皆形于色，比较情绪化。后者也跟体质有关，羸弱多病之人，当体力透支、疲惫不堪时，更容易心烦意乱、焦躁气恼。梁从诫也回忆，母亲性格较急躁。

陈学勇的《林徽因寻真》提到，林徽因和梁家众多女亲戚相处不太和谐，只有跟梁思成的妹妹梁思庄没有芥蒂。人人都说林徽因擅长社交，但家庭纠葛这堆乱麻，显然也让她难以轻易梳理。在北戴河疗养时，她给费慰梅写信说，自己很享受海边的气候和宜人景色，但是，"我遇到梁家的亲戚，这对我的身体不太好。我觉得自己的身体被肢解成一块一块的，再也不能合为一体了"。另一次，当她几乎同时被几个大姑子小姑子带来的麻烦、干扰搅得不胜其烦时，她说自己很羡慕慰梅嫁给了费正清这个独生子。

林徽因身上，既有探春的才智清明、志存高远，以及庶出女儿的逞才使气、好强斗勇；又有黛玉的冰雪聪明、孤芳自赏，以及肺病折磨下的多愁多虑、敏感小气。当然，生活会磨损人，也能打磨人。梁思成在李庄曾写信告诉费正清：

> 我们的家境已经大大改善……徽因操持家务也不感到吃力，她说主要是她对事情的看法变了，而且有些小事也让她感觉不错，不像过去动不动

就恼火。

抗战胜利后,费慰梅与林徽因久别重逢,她发现,"生活艰辛和病痛,使她(林徽因)看事情的角度和感觉都变得更深刻"。林徽因后来给费慰梅的信里也说:"我们遍体鳞伤,经过惨痛的煎熬,使我们身上出现了或好或坏或别的什么新品质。"这些新品质,也包括与环境的和解吧?

"文章是老婆的好"

林徽因堂弟林宣对陈学勇披露了许多有趣的故事:林徽因在香山养病时,曾经点着香伴着月光读书,她自己都被这意境感动,说"任何一个男人进来都会晕倒"。梁思成却故意怄她:"我就没有晕倒。"(见《林徽因寻真》)

林徽因当然知道自己很美。女人美到她那个程度,即便自赏自恋,自个儿"我见犹怜",也属自然而然,并无虚妄浮夸。

再说,有的是人"晕倒"。当他们全家流亡到昆明,虽然经历的无数生死折磨,容易让花容失色。别后重见的金岳霖跟费正清夫妇说起林徽因,还是赞不绝口:"依然那么迷人、活泼、表情生动和光彩照人——我简直想不出更多的词汇来形容她。"

几年后,李庄岁月彻底磨蚀了她,林徽因形容枯槁,过早地步入风烛残年。抗战胜利后在重庆,美国专家为她诊断后,悄悄断言,病人顶多还有五年寿命。1924年北京记者笔下"人艳如花"的"林小姐",饱受风欺霜浸,已经花凋叶残。20世纪50年代的一天,她先去周培源家,梁思成后到,问是否来过一个女人。周家有人不认识林徽因,只说来了一个老太婆。她听了非常伤心。林宣说,林徽因很喜欢李商隐的"锦瑟无端五十弦,一弦一柱思华年",也经常怀念自己20岁左右的华年。

比起被岁月摧残的外貌,更令人心绪难平的,是她被战乱和病痛摧折的才华。

林洙回忆,梁思成曾对她说:"中国有句俗话,'文章是自己的好,老婆是人家的好。'可是对我来说,老婆是自己的好,文章是老婆的好。"

他这话可不是随便一说,就连向林洙求婚,梁思成也是将他亲手抄录、整理的林徽因诗歌拿给林洙看,还特别选了那首《一串疯话》念给她听,为的是借用其中烂漫丰沛的春意——尤其是最末一句——来表情达意:"忘掉腼腆,我定要转过脸来/把一串疯话全说在你的面前!"

梁思成一向佩服妻子的文采,诗歌就不说了,林徽因撰写的古建筑考察报告,同样文质兼美,绝无通常学术文章的坚硬、板滞,尤其是穿插在客观描摹中的夹叙夹议,饶有情致。来看她笔下的汾阳龙王庙:"庙内空无一人,蔓草晚照,伴着殿庑石级,静穆神秘,如在画中。"灵岩寺遗址,则"斜阳一瞥,奇趣动人,行人倦旅,至此几顿生妙悟,进入新境"。再看她描写山西孝义城外吴屯村那座结构奇特、屋顶繁复的东岳庙,真是活泼灵动:"小殿向着东门,在田野中间镇座,好像乡间新娘,满头花钿,正要回门的神气。"后一段更是气定神闲、悠远淡然:"我们夜宿廊下,仰首静观檐底黑影,看凉月出没云底,星斗时现时隐,人工自然,悠然溶合如梦,滋味深长。"(林徽因、梁思成合作的《晋汾古建筑预查纪略》)

梁思成独自撰写的古建筑调研报告,行文从容,一看就有被中国典籍深厚浸润过的雅正精洁;而一旦有林徽因参与,字里行间就明显添了轻盈妩媚的诗意,情思曼妙,趣味纷呈,她把学术文章也写出了散文的情韵。

徐志摩飞机失事后不久,林徽因在给胡适那封关于"八宝箱"的信里,曾经说:

我自己也到了相当年纪，也没有什么成就，眼看得机会愈少——我是个兴奋 type accomplish things by sudden inspiration and master stroke（兴奋型，靠突然的灵感和神来之笔做事），不是能用功慢慢修炼的人。现在身体也不好，家常的负担也繁重，真是怕从此平庸处事，做妻生仔的过一世！我禁不住伤心起来。

那是1932年初，林徽因才二十七八岁，却已经有了时不我待的紧迫感——尽管家中杂务不需要她亲力亲为，但身为母亲与主妇，总要分心料理家事；更不安的是，她的身体已经开始走下坡路，1930年下半年就因病不得不离开任教的沈阳回北京治疗。次年2月诊断出患了肺结核，当时这是绝症。此后宿疾多次复发，20世纪30年代中期病情加重，医生曾要求她卧床三年，但她只休息了半年。

虽然常缠绵病榻，林徽因的创作依然绚烂多彩。她1931年开始发表诗作，此后陆续写作了不少诗文、小说。她还为杂志设计封面，为报纸副刊绘制刊头，并担任《财狂》（曹禺主演）等话剧的舞台设计，抗战前夕还有话剧剧本《梅真同他们》问世。确如费正清所说，她"具有丰富的审美能力和广博的智力活动兴趣"。评论家李健吾盛赞林徽因的短篇《九十九度中》："处处透露匠心。""在我们过去短篇小说的制作中，尽有气质更伟大的，材料更事实的，然而却只有这样一篇，最富有现代性。"

这就又让人想起"太太的客厅"。或许有局外人觉得，林徽因家境优越，又嫁入人人仰慕的文化泰斗之家，丈夫才华出众，自己秀外慧中，也能舞文弄墨，在新朋旧友里更是被捧着惯着的宠儿，已经足以飘飘然矣。那还真是看低了她。

"太太的客厅"固然是聚光灯照射的炫目之处，林徽因还被不少男性知识精英或明或暗地仰慕。假如她仅仅甘于以沙龙女主人自居，当然不妨沾沾沾自喜。问题是，她的天赋、才情既不寻常，又有东西方文化的双重教育背景和开阔的视野，加上谈笑皆鸿儒的社交圈子，以及骄傲、自负、好强的天性，凡此种种都决定了，单是花枝招展于客厅，再怎么游刃有余，都不可能令林徽因志得意满。甚至，也不能真正满足其虚荣心，假设她有的话。她的抱负，岂止于在客厅？

林徽因的亲友梁思成、徐志摩、金岳霖、胡适等，哪个不是各自领域的翘楚？将这群留学英美的文化精英凝聚在一起的，除了性情投契，更有他们对学术和文学共同的热情，以及孜孜不倦建设新文化的身体力行。

再来看周围的女性。凌叔华跟林徽因同为新月派屈指可数的女性成员，她1925年就以小说《酒后》成名，后来又有《绣枕》等一系列作品引起文坛关注，不到四年就发表了20个短篇；与林徽因在美国留学时就有交往的冰心，早在1919年就开始发表散文、小说，此后以《斯人独憔悴》《繁星》《春水》《寄小读者》等一系列作品，声名鹊起，20世纪20年代前期已名满文坛。

林徽因最大的兴奋点，还是文化上的创造与建树，她有极高的自我期许，绝不甘心于庸碌无为，所以，很害怕自己只是"做妻生仔的过一世"。

1942年4月，中央研究院史语所所长傅斯年为梁思成夫妇和著名考古学家梁思永（此时在李庄工作，也患结核而卧床）的贫病交加忧虑不已，给中央研究院代理院长朱家骅写信，希望他能与蒋介石侍从室第二处主任陈布雷商量，方便时向蒋介石进一言，给予梁氏兄弟一笔补贴，供林徽因、梁思永治病。信里说："梁任公之后嗣，人品学问，皆中国之第一流人物，国际知名，而贫病至此……"傅斯年还特别提到林徽因："思成之研究中国建筑，并世无匹……其夫人，今之女学士，才学至少在谢冰心辈之上。"

几个月后，蒋介石拨给梁氏兄弟医药暨学术补助金两万元。林徽因知道事情原委后，百感交集，写信向傅斯年致谢，表示"太难为情了"："深觉抗战中未有贡献自身先成朋友及社会上的累赘的可耻。""关于我的地方，一言之誉使我疚心疾首,夙夜愁痛。日念平白吃了三十多年饭,始终是一张空头支票难得兑现。好容易盼到孩子稍大,可以全力工作几年,偏偏碰上大战,转入井臼柴米的阵地,五年大好光阴又失之交臂。近来更胶着于疾病处残之阶段,体衰智困,学问工作恐已无分(份)……"

林徽因致胡适与傅斯年的两封信,相隔十年,恰好是她的生命力、创造力由盛而衰的十年。我以为,这是解读林徽因一生幸与不幸的关键。如果说,前一封信的"真是怕从此平庸处事,做妻生仔的过一世!"表露的是对未来的隐忧,给傅斯年信里描述的种种无奈,就是残酷而无力回天的现实了。她当然有所作为,却被战乱和疾病拖了后腿,因而相当不能满足。傅斯年还夸她"才学至少在谢冰心辈之上"呢,怎不叫人"疚心疾首,夙夜愁痛"。

林徽因从李庄给费慰梅的信里曾伤感道,自己已告别了创作习惯,"放弃了我的才能和颖悟"。流亡与病痛,让写作变得奢侈。但她徘徊在死亡的边缘,仍专注于古建筑研究,挣扎着查资料、写文章、改书稿,其衰弱、枯瘦的形象,显得比任何时候都动人。这也是"穷且益坚,不坠青云之志"吧。无论通达还是困厄,都坚持自己的热爱,忽略物质生活的窘迫而固守学术理想,在大是大非面前凭良知选择,然后坦然承担选择的所有后果……假如林徽因仅仅是一代社交名媛,而非有为有守的作家、建筑学家,人们不可能至今还以敬重的口吻对她津津乐道。当然,那些围绕她的绚丽的流苏,是锦上添花。

1947年底,林徽因做了肾切除手术,精神稍有恢复,便诗兴大发,寄诗给报刊,还整理旧作,计划出版诗集。林宣对陈学勇说:20世纪50年代初期,很多报刊约林徽因写稿,她感到自己的才能被新时代发现了,很高兴,对杜甫的诗"暮年诗赋动江关"很有感触。即使病得油尽灯枯,她还强撑病体,参与设计国徽和人民英雄纪念碑,改良景泰蓝的图案。就像她的诗

《秋天，这秋天》所写："秋天的骄傲是果实/不是萌芽——生命不容你/不献出你积累的馨芳。"

林徽因集倾城倾国之貌、多愁多病之身于一体，上天既隆重地眷顾她，又无情地摧残她，让她51岁就过早谢幕。她当然已经才华横溢，但这一生若能拥有更长久的安宁、健康，成就或许更大。文学史上，既有张爱玲等年纪轻轻就横空出世的天才，更多人还是年纪渐长、阅世渐深，作品才渐入佳境的，比如令人敬仰的杨绛，后期作品就比前期美妙、浓醇得多。

林徽因是造物主的神来之笔、得意之作。但绝大多数个体生命的不简单、不容易、悲喜交集，她身上照例不缺——既有四月的芳菲，也有深秋的零落；既有飞溅四射的"一身诗意千寻瀑"，也有"摆在眼前的已是这许多渣滓"（林徽因诗《恶劣的心绪》）——积满少年的阴影，时代的悲情，家国的哀伤，病痛的啃噬……

如果说国土烧焦，生灵涂炭，是全国人的噩运；颠沛流离，安不稳一张书桌，是一代知识分子共同的痛楚。遭逢乱世又兼身患不治之症，如同彩凤折翅，年复一年受困、受苦于病榻，不能尽情舒展才华抱负，则最令林徽因黯然神伤，无尽悲凉。

周炼霞:「炼师娘」锦心绣口

"性情和处世态度风趣诙谐、脱略不拘,令周炼霞泰然度过几十年的斜风细雨,或狂风骤雨。"

周炼霞（1906—2000），原籍江西吉安，生于湖南湘潭，号螺川。少年学画，20岁后开始在上海书画界小有名气，擅长仕女、花鸟，风格明快俏丽。周炼霞绘画成就较高，诗词也为世人称道，还写过小说、散文等。曾与著名学者瞿蜕园合著《学士浅说》《文言浅说》。其诗词集《螺川韵语》存世。

胭脂颜色美人香

　　提到周炼霞，好像要跟陆小曼连在一起说，才特别清晰：她俩都是美艳、有人气、有话题的名媛画家；1934年，陈小翠、冯文凤、李秋君等在上海发起组织中国女子书画会，集中了女画家中的佼佼者，周炼霞和陆小曼都是早期重要成员；20世纪50年代，上海画院第一批聘请了李秋君、陈小翠、周炼霞、陆小曼等九位女画家。她们的画各有千秋，其中陆小曼因为跟徐志摩有过沸沸扬扬的婚恋，最为大众知晓；而最具诗词造诣的，则是周炼霞和陈小翠。60年代，上海画院为提高年轻画家的古典文化修养，特意安排周炼霞为他们讲授诗词和《古文观止》。

　　周炼霞擅长仕女、花鸟，所绘鸳鸯尤其受人夸赞。她的《葫芦双禽》《紫薇松鼠》《翠竹仙鸟》《紫藤花鸟》，以及水仙、牡丹、兰草……设色明丽鲜艳，花鸟灵动烂漫，呼之欲出，笔致却工稳雅正，自有一份蕴藉；再看她的《理妆图》《卷帘远眺》《老梅月下独吹箫》《焚香记》《金灯诗思》《吹箫引凤》等，那些靓妆女子，神情明快，眉眼俏丽，但仪态举止之间，也不乏古典仕女的端凝、娴静风味。她在很多画作上，都题有诗词，诗与画的情绪大多乐观喜兴，想来应该与当时书画消费者的趣味很吻合。

　　周炼霞的美貌尽人皆知，她那句"胭脂颜色美人香"（《题红灵阁主画牡丹》），似乎是最好的自况。郑逸梅说她"体态清便宛转，如流风回雪……本身就是一幅仕女画"；瞿蜕园将她的画与人并赞："天然秀韵，画如其人"；使劲夸她的文字很多："不庄不佻的态度，亦嗲亦媚之语言，对之可以忘忧……亭亭玉立，秀骨姗姗，其色可餐，其韵可饮，真倾国倾城之美人也。"还有人写得比较肉麻，说是甘愿成为她的妆台奴隶，或者化身蝴蝶，"飞舞于周女士绣帘之内，襟袖之间，香笺之上，让周女士轻轻一拍，葬身于其纤掌之中，亦足了却心愿……"

有才貌，擅修饰，解风情，场面上洒脱练达，谈吐机敏，所以周炼霞深得一帮名士倾心。冒鹤亭、吴湖帆、谢稚柳、瞿蜕园等，与她过从甚密。不过，若以为她只是热衷于周旋的交际花、擅长招蜂引蝶的野草闲花，那又轻慢了。

周炼霞受的是大家闺秀教育。父亲周鹤年是晚清举人、候补长沙知府，擅长诗词丹青，从小对她授以声律、书画。十五六岁时，她拜著名画家郑德凝等学画；教周炼霞诗词的，是蒋碧薇的父亲、复旦大学教授蒋梅笙，晚清四大词人之一的朱孝臧也曾点拨她。20岁上下，周炼霞已开始在上海卖画，所绘扇面、卷轴等颇受行家赏识。后来，她还在上海锡珍女中等校当过国画教师。周炼霞年轻时就开始发表诗词，20世纪30年代中期至40年代，其诗词更是密集地亮相于《社会日报》《海报》《万象》等报刊。

像周炼霞这类活色生香的人物，报纸当然特别喜欢追捧。"炼师娘"的名号，在上海滩十分响亮。小报热衷于描述周炼霞的逸闻趣事，包括虚虚实实的艳闻，她则颇有娱乐精神，不以为忤；还有名士宿老，发表跟她相关且带有意淫色彩的文字，十分轻浮孟浪，周炼霞也处之泰然，一笑置之；她与文人画士聚会，也很能跟他们玩笑调侃，古诗词或俗语信手拈来，伶牙俐齿，嬉笑戏谑，令人拍手称快。

徐云在《丹青优雅：我的祖母周炼霞》一书中讲述，40年代中期，周炼霞怀孕，即将分娩，朋友们依然邀约她参加宴会。老报人朱凤蔚问她："大妹子黄台瓜熟，蒂落之期近耶？"朱凤蔚曾说周炼霞是不世出之美人，喜欢称她"大妹子"以示亲近。他这里化用了相传为武则天之子李贤所作《黄台瓜辞》："种瓜黄台下，瓜熟子离离。"周炼霞听罢，脱口而出："八月十五月光明，屈指计之，吾即宣告破产乎。"她的话也有来历，"八月十五月光明"是京剧折子戏《武家坡》中薛平贵的唱词，"宣告破产"乍一听则是工商界用语。周炼霞将它们顺手组合，巧妙连缀，在大庭广众之下，将略微私密的话题回应得亦庄亦谐，确实有急智。

性情和处世态度风趣谐谑、脱略不拘，令周炼霞泰然度过几十年的斜风细雨，或狂风骤雨。20世纪六七十年代她却也难逃厄运，罪证之一，竟是那阕1944年5月在《海报》上发表的《庆清平·寒夜》：

几度声低语软，道是寒轻夜犹浅。早些归去早些眠，梦里和君相见。
　　丁宁后约毋忘，星眸滟滟生光。但使两心相照，无灯无月何妨。

最后两句特别新鲜别致，曾经众口传诵，也引发诸多联想，甚至被指有情色意味。周炼霞刊发于1945年8月底的《非日记》一文曾解说："我正是取于孟子说的'胸中正则眸子瞭焉，胸中不正则眸子眊焉'。瞭然就是光辉明亮，视黑夜如同白昼，无灯无月又有何妨？也就是'不欺暗室'的意思。"到了1948年，日本投降已久，她在文章里说得更为显豁："当时上海正在沦陷时期，夜间灯火管制，家中闲坐，觉此时此地，暴富新贵，触目皆是，其果能免于昙花一现乎？必须心地光明，则一旦战事胜利，国土重光，其欣慰为何如？"因为日伪统治时期文网森严，不能作露骨之词，因而以小词"鼓励身心清白之士，坚其信心"。周炼霞说，有人觉得她写得香艳大胆，未免曲解。

说起来，《寒夜》的字里行间，究竟是隐约泄露春光，还是纯粹无关风月，都是说得通的。对一首诗词的解读，只要有所凭依，不妨见仁见智。但是，造反派不仅视她的仕女画为毒草，对她的词更有匪夷所思的荒唐解释——这"无灯无月何妨"分明是在表白"但求黑暗，不要光明"。周炼霞被殴打至伤，一只眼睛失明，身体与精神蒙受的伤害之深，不言而喻。

几个同时代的女画家中，陆小曼幸而已于1965年病故，恰好躲过20世纪六七十年代的炼狱；跟周炼霞同样遭受折磨的陈小翠和庞左玉，都在愁惨中选择了自杀；仅余一目的周炼霞不仅没有轻生，还请人刻了两枚印章，一枚引用屈原《九歌·湘夫人》的"目眇眇兮愁予"，一枚使用成语"一目了然"。她后来的书画作品，很多就钤了这两枚印章。不仅拒绝抚着伤口呻吟，还用诗心与洒脱消解苦难，有几人具有这般风度？

绝妙好辞浑无迹

周炼霞的诗词特别为人称道，来看那两阕为人击节夸赞的《卜算子》：

已是丑奴儿，那复罗敷媚。绿意红情得暮春，弄影全无谓。香冷少年心，酒暖千秋岁。帘卷东风第一枝，花与人同醉。

淡画满庭芳，遥唱春云怨。不买胭脂点绛唇，本色何由褪。玉笛一丝风，吹过声声慢。似说无愁可解嘲，且斗樽前健。

《绿意》《红情》《东风第一枝》《一丝风》等十几个词牌名，被她随意调遣，竟是镶嵌得浑然无迹，天衣无缝。据周炼霞友人、画家张增泰先生的《也说螺川女史》讲述，杭州有位朱姓词人早年与周炼霞相识，晚年他通过画家陆抑非赠给她一首《虞美人》词，索要其近影一帧，周炼霞遂报以这两首《卜算子》。她如此这般婉拒，有自谦有共勉，又体贴又旷达，暖意、尺度与风雅并存，实在是仪态万方。

1939年初，周炼霞绘水仙牡丹图祝贺某人新婚，大概是落笔匆忙，牡丹未点花心。画作悬挂进新房后，才被人发现。按说这点疏忽是有点尴尬的，她立刻题诗一首："修到神仙侣，原无富贵心。还将龙烛火，来对凤箫吟。"一番补救，妙手回春，周炼霞确实才思敏捷。

就连粉镜、风帽、咸鸭蛋……种种随处可见的家常玩意儿，周炼霞都能入诗入词，且玲珑婉转，自然天成。比如，填于1956年秋的《清平乐》，单吟过滤嘴香烟：

泥金镶裹，闪烁些儿个。引得神仙心可可，也爱人间烟火。　　多情香草谁栽？骈将玉指拈来。宠受胭脂一吻，不辞化骨成灰。

周炼霞的题记写道：自己曾在中苏友好大厦的展览会上，"看见有一种金头香烟，模样很美丽，买的人特别多……可惜我对此道的程度太幼稚，不懂得如何去领略它，只把来当艺术品般欣赏着。这样为长短句添吟料，又有何不可呢"？

她的《消寒九咏·手笼》写从前与貂皮大衣配套的手笼（既保暖也作装饰，还可装入化妆用品），同样巧妙别致：

常共貂裘觅醉吟，相携不畏雪霜侵。
浅深恰护柔荑玉，开阖频牵细链金。
密密囊中藏粉镜，依依袖底拥芳襟。

旗亭酒冷人将别，一握难禁暖到心。

空调是当年的新鲜物事，所以，"新雅酒楼新开冷气"，她也能填一阕《虞美人》："不教消暑饮冰浆，别有氤氲酿得十分凉。"这些绝妙好辞，有聪明有俏皮，更有显而易见的学养、功底。难怪董桥要说，周炼霞的词仿佛李清照再世，其仕女画和书法里有"久违的缥缈芳华"。常与周炼霞切磋诗词的名士许效庠，认为她的诗词在画院数十人里排第一，"真愧煞须眉"。

周炼霞的诗词集《螺川韵语》生前没有问世，但她与著名学者瞿蜕园（字兑之）先生合著的《学诗浅说》《文言浅说》于20世纪60年代便在香港出版。瞿蜕园曾任燕京、辅仁等大学教授，著述丰厚，诗书画造诣俱深，他是清末军机大臣、外务部尚书瞿鸿禨之子，曾国藩女儿曾纪芬的女婿。瞿蜕园弟子俞汝捷在《花朝长忆蜕园师》一文中回忆，瞿蜕园曾经对他说，自己与花神同一天生日（花朝节），随即补充道，"与林黛玉一天生日"。只消这一句话，老先生的诗人气质，已呼之欲出。

俞汝捷先生在当代中国出版社2016年再版的《学诗浅说》之《写在前面》里说，他曾在老师家见过周炼霞，后者告诉他，书的主要作者是蜕老。此话或许属实，或许是谦虚，但她一定有所贡献。《学诗浅说》的别开生面，妙语纷呈，读得人口角噙香，不由得要对参与该书写作的周炼霞，再次刮目相看。也突然觉得，对于有这等才情的女士，落笔须得庄重，方才不致唐突。

《万象》杂志主编、陈小翠之兄陈小蝶，曾邀请周炼霞担任1942年5月创刊的《万象十日谈》的编辑委员。40年代前期，周炼霞还写过几篇小说，刊于《万象》等杂志。《宋医生的罗曼史》讲一群令人眼花缭乱的青年男女婚恋故事，往往落花有意，流水无情。作为短篇小说，人物稍嫌多而凌乱，但叙事活泼，语言风趣。《佳人》讲述一位潦倒诗人的一段春梦，幽默中带一点酸涩。《遗珠》则写一个童养媳的奇特命运——起初遇人不淑，后来竟辗转成为都市摩登女郎。周炼霞虽然偶尔涉足小说,成就不算大,但故事写得鲜活,借用她形容笔下人物的话,有一股"明朗娇憨",人情世故也通透。其短篇小说《佳人》1944年还与张爱玲、苏青、施济美一道,被选入《当代女作家小说选》。

所以呢,无论小报怎么渲染周炼霞作风不拘小节或者男朋友多,撇开那些香艳的泡沫,她的文化人身份却是稳稳当当搁在那里的。她固然是当年沪上文艺圈的一枝红杏,性情摇曳,容貌明丽,才艺鲜艳,石榴裙下,参拜者众。但是,周炼霞作为灵秀聪颖的画家、诗人,哪里是"交际花"三个字所能随便敷衍的?

由此,可不可以这么说,美人行走江湖,有才艺才华作烘托,那才更是粉底描金、鲜花着锦?美丽之外多几成文化的含金量,一则,给自己增添了矜贵;二来,旁人待她,除了见而心喜,无疑还要增加一份折服。

多诉欢悦少言愁

周炼霞早年就发表过指导已婚妇女护肤、化妆、养生的文章,除了种种细致周到的建议,她还强调她们空闲时应有美术或音乐的消遣,以此"颐养性情"——因为心性柔和,自然有益于肌肤细腻光洁。周炼霞不仅精于修饰,衣着也十分考究,有一次她别出心裁,将明艳的花卉直接绘在素缎上,制成旗袍,一亮相就让人连声喝彩。

20世纪50年代的周炼霞,虽然人到中年,装束也靠拢了当时的朴素、中性风气,但仍然不失讲究,尽量保持着注重仪容的习惯,老友冒鹤亭说,"见者不知其已作阿婆,非复三五少年也"。1956年9月,周炼霞写过一阕《清平乐·咏秋装》,讲的就是缝制新衣的愉悦:"添着新裁半臂,轻笼一段云霞。"

▲中年周炼霞

她在词前小序中写道：中秋与国庆期间，穿着衬衫，早晚嫌凉，此时添一件背心，就很轻便适宜。她的背心用薄呢制成，衣领与纽扣采用深色黑丝绒，再用深色绒线绣成简单的云纹，"可在节日或晚会中穿着"。

周炼霞与陈小翠相善。后者不喜欢交际，性格矜持内敛，她曾经以京剧旦角行当形容自己与好友截然不同的做派，说周炼霞好比花衫，自己则是青衣。陈小翠不喜欢烫发，周炼霞曾询问缘故。她说烫发就像龚自珍批评的那种"病梅"，矫揉造作，毫不自然。周炼霞为此填了一阕《踏莎行》，说小翠"爱好天然，懒趋时世，淡妆不借兰膏腻"。陈小翠则以《虞美人》回应："背时村女怕梳头，哪及南唐周后擅风流。"她说，周炼霞的头发"无日不曲，固甚美也"。

有一天，陈小翠请周为自己的《终南夜猎》手卷题词，嘱咐须题得"艳丽清新"。真是出了一道超级难题，她画的可是怒目圆睁的钟馗啊。那两天，周炼霞绞尽脑汁，也得不到一点"艳句"："试思'钟馗捉鬼'，艳丽将何从？"周炼霞说，恨极时，差点想为画里的钟馗涂脂抹粉，将他的"猬毛短髯"编成小辫子，再把群鬼也依次化妆。再一细思，若果真如此，不但"大好画图成一幅怪现状，而居士（陈小翠号空翠居士）必责令赔偿，是又将奈何！"最后她灵机一动，先用淡胭脂在冷金笺上勾花纹，然后填了一阕《满江红》。"词虽不艳，而题法亦合乎'艳丽清新'也。"两位女画家的笔墨趣味与周炼霞的诙谐机敏，都跃然纸上。

冒鹤亭说周炼霞的词"一破陈规，务求欢娱"，不喜欢无病呻吟、作愁苦之言。她在诗词里确实不爱过多地渲染愁绪，但是人生漫长，怎么可能避得开起伏转折或者心事万千？那些纷扰愁烦，周炼霞在诗词里也时有流露。

20世纪40年代初，日伪统治下的上海大米供应紧张，米价昂贵，市民经常要半夜去排队抢购平价米。周炼霞有一首《轧米》就写日常生活的艰辛："重愁压损作诗肩，陋巷安贫又一年。相约前街平籴去，米囊还借枕衣兼。"诗人感慨，"从知煮字饥难疗，不作诗囊作米囊"。

发表于1944年的《书落魄》，既悲山河动荡——"空领略，酸辛味。更休问起，破碎家山，乱离身世"；也叹书生无用、生计艰难——"砚田何似稻田丰，笔耕未抵牛耕惠。叹百斛清才，不换升升米"。

周炼霞还有一些诗词，或冷眼旁观世人趋时媚俗、骄淫邀宠，或感慨才华累人，惋惜那些簪花咏絮的才女，从古至今难得有"几人如意"；《遣怀》《小倚》等诗，则比较直接地感怀身世，或叹息红颜易老："弹指年华似掷梭，奈何人又奈何天？浮生若梦为欢少，绿叶成荫结恨多。""镜中颜色愁中褪，砚里生涯病里过……炉烟细细风前袅，也似侬心委曲多。"

周炼霞的《感时诗》，末句为"销尽繁华春似梦，坠楼人比落花多"。著名篆刻家陈巨来说，"三反""五反"期间，自尽的人不少，此诗写于一位银行经理跳楼而亡之后。

50年代有两年时间，周炼霞为檀香扇与四川竹帘描绘花鸟人物。她在《虞美人》词后写道，之前"既为常课，就不曾想到赞美它们"。因为即将到画院专事创作，"当我把最后一批'加工品'送到互助组时，突然发觉和它们已经产生了感情"，似乎有送走两个好友的惘然，遂在回家的路上写了两阕小令，留个纪念。我们由此可知，她进入画院之前那段时间的谋生之道。

娑红娇蛮玉狸酸

刘聪先生著辑的《无灯无月两心知：周炼霞其人与其诗》一书，讲述了词人宋训伦"一生无计出情关"的曲折跌宕。宋训伦生于1910年，供职于上海的金融机构，却精于填词。1938年7月底，情场受挫的他署名玉狸，在《社会日报》上发表了一篇文章，愤懑地说：当下的洋场都会中，无论路柳墙花还是名媛闺秀，没有一个"内蓄真灵，外扬文采"。她们朝夕憧憬的，"不过汽车洋房与油头粉面之少年而已"，而名媛闺阁与路柳墙花的区别，无非是前者代价更高。这番偏激之论，打击面太宽，许多读者表示义愤，却也有人拍案叫绝，还有人引以为至理名言。其他报纸赶紧兴冲冲地跟进讨论，一时十分闹热。

8月中旬，《社会日报》发表娑红的《与玉狸论女人》，言之有理地反驳玉狸：不管男性女性，都有人利用金钱谋求身心之享乐。何况，那些七尺男儿，大者贪污变节，小者蝇营狗苟，"出卖人格，实有过之而无不及"。作者接着揶揄玉狸，大概是在情场追求失计，吃不到葡萄而嫌葡萄酸。宋训伦非常好奇，这位娑红女士是何许人也？他一度还揣测，或许是某位男士假托的。

此后宋训伦又发表一文，结尾再次恣意挖苦，"今日红妆只爱钱"，"好诗岂配女人怜"。娑红则以一阕《菩萨蛮》针锋相对，很少见到诗词的题目这么直截了当的，居然就叫《警告宋词人》，写得也相当泼辣："女儿不配怜诗好，男儿便合沙场老。何故擘吟笺，冤她只爱钱？"她还讥讽词人"忘却来时路"，"借问令萱帏，男儿抑女儿"？因为对方语涉母亲，宋训伦怒不可遏，愤然还击，用语已升至谩骂级。

笔仗打得如此硝烟弥漫，读者对报纸的关注度当然非常高，《社会日报》的主编陈灵犀与两人分别都是好友，此时遂出来息事宁人。不久，友人安排宋训伦与周炼霞（即娑红）在画家丁慕琴（丁聪之父）的家宴上相会。她身穿深蓝底上有浅黄龙纹的精致时装，眉如春山，逸兴飞扬，"谈笑全无挂碍"。宋词人此前讥诮的那些庸脂俗粉，哪能与眼前这位玲珑剔透的才女佳人相提并论？他不仅立马收兵罢战，还顿时为之倾倒。

宋训伦随后填的几首小词，当然完全收捡起了那套蔑视女人的旧腔调，不仅对周炼霞的才华心悦诚服——"倾心愿拜女先生"，"巾帼竟推巨擘，须眉甘让先鞭。手挥彤管写吟笺，压倒群仙"；更表露自己已经难挽心猿意马，即便此时无缘，只能与她姐弟相称，仍期盼"万一虔修天可转，来生莫再相逢晚"。

宋训伦的《馨庵词稿》后附有《周炼霞遗词特选》，其中有1939年他过生日时周炼霞填的12阕《浣溪沙》，注明"为玉弟三十华诞志念"。她全无半分去年笔战时的威风凛凛、嬉笑怒骂，只余温言软语，既写相聚的柔情、缠绵，也抒离别的相思、惆怅。

这段不打不相识的交情，维持了半个多世纪。两人此后一直有诗词唱和、笔墨往来。宋训伦1949年后移居海外，20世纪90年代初，周炼霞拟刊行诗词画集，向宋训伦索词，他的《沁园春》依旧温情绵长："甘隶妆台，愿从绛帐，莫笑当年情意肫（诚恳真挚）。长相忆，喜经霜梅竹，万里遥亲。"宋训伦直到50岁才结婚，家里保存了不少周炼霞寄来的书信，他在她那些或颦或笑、或凭栏或嗅花的照片下方都题了字，在很多照片周围抄写着她的诗词。在自己精心粘贴的周炼霞影集前面，宋训伦抄录了纳兰容若的愁绝之语："一生一代一双人，争教两处销魂。相思相望不相亲，天为谁春？"据刘聪先生记叙，得知周炼霞去世的消息后，宋训伦无限悲伤，声称"我活着也没有什么意思了"。

陈灵犀1940年曾委托邓散木先生刻过一方印章，赠给宋训伦，印文是"一生无计出情关"，似乎一语成谶。

20世纪50年代,周炼霞与著名画家、收藏家吴湖帆走得很近,两人既合作绘画、填词,也有不少唱和之作,看得出彼此的投契和相知。与他们同时代的有些学者还认为,吴湖帆那些写得出彩的词,往往经过了周炼霞润色。坊间至今对这段往事有许多议论,聊得津津有味。周炼霞友人、诗人包谦六的文字,曾被用来替她消解这类八卦:"紫宜(周炼霞原名紫宜)少时颇端丽富文采,所作词语颇大胆,有'无灯无月何妨'之句,似朱淑真之'人约黄昏后'也。其实跌宕有节,有以自守,只是语业不受羁勒而已。"

周炼霞1927年秋与徐晚蘋(号绿芙)结婚,育有一女四子。丈夫是晚清状元、大学士徐郙之后,与她同为蒋梅笙的学生。徐晚蘋醉心摄影,也喜吟诗作画撰文,出版有短篇小说集《鹦哥》。1928年秋,"女画家周炼霞新影"刊于《联谊画报》的封面,摄影人署名"徐绿芙",题句为"神仙伉俪人间住,艳绝红霞映绿芙",有要溢出来的心满意足。两人1929年共同出版《影画集》作为结婚纪念,收入40余幅摄影与绘画作品。1935年,周炼霞在《道路月刊》发表一组七绝《西湖忆》,怀念他们在杭州度蜜月时的陶醉、缠绵,有许多欢欣甜美的细节。而徐晚蘋1946年发表的《西湖怀旧话烟霞》一文,仍在回忆19年前的新婚之旅,说他俩都喜欢烟霞洞楼阁幽敞,特别是它有个跟新娘名字巧合的"霞"字,很适宜作"蜜月之双栖",因此他们选

▲1937年的全家福

择在烟霞洞住了50多天。

徐晚蘋酷爱跳舞，还写过相关小说与散文。其《从舞小记》写到初下舞池时"温馨在抱，心头如小鹿乱撞"，继而觉"跳舞虽苦而有女可搂，酥胸温柔，正复舒适……"稍显腻味。周炼霞则在《一圆三跳》中描述，"蘋卿嗜舞，恒彻夜沉醉于旋律音中"，用功之勤，胜过自己习画——"盖其走扶梯用'华尔兹'步法，挽领结哼'探戈'拍子也。"她还曾经填过几阕词，调侃他对一位舞女的深度迷恋与丧魂失魄。周炼霞也客观地评点丈夫的舞技，认为他跳得过于讲究，好似有一类诗人的"苦吟"。她觉得"随便一点，自有灵性，跳舞然，治一切艺术，莫不皆然……究其原因，大抵任事于邮政局者，往往习惯于公式化，不易超越常范也"。周炼霞在这里顺便道出了自己对跳舞与其他艺术门类的审美标准——推崇灵动而不喜板滞。她自己的笔墨，确实饱含灵性。

1946年5月，徐晚蘋率队赴台湾接管邮政系统，后来担任台湾邮政局长，晚年移居美国。先前珠联璧合的"神仙伉俪"，结婚已近20年，彼此难免累积失落或失望。不过，即便夫妻之间已渐生嫌隙，但是暂时分离时，他们都料不到会有30多年的烟波阻隔吧？20世纪80年代初，周炼霞被徐晚蘋接去美国，两人重续前缘。幸运的是，她那只受伤而失明的眼睛，也被名医治愈。

沉樱：春意阑珊 樱花未残

"沉樱的小说，只写到主人公们遭遇感情失意、丈夫不忠，便戛然而止，她们几乎都还没有来得及做母亲。她自己风雨交加的一生，却将故事续得浓烈饱满、元气淋漓。"

沉樱（1907—1988），原名陈瑛，山东潍县人，从山东省立第一女子中学毕业后，于1925年考入上海大学，两年后转入复旦大学，借读。1935年与学者、翻译家梁宗岱结婚。抗战时期在重庆任中学教师，40年代后期先后在上海戏剧学校、复旦大学任教。1948年去台湾做中学老师。

沉樱从1929年到1935年，出版了《喜筵之后》《夜阑》《一个女作家》等五个中短篇小说集。60岁退休后翻译外国文学，倍受读者喜欢。

女学生渐染愁绪

沉樱写小说的时间不长，作品也不算多。她以处女作《回家》刚刚在文坛亮相，就得到茅盾等名家褒扬。从1929年到1935年，沉樱出版了《喜筵之后》《夜阑》《某少女》《一个女作家》《女性》五个中短篇小说集，此后不再涉笔小说，但那几年她极受读者欢迎。她说："物以稀为贵，人何尝不是如此？女作家简直应接不暇，我的小说大都是编辑催逼下写出来的。"

从她的小说里，可以寻出某条脉络，好像有一个女孩在渐渐长大——中篇小说《某少女》以16岁少女的50多封信，串起一段朦胧而热烈的初恋：情窦初开，一厢情愿，魂牵梦萦，抽刀断水……这爱恋戛然而止，动人而伤感。《下雪》里的同居男女，还沉醉在自由恋爱的甜美里，欢情未减。但无钱付房租、无法买船票回家的种种窘迫，凉水般寒沁沁地漫上来，虽然暂时还未伤及感情，却也不免让心境低沉萧索。

《生涯》写女大学生的彷徨与闲愁。有关爱情和前程的梦想，触碰到灰色的现实——女友钰跟原来的未婚夫解除婚约，从大学退学并疏远了家庭，跟男友潛同居，日子却并不如预想的美满：钰对文学仍有满腔热诚，但家务烦杂与经济拮据，还有男友的慵懒冷漠，都很消磨和损耗她。"我"心痛于钰的无奈无趣和某种程度上的遇人不淑，自己既依恋男友、有被爱的幸福,心底却依旧空虚迷惘,似乎对未来还若有所待。

《旧雨》里琳珊的几个中学同学,遭遇各异。结了婚的,成为只知享乐的贵妇人,或老气横秋的少奶奶。琳珊和另一位大学女生忍不住悚然心惊:"什么自命不凡的新女性,结果仍是嫁人完事……什么理想也没有了。""女子结了婚,就像囚起来似的……连心都像给折磨得死了似的。"她们虽然叹息旧梦渐残,却也不知希望何在。《妻》里的小两口,同样抱着对文学的野心,每日不间断地读书、写作。"有一个梦境的憧憬在鼓舞着我俩的心"。但妻子却突然怀孕了,她担心陷入做母亲的"牢笼"无所作为,坚持去做了人流手术。女人生儿育女的天职与个人抱负的冲突,初露苗头。《爱情的开始》里那一对青年,"急促地陷入恋爱",牺牲学业和前途,不管不顾地同居了。但才过半年,他习惯性的不忠和欺骗,已让她每时每刻被痛苦啃噬,沉入冰冷的无底深渊。爱情竟然那么快就终结了?她每次心生期冀,有心修复,都屡屡被进一步的侮辱、伤害,戳得满心死寂。

这些少妇有相近的处境:云里雾里、发热发狂的恋情渐渐退了烧,不染人间气息的浪漫,跟柴米油盐难以接轨、无法兼容;家务的琐碎,情感的淡漠,经济的压力……种种不如意,堆积成莫名的失落感。

沉樱晚年"深悔少作",并不喜欢自己年轻时"幼稚的""模仿的"作品,自觉它们"只能算是历史资料而已"。她在台湾绝少提起旧作。其实,她的小说固然比较单薄,格局不大,但也不时有动人之处。像《欲》中叔嫂间心慌意乱的吸引,《中秋节》里表面逞强的单身女子在节日中的敏感乖戾、落寞惆怅,《喜筵之后》的茜华想用旧情人报复有外遇的丈夫,结果难掩失望……那些女子恼人的遭遇、烦乱的心境,以及曲折微妙的情思,她都捕捉得玲珑剔透,描写得细微新巧。

……

沉樱的小说跟庐隐等人相近，涉及五四之后知识女性的生存状况和情感困境：她们既有新女性的骄傲自得、自醒自觉，又不得不在新旧夹缝里跋涉。婚姻自主和妇女解放是五四运动的一脉强音，包办婚姻在知识阶层虽然逐步解体，但婚姻制度本身的局限和人性的弱点、人际关系的难度，却不可能因为自由恋爱和女子受了教育就随风消散。浸泡旧式妇女的苦水，并非轻而易举便拧得干的，新愁新恨，因而也层出不穷。

跟同时代的好些女作家一样，沉樱的小说里，能依稀看到个人生活的某些影子。

沉樱是山东潍城人，在山东省立第一女子中学毕业后，考入瞿秋白等执教的上海大学。两年后学校被封，她转到复旦大学借读。洪深教授指导学生们排演话剧，沉樱与马彦祥为男女主角，马彦祥从复旦大学毕业不久，他俩就结了婚。马彦祥一生结缘戏剧，当过演员、导演，也是戏剧理论家，20世纪50年代任文化部艺术局副局长。

马彦祥的父亲马衡担任过几所大学的考古学教授和西泠印社社长、故宫博物院院长。他希望儿子毕业后研究学问或去大学教书，但马彦祥欲投身戏剧，令马衡担忧且失望，中断对儿子的经济支持，马彦祥一度没有固定职业，生活困难。

沉樱与马彦祥生有一女，他们早先太年轻也太漫不经心，连女儿的生日都没记住。婚姻仅维持了两年，1931年离婚，女儿由奶奶抚养。马彦祥将分手原因归结为婆媳不和，但他的堂妹后来告诉林海音，是马彦祥的不忠导致沉樱与他分道扬镳。

两年后，马彦祥与话剧新秀、后来红极一时的影星白杨有一段情缘，白杨早期参演的电影《黎明之前》即为马彦祥导演。此后他曾三次结婚——林斐宇是他在南京国立戏剧学校的学生，云燕铭、童葆苓都是京剧名伶，后者是石挥的前妻。

沉樱则结缘北大法文系主任、教授梁宗岱（1903—1983年）。梁宗岱是现代文学史上有影响的诗人、翻译家、学者，译有《莎士比亚十四行诗》《蒙田试笔》、歌德的《浮士德》、里尔克的《罗丹论》、罗曼·罗兰的《歌德与贝多芬》等。他生趣盎然，睥睨众生，有名士派头、狂狷风度。好脾气的沈从文将梁宗岱的唇枪舌剑形容为"江北娘姨街头相骂"。著名学者温源宁回忆，梁宗岱跟人辩论，简直是练武术，手、脚、头、眼并用，"老是打一场架才算完"。他跟研究古希腊文学的好友罗念生辩论新诗节奏，两人针锋相对，各不相让，就曾打成一团。

梁宗岱与元配离婚后，1934年和沉樱同赴日本，巴金目睹过他们的欢悦："在松林中的安静生活里，他们夫妇在幸福中沉醉了。我在他那所精致的小屋里亲眼看见了这一切。"（《繁星》）

他俩次年回国，梁宗岱任天津南开大学教授，沉樱在中学任教，创作较少。抗战期间，复旦大学迁至重庆北碚，梁宗岱任外文系主任，他们的两个女儿思薇、思清于1937年、1941年相继出生。

1941年，梁宗岱去广西百色料理父亲的后事，看了《午夜盗香妃》《背解红罗》等粤剧后，痴迷女伶甘少苏，情牵意惹，"思君不断如流水"，他频频为甘少苏填词（后收入《芦笛风》）。甘少苏的前夫曾聚众狂殴梁宗岱，一段绯色风波，轰动广西。但梁宗岱欲罢不能，筹集巨资3万元为甘少苏赎身，1942年3月还登报与她结婚。

他那厢忘乎所以"救风尘"，沉樱得知噩耗，从北碚迁居重庆南岸海棠溪，在小学任教，与梁宗岱分居。之后他们有过弥合，因梁宗岱最终未能舍弃甘少苏，沉樱携女儿和幼子，毅然转身离去。

抗战胜利后，沉樱先后在上海实验戏剧学校和复旦大学中文系任教。1948年，沉樱携三个子女与母亲弟妹前往台湾，好友赵清阁和方令孺曾经劝阻，她却表示要走得远远的，永世不再见到梁宗岱。也有文章讲述，沉樱有心让梁宗岱一同去台湾，而他因种种原因，无意前往。

后来，沉樱一直在台湾苗栗县和台北任国文教师，独自以微薄收入养育孩子。在朋友印象中，她轻言细语，似乎与世无争，不食人间烟火。

前路漫长且独行

沉樱写下小说里那些年轻女子的时候，她也同样年轻。那些女学生或少妇忧郁困惑，思绪纷纭，才下眉头又上心头……但无论怎么心绪烦乱，都还是薄雾轻愁似的。就算有伤有痛，也只触及皮肉，并未伤筋动骨。她们对未来虽然满怀狐疑，却也是有无限憧憬的。

到了真正直面人生的残酷时，沉樱反倒搁笔，不再写小说了。

要说少年不识愁滋味，稍显武断。少年的愁闷，自然也是浓郁、苦涩的，甚至有可能陷入无边之暗。但回头望去，年轻时再怎么黯然神伤，因为有青春的蓬勃、鲜绿垫着底，未来也还有许多想象有待展开，总归是生机无限的，好比"青青园中葵，朝露待日晞"；而成年人的哀愁，则沉重密实得多，本已"焜黄华叶衰"，渐入凋零，加之更易触碰到人性和人生的昏黑、幽微、荒寒，那才真是欲说还休。然而，成年人的力度和旷达也正在此，不纠缠于低迷往事，不徘徊于霜风雾霾，日子总是要朝前走的，还要尽量走得有滋有味。

所以，沉樱常说："我不是那种找大快乐的人，因为太难了；我只要寻求一些小的快乐。"她善于布置居室，爱跟女作家林海音、琦君等欢聚，喜欢做椅垫、手帕等工艺品，还有一手巧折纸花的绝技。她退休后还在工作了七年的苗栗乡间建起三间小屋，大自然的花草枝叶、溪流虫鸟都令她愉悦，常从台北来此小住。

沉樱60岁退休后，潜心翻译外国文学，更是其乐无穷："如果体会出一点言外之意，或是表达出一点微妙情调，简直像是自己创作一般得意。"1967年，她自费印刷出版了自己翻译的茨威格小说集《一位陌生女子的来信》，结果竟格外畅销，连续加印几十次，打破了台湾翻译作品的发行纪录。此后，沉樱一鼓作气，出版系列译文丛书，翻译了茨威格的长篇小说《同情的罪》，赫尔曼·黑塞的《悠游之歌》《拉丁学生》，以及毛姆、屠格涅夫、左拉等人的作品。晚年在翻译和出版上的意外成功，既带给沉樱经济回报，也令她收获精神劳作的喜悦——她恰好说过："人生的快乐有两个来源：一是创造，一是人与人之间的关系。"

夫妻关系也是人与人之间关系的一种。沉樱年轻时，无疑在近乎灭顶的旋涡里挣扎过，最后却漂亮干脆地击水上岸。虽然与梁宗岱没有正式离婚，但她才30多岁时，实际上已经结束了两次婚姻。她绝口不提马彦祥，对梁宗岱倒是爱恨交织。给朋友的信件，寄信人都写着"梁陈瑛"（她本名陈瑛），算是以梁太太自居。沉樱与梁宗岱在台湾的妹妹，相处也很融洽。别人提起梁宗岱的逸事，她都听得津津有味。1986年，几位台湾女作家为沉樱贺寿，给报纸写一个专版，林海音去信要沉樱、梁宗岱的合影。沉樱连忙催促孩子："赶紧找出来挂号寄去。"

沉樱曾对女儿说："说来你父亲其实不错，但实际上他要负大责任。"梁宗岱移情别恋，是他们分手的导火索，但这段婚姻，之前已经磕磕绊绊。赵清阁还记得在重庆时，"沉樱热情好客，朋友们都喜欢接近她。为了家务之累，她不能常写作了，心里不免烦恼，常和宗岱闹脾气。宗岱性情耿直，也不谦让……"

跟旁人的猜测有出入，与梁宗岱共同生活40年的甘少苏不仅文化很低，也并不漂亮。夫妻的搭配真是没有一定之规，像钱锺书和杨绛那样，才情、志趣、性格都严丝合缝接榫的，的确是天作之合。梁、沉也相互倾慕才华，性格冲突却让他们难以长期同路。女儿回忆，小时候常听到父母亲吵架，母亲看不惯父亲爱吹嘘的性格，有时不免说他，于是吵嘴。口头禅为"老子天下第一"的梁宗岱，显然更乐意被人翘首仰望、拍手喝彩。而以沉樱此后独自抚育子女的强韧性格看，她不可能俯首低眉、百依百顺，所以两人会碰撞得火星四迸。她说自己有山东人的脾气，"他很有钱，是一个有双重性格的人。我只有离开他，才能得到解放……我是一个不驯服的太太，决不顺着他！"

两岸隔绝，音书渺茫。20世纪70年代末，小女儿回国见到父亲，沉樱、梁宗岱才恢复通信。时间能磨掉很多东西：仇绪恨意，性格尖角，年轻气盛……他们往日毕竟有过浓密情意，还有三个子女；过来人的仁恕、公允也占了上风；甚至，我们还不妨猜测，沉樱离开梁宗岱后，再没有经历过印痕如此深刻的感情。所以，她写给他的信，既心平气和，也有隐约温馨："时光的留痕那么显明，真使人悚然一惊。现在盛年早已过去，实在不应再继以老年的顽固……""在这老友无多的晚年，我们总可称为故人的。我常对孩子们说，在夫妻关系上，我们是怨偶，而在文学方面，你却是影响我最深的老师……"她的几本译书也想请梁宗岱过过目，因为"至今在读和写两方面的趣味，还是不脱你当年的藩篱"。

70年代初，沉樱随在美工作的子女移居美国。1982年，她曾回国与巴金、赵清阁等老友相聚，但不知为何与梁宗岱未见面，当时她还

▲沉樱与梁宗岱

萌生过回国定居的念头。1988年，沉樱病逝于美国。

  沉樱的小说，只写到主人公们遭遇感情失意、丈夫不忠，便戛然而止，她们几乎都还没有来得及做母亲。她自己风雨交加的一生，却将故事续得浓烈饱满、元气淋漓。两次婚姻失败，有多少伤情伤怀，可堪流连？她却不是惊慌失措、只会自怜自伤的无助女子。携子女远走高飞，既是负气、逞强，还有一点点对负心人的报复，却也有独自教养子女的自负和能耐。沉樱到底是成长于民国的新青年、知识女性，就算跌入过情感或人生低谷，可能一度踉跄、迷茫，却不会一蹶不振，终究有本事独自上路，而且走得又远又稳。

胡蝶：竟能消几番风雨

"电影史的研究者发现：当年喜欢阮玲玉的观众，多是学生或文艺青年；而胡蝶的粉丝，则以生活优裕的闲适阶层居多。"

　　胡蝶（1908—1989），原名胡瑞华，生于上海，祖籍广东鹤山，20年代中期开始银幕生涯，中国首部有声电影、首部彩色影片，都是她主演的。1933年主演的《姊妹花》创30年代国产片最高记录。同年在《明星日报》的投票活动中获得"电影皇后"桂冠。1906年以《后门》在亚洲电影节获最佳女演员奖。

看胡蝶的照片，虽说不是张张都摄人心魄，但还是令人信服：她为何能在20世纪三四十年代，倾倒众生。胡蝶面容的富丽、饱满、莹洁，正应了民间所谓的"福相"。那对笑盈盈的酒窝，又为她的端庄增添了天然的妩媚。

当然，她的情态比起阮玲玉，略微欠缺一点回旋、悠长、缠绵的韵味。但是你看后者，即便笑着，也有浅浅的哀婉和凄伤。倒是胡蝶，就算红唇紧闭，依然有喜乐、欢悦之色。尤其是她微微低头、双眼向上挑着凝视镜头的经典仪态，美得恬静、安逸、笃定。

如果说，阮玲玉身上那股雾绕霜浸的清寒容易惹人牵出诗意的愁绪，胡蝶就带着一分风畅花暖的馥郁，让人联想到世俗的和美。难怪，电影史的研究者发现：当年喜欢阮玲玉的观众，多是学生或文艺青年；而胡蝶的粉丝，则以生活优裕的闲适阶层居多。

当25岁的阮玲玉以一纸"人言可畏"的遗书撒手人寰时，正随中国电影代表团在苏联访问的胡蝶，失声痛哭。这眼泪里，有永失友人的悲伤，有同病相怜的痛惜，也有一丝黯然自伤吧？她俩是广东老乡和私交不错的朋友，又都是万众瞩目的女明星。著名鸳鸯蝴蝶派作家张恨水很懂得她们处境的微妙："为女明星者，不容不交际，而交际又系畏途。"既然人面如花，又需抛头露面，身后就难免有野蜂浪蝶，甚至摧花辣手。女明星的生存环境，从来就不单纯,何况,她们就像玻璃橱窗内的展品,一举一动都在公众视线之中,众目睽睽,更兼众口铄金。

那些芒刺在背的难受,百口莫辩的委屈,胡蝶其实比阮玲玉体会得更多。她遭遇的舆论风险和人身风险,也远远超过阮玲玉。所不同的是,阮玲玉纤细柔弱,过早凋零了,胡蝶却雍容富态地走入晚年。她1946年后生活在香港、台湾,1975年移居温哥华,享年81岁。

年方23岁时,胡蝶就曾险遭灭顶之灾:1931年秋,明星影业公司根据张恨水小说《啼笑因缘》改编同名电影,赴北平拍摄外景,胡蝶兼饰名门闺秀和卖艺女子两个角色。孰料,此行竟惹出巨大麻烦。剧组回上海后,有报纸刊出消息声称:9月18日夜,日本关东军发动大规模进攻,一路烧杀抢掠,无恶不作,东三省同胞陷入水深火热之中,东北军最高统帅张学良将军,此时却与佳人胡蝶共舞于北平六国饭店,且馈赠10万元巨款给她。

紧接着,又有著名教育家、政治活动家马君武的诗《哀沈阳二首》万人传诵:

赵四风流朱五狂,翩翩蝴蝶最当行。
温柔乡是英雄冢,哪管东师入沈阳。

告急军书夜半来,开场弦管又相催。
沈阳已陷休回顾,更抱佳人舞几回。

"朱五"指朱湄筠,其父朱启钤民国初曾任交通部总长、代理国务总理,20世纪30年代初创办中国营造学社并任社长。"翩翩蝴蝶"自然是胡蝶了。

一时间,舆论汹涌澎湃。"红颜祸水"的唾沫,几乎要淹死胡蝶。虽然万般委屈、愤懑,她却还未乱了方寸,赶紧在《申报》等报刊登辟谣启事:

蝶于上月为摄演影剧曾赴北平，抵平之日，适逢国难，明星同人乃开会集议公决抵制日货，并规定罚规，禁止男女演员私自出外游戏及酬酢，所有私人宴会一概予以谢绝。留平五十余日，未尝一涉舞场……蝶亦国民一分子也，虽尚未能以颈血溅仇人，岂能于国难当前之时，与负守土之责者相与跳舞耶？……呜呼！暴日欲遂其并吞中国之野心，造谣生事，设想之奇，造事之巧，目的盖欲毁张副司令之名誉，冀阻止其回辽反攻。愿我国人悉烛其奸而毋遂其借刀杀人之计也。

明星公司导演张石川、洪深等诸多同仁，也在《申报》发表启事，以"人格"为她作证：

胡女士辟谣之言，尽属实情实事……今赴平之男女演员同住东四牌楼三条胡同十四号后大院内，每值摄片同出同归，演员中更未尝有一人独自出游者……尚祈各界勿信谣传。

这场平地而起的风波，好不容易才平息。以至于直到1964年，胡蝶到台湾出席亚洲影展，有记者问她是否愿意去见见张学良，她赶紧回绝：既未相识，就不必认识了。"现在相识，岂不是又给骚人墨客以题目吗？"——她还记得1931年遭千夫所指、万人唾骂的难堪，就算时过境迁，也还宁可多一事不如少一事。

胡蝶1928年与银幕搭档林雪怀订婚。林雪怀是广东人，不擅国语，无奈地淡出影坛，经商开店，但经营不佳。而国语、粤语等尽皆流利的胡蝶，自主演系列武侠片《火烧红莲寺》后，声誉日隆，月薪更是高达2000元。两人的处境落差太大，加剧了感情的破裂。他们解除婚约时，也曾轰动一时。

1935年11月，胡蝶与商人潘有声在恋爱六年后结婚，那是上海人津津乐道的盛大婚礼。明星公司的演员们演唱了专门为她谱写的《新婚歌》:"……胡蝶——幸福紧跟着你咧。假使你遭到不赏心的事,不必皱眉啊也不必忧愁,因为你的生命就是一支歌,平静而美丽……"

但她的生命,绝不像朋友们祝福的那么"平静而美丽"。最峭拔的一段,是抗战后期在重庆的那两年多。关于她与国民政府军统局局长戴笠在歌乐山"神仙洞"的同居,说法很多——她被戴笠悍然幽禁,身不由己;她为维护家人安全不得不与戴笠曲意周旋;她既为戴笠的一往情深打动,也陶醉于他所提供的特权和奢侈享受……

沈醉的回忆文章讲述:胡蝶起初迫于戴笠的威势,不得不依顺,后来则日久生情。潘有声遂不得不明哲保身,接受了戴笠给予的战时货物运输局专员官衔,长期住在昆明。戴笠以往对待女人,不脱始乱终弃的窠臼,丢弃的手法还很怪异,有时是把美人扔进监狱了事。人们说,他对胡蝶,最是用心良苦、用情深厚。当然,他俩在一起仅两年多时间,尚不足以下结论。如果戴笠没有在1946年死于飞机失事,后事将如何,也还很难预料。但不管怎样,上天让他而不是她灰飞烟灭。

无论如何,胡蝶的重庆岁月都有与狼共舞的惊险。作为有夫之妇,她爱不爱戴笠,原本只需要在自己内心翻江倒海。可是,她与戴笠都是家喻户晓的人物,后者还有那么骇人的名声,这段经历就天然地蒙上一层斑驳也俗丽的油彩,惹人议论不休。胡蝶的口述回忆录,对这段秘史寥寥几句话带过:"关于这一段生活,也有很多传言,而且以讹传讹,成了有确凿之据的事实……"

现在我已年近八十,心如止水,以我的年龄也算得高寿了,但仍感到人的一生其实是很短暂的,对于个人生活琐事,虽有讹传,也不必过于计较,紧要的是在民族大义的问题上不要含糊就可以了。

从"红颜祸水"到"戴笠情妇",胡蝶遭遇的困局、险境,岂止于"人言可畏"?

胡蝶的银幕生涯留有很多个"第一":1928年开拍的《火烧红莲寺》是中国最长武侠系列片,她出演了18集中的17集,有影坛"第一侠女"之誉;1931年她主演中国第一部有声电影《歌女红牡丹》;次年主演中国首部彩色电影《啼笑因缘》;1933年胡蝶主演的《姊妹花》创20世纪30年代国产片上座最高纪录;同年主演的《狂流》则被誉为"中国第一部左翼电影";1933年初,上海《明星日报》发起选举电影皇后的投票活动,陈玉梅(天一公司经理邵醉翁的太太,邵醉翁是邵逸夫之兄)获10028票,阮玲玉得7290票,胡蝶以21334票稳居首位,"电影皇后"的桂冠由此伴随胡蝶一生;胡蝶还是国内最早做广告的明星……

或许,还应该加上一项,跟同时代的女明星相比,胡蝶被抛入过最凶猛的舆论旋涡,情感经历也最险绝。

胡蝶回忆:自己与潘有声感情融洽,从未因任何小事起口角。所以,潘有声去世,她"真正感到被命运之神逼到了人生的边缘"。雪上加霜的是,他们的公司也在潘有声病危时接近倒闭,不得不卖掉,连汽车也卖了。胡蝶却并未一蹶不振,1959年,为了排遣哀伤,也为了经济原因,她应邀重返影坛。由当年红极一时的女主角,到饰演妈妈,当配角,也能泰然自若。李翰祥导演的《后门》,请胡蝶演女主角徐太太,1960年在亚洲电影节获最佳影片奖,年过半百的胡蝶获最佳女演员奖。盛年过后还有此荣誉,胡蝶为之欣慰。

回首一部电影史,有多少女明星经不起风霜摧折,过早香消玉殒或陷入凌乱颓丧。胡蝶却比那些脆弱或迷乱的同行们镇定也清晰,不以压力而崩溃,也不因负气而失控。她的回忆录讲述到与林雪怀解除婚约、被媒体肆意炒作时,也特意顺势强调舆论之"捕风捉影,无中生有"——"好在我长期受母亲的熏陶,对任何事情都还能比较冷静处之,清者自清,浊者自浊,一切自会水落石出，雨过天青。"怪不得，张恨水要这么看她："胡蝶为人落落大方，一洗儿女之态……言其性格则深沉、机警爽利兼而有之，如与红楼人物相比拟，则十之五六若宝钗，十之二三若袭人，十之一二若晴雯。"

这时再来看胡蝶的照片，从她圆润大气、绝无棱角的五官，以及泰然自若的神情里，的确看到了聪明、柔韧和圆满。

杨绛：偶尔遇见的传奇

"杨绛被更多读者熟悉，是她进入晚年之后，岁月的积淀赋予她深厚又和婉的智慧光华，像下午四五点钟的阳光，绚丽，柔美，暖和，却毫不刺目。"

杨绛（1911—2016），原名杨季康，毕业于东吴大学，清华大学研究生院肄业。1935年与钱钟书结婚后到英、法留学，1938年秋回国，在上海震旦女子文理学院等校授课。1949年全家移居北京，她任中国社科院外国文学研究所研究员。

杨绛在清华念书时开始发表小说，40年代以话剧剧本《称心如意》《弄假成真》等获得好评如潮。她晚年的散文、小说《干校六记》《洗澡》《我们仨》《杂忆与杂写》等更是为她赢得更大声誉。杨绛也是著名翻译家，有《堂吉诃德》《小癞子》《斐多》等译作。

最贤的妻　最才的女

钱锺书（1910—1998）的《围城》刚发表时，因为写得太活灵活现，有人怀疑他本人就是买了假文凭的方鸿渐，有人同情他娶了难缠的"孙柔嘉"，还有女读者毛遂自荐欲取而代之。也有学生见了杨绛后意外道：钱先生，其实您的孙柔嘉蛮不错的嘛。

岂止于"不错"呢？杨绛是钱锺书心目中"最贤的妻，最才的女"。他俩的相识相知，自然是难得的佳话。据吴学昭《听杨绛谈往事》讲述，杨绛在东吴大学念大四时，学校因学潮而停课，杨绛遂与大学同学孙令衔（他后来成为杨绛的七妹夫）等相约到北平，欲在最后一学期借读清华大学。1932年3月，杨

▲1950年杨绛一家在清华大学宿舍

绛在清华古月堂第一次见到孙令衔的表兄钱锺书，匆忙之间只打了个招呼，两人未及说话。

当时虽没有一见钟情，但杨绛觉得这位瘦书生眉宇间"蔚然而深秀"；而钱锺书显然已认定杨绛"与众不同"，写信约她见面。第一句话他就忙不迭地澄清一个误会，说自己并未订婚。杨绛也赶紧表明，自己没有男朋友——原来，此前孙令衔曾对钱锺书说，自己的好友费孝通是杨绛的男朋友；又跟杨绛说，表兄已跟叶恭绰的养女、叶公超的堂妹订婚。杨绛、钱锺书此前都没有谈过恋爱，一次极寻常的偶然相遇，竟掀开一段60余年的美满姻缘。

相见之初，钱锺书对杨绛的面色姣好显然印象深刻，他后来赠给她的"十绝句"之三，就赞美她仿佛"红花和雪"洗出的颜面：

缬眼容光忆见初，蔷薇新瓣浸醍醐。
不知颒洗儿时面，曾取红花和雪无？

他俩在清华同学半年，后来，杨绛考取清华研究院，钱锺书自清华毕业后在上海光华大学教书。因为分离和短暂的误会，他写过不少缠绵的情诗，也有伤心之词。1934年春假，钱锺书去北京探望未婚妻，两人一同郊游，真是欢娱嫌日短，七八天时间一眨眼就过去了，钱锺书有诗曰：

分飞劳燕原同命，异处参商亦共天。
自是欢娱常苦短，游仙七日已千年。

就像林黛玉说的，杜甫除了忧生伤世的苍凉、沉郁之诗，同样能写出"清辉玉臂寒"；人们印象中埋首书堆，只顾写《管锥编》《谈艺录》的钱夫子，当年面对杨绛,也多的是"久坐槛生暖,忘言意转深"(钱锺书《玉泉山同绛》)的缱绻。

其实,大多数情缘的开端,都有类似的浓烈、甘甜,原本不足为奇的。不过,能将这份深情、和美持续一生,却不是人人可得的幸运了。1946年4月出版的短篇小说集《人·兽·鬼》,是钱锺书抗战胜利后出版的第一个集子,他深知,书稿没有遗失或烧毁,是因为"此书稿本曾由杨绛女士在兵火仓皇中录副,分藏两处"。在两人同存的样书上,钱锺书写道:"赠予杨季康(杨绛本名),绝无仅有的结合了各不相容的三者:妻子、情人、朋友。"这赞美,算是极致了。

钱锺书在清华念书时曾对杨绛说,自己"志气不大,只想贡献一生,做做学问"。他俩的志趣多么吻合,杨绛当年以第一名的成绩考入东吴大学,毕业时荣获金钥匙奖。她本科读的是政治系,但一生尽力远离政治,只寄情于书斋。后来到了牛津,夫妻俩年终总结和比赛的,是各人的读书数量。

钱锺书是凤毛麟角的人物,杨绛也是。留学回国后困居上海的孤岛时期,为稻粱谋,她当过家庭教师、小学老师、中学校长,还在教课、批改作业的忙碌中,用业余时间写成话剧《称心如意》《弄假成真》《游戏人间》《风絮》等。喜剧《称心如意》等在上海公演,剧场里笑声不断,报刊上好评如潮。著名戏剧家、评论家李健吾说她的《弄假成真》是真正的风俗喜剧:"杨绛不是那种飞扬躁厉的作家,正相反,她有缄默的智慧。"她几乎是一夜成名,那会儿别人介绍钱锺书,只说是"杨绛的丈夫"。但杨绛浑然如故,照旧洗衣做饭、照顾生病的钱锺书;为了让丈夫潜心写作《围城》,她让他减少课时,经济上的短缺由她自理家务来弥补;他们家在上海险些失火,钱先生的表现真的是书呆子,十万火急中,只会跟着女儿一起连声叫"娘",眼睁睁看着烈焰差点蹿上屋顶。亏得杨绛急中生智,用院子里一个尿壶充当消防用具,化险为夷。钱家亲戚由衷地夸她上得厅堂,下得厨房。

杨绛回忆，她曾向钱锺书转述一位英国传记作家对自己美满婚姻的描述：我见到她之前，从未想到要结婚；我娶了她几十年，从未后悔娶她；也未想过要娶别的女人。钱锺书当即道，我和他一样。杨绛说，我也一样。生活当中传奇很少，不过间或也有，他俩是其中之一吧。杨绛20世纪50年代随一批老知识分子下乡接受锻炼期间，钱锺书两三天一封信，总要写密密的两三页。她说，那是他"一辈子写得最好的情书"，可惜终究难逃一炬。杨绛的日记中还曾记载："6月25日，我午后睡得一觉，锺书喜极而涕。""8月7日，午后睡着，锺书喜极，谢谢我。甚感其意。"他对她的健康，就有这么在意。这种不经意间的流露，有无限的爱惜和厚密的情意，胜过任何精妙的表达。

清隽之美

很多人知道杨绛是因为钱锺书。然而，一旦他们熟悉了杨绛，就会知道，单独来看杨绛，她依然是值得喜爱与尊敬的。杨绛被更多读者熟悉，是她进入晚年之后，岁月的积淀赋予她深厚又和婉的智慧光华，像下午四五点钟的阳光，绚丽，柔美，暖和，却毫不刺目。

剧作家杨绛曾在20世纪40年代享誉沪上，作为翻译家的杨绛，也一直有很高声望。50年代，有人曾问著名美学家、翻译家朱光潜，中国谁的翻译最好？朱光潜说：就散文（小说）翻译而言，"杨绛最好"。杨绛原本翻译、研究英法文学，1958年接受《堂吉诃德》的翻译任务时，为了避开转译的缺陷，已47岁的她毅然开始自学西班牙文，两年后开始翻译。她的译文，字字推敲又流畅从容。杨绛从50年代开始停止创作多年，70年代末又重新提笔，较之从前，更有行云流水的浑成、天然。她的《干校六记》哀而不怨，言简意深，没有像当时许多追述60年代苦难的文字那么痛哭流涕，悲凉中不乏诙谐，有清淡隽永的回味；《杂写与杂忆》追忆亲人故旧，涉及不同阶层的各色人等。

杨绛的父亲杨荫杭曾留学日本早稻田大学和美国宾夕法尼亚大学，为民国初年著名法学家，当过京师高等检察厅长，因依法审理受贿高官而被停职，后辞职回乡任律师。父亲耿介刚直，母亲则贤淑宽厚。杨绛柔和而不乏刚劲的性情，或许可以从她父母那里找寻到源头；1997年、1998年，女儿钱瑗和钱锺书相继去世，孑然一身的杨绛引用"世间好物不坚牢，彩云易散琉璃脆"来表达无尽的伤痛。杨绛曾经说，他们一家三口是不寻常的遇合，她的《我们仨》是伤逝、悼亡之作，却绝无呼天抢地，写得收敛节制，但藏在底子里的沉痛、悲切，却感人至深。

1987年底定稿的《洗澡》，跟《围城》一样勾勒知识分子群像，讲述他们在一个特定时段的遭遇。新中国成立后不久，知识分子经历了第一次思想改造，运动中这一组知识分子群像，也是形形色色的：一方面，清者自清，有本色丝帛一般的素净纯洁；另一方面，藏污纳垢者的庸俗算计、溜须拍马、偷奸耍滑，怪相也是五花八门。像书里的余楠、施妮娜等人，虽然都不是大奸大邪的恶人，却也实在有令人掩鼻的龌龊，或滑稽荒唐的丑态。那些灵魂的尘埃、污渍，当然是需要拂拭、洗涤的。问题是，人的自我净化，需得源自个人的自觉自愿、自悟自省，却不是靠大张旗鼓的政治运动所能奏效的。在大会上呼几句慷慨激昂的口号、说些冠冕堂皇的官话，不仅于事无补，还恰好是表里不一的双面人最擅长的表演呢。

《洗澡》里正派人当然也不少，男女主角许彦成、姚宓真是一对可人，他们倒不是全然缺乏洞悉人情世故的聪敏，只不过天性纯良、清高，只一门心思潜心于读书，但求业精于勤，术臻于专，胸中自有分辨清浊、高下的绳墨，不屑于同流合污。因而在人人竭力挣足表现、急于早日过关的政治狂热中,他俩不说违心之话,不行卑下之事,一举一动都别有一番厚道、雅正。

《洗澡》有对世相的活泼描摹,也有机趣的讽喻。杨绛看得透人性的缺陷与局限,她的温婉风格却让她下笔敦厚,淡定中寄寓幽默,绝无刀锋闪烁的犀利冷酷。许彦成、姚宓是读者最倾心喜爱的人物,无疑也是杨绛最偏爱的角色,从他俩身上,看得到杨绛对"人"的定义。

记得很多年前读孔庆茂撰写的《钱锺书与杨绛》,封面用了一张他俩20世纪30年

▲1936年杨绛钱锺书在牛津大学

代在牛津的合影,当时有位好友见了,连连赞叹,惊为天人。我明白她的意思——两位先生的形貌举止都有一种清隽之美,但他们从来不是靠"美貌超群"享誉文坛的人——她惊叹的是他们那种稀罕的风度。在现今的知识分子身上,你很难再找到那种清朗、俊逸、静穆的气质。后来,《我们仨》也收有这张照片,杨绛先生回忆,那是1936年冬,钱锺书先生的堂弟钱锺韩到牛津小住时,在牛津大学公园的桥下为他俩拍摄的。

终其一生,钱锺书和杨绛都保持了超然物外、宠辱不惊的风度。无论是沦陷上海的困厄时期,流放干校的黯淡岁月,还是钱锺书任"毛选"英译委员会主任委员的"风光"时刻,抑或是《围城》畅销、"钱学"兴盛后

声名大噪的日子,他们都始终如一地沉迷于自己的至爱:读书、著述、翻译。他们代表了某种生活方式的理想境界:怡然自得于书斋,洁身自好,于文化有所建树;一家人趣味相投、相知相亲、相濡以沫。

杨绛与家人自奉甚俭,1995年钱锺书病重时,一家三口就商定要捐出稿费,在钱、杨的母校清华大学设立"好读书"奖学金,资助家庭经济有困难但好学习、成绩好的学生。截至2016年,奖学金基金已从2001年的72万元,积累到2434万元。(见2016年5月31日《光明日报》贺美英文《坚韧 执着 爱心——忆杨绛先生与"好读书"奖学金》)

跟同时代的知识分子一样,杨绛夫妇也饱尝战乱的动荡、亲人的离散,以及历次政治运动的惊险:日寇飞机轰炸苏州时,杨绛的母亲病逝于避难地;姑姑杨荫榆惨遭日本人枪杀;钱瑗的丈夫在1970年被逼自杀。目睹女婿女儿的不幸,做父母的却无力回天,情何以堪;1966年8月27日,杨绛白天在办公室被逼交出《堂吉诃德》即将完成的全部译稿,晚上在宿舍大院陪斗,被剃成阴阳头……当然,还有造化弄人,晚年惨逢女儿身患绝症,白发人凄凉送走黑发人。

人生实难,有那么多人力所无法掌控的灾祸、挫折与无常。然而,我们可以说,在个人所能把握的范围内,杨绛的一生可圈可点。读者对自己喜欢的作家,总是忍不住将满腹热情延伸到作品之外,探究时的心情却往往惴惴然:既害怕作家的为人与为文之间,落差太大,又担心那些锦绣文字的背后,有一个凋敝、凄寒的身世。好在,杨绛满足了人们对圆满的想象与希冀。这,也是她赢得广泛的敬与爱的重要原因吧。

钱瑗与钱锺书相继去世后,一生钟爱的文字,成为杨绛缓解忧伤的镇痛剂。她根据英文翻译了柏拉图的对话录《斐多》,写于1999年的译后记说,"我正试图做一件力不能及的事,投入全部心神而忘掉自己"。2003年她出版《我们仨》,追忆甜润时光,也借此重返"我们仨"往日的其乐融融。她还整理了钱锺书遗作与几麻袋中外文笔记，为他出版《容安馆札记》等。

　　杨绛享年105岁，穿越了一个世纪的世事沧桑、悲欢离合。她2007年出版的《走到人生边上》所附照片，是我理想中老人的最佳形象，通透，温润。所谓优雅地老去，就应该是这样的模样吧。

赵萝蕤：幽兰渐染风霜

"1937年,《荒原》的第一个中译本出版。《荒原》以晦涩艰深、征引庞杂著称,人们很难想象,它的译者（赵萝蕤）如此年轻。"

赵萝蕤（1912—1998），生于杭州，长于苏州、北京。1932年毕业于燕京大学西语系，1935年毕业于清华大学外国语研究所，同年开始执教于燕京大学。1948年获芝加哥大学哲学博士学位，回国后任燕大西语系教授兼系主任，1952年起任北大教授。她1937年以译作《荒原》为学界瞩目，一生译、著丰富，有《草叶集》等译作与《我的读书生涯》等散文与文论集。

燕大校花

听朋友说，钱锺书认识杨绛之前，曾经追求过赵萝蕤，不觉好奇。后来看到有文章提到，的确有好事者曾经找赵萝蕤求证，被她否认——很不好意思，起初，的确带了点八卦念头去看赵萝蕤。及至稍稍了解这位女学者方知，看她的眼光，不能浮薄，只宜庄重。

杨绛夫妇和赵萝蕤、陈梦家（1911—1966）夫妇的人生，有许多交集之处。杨绛1928年考入苏州东吴大学时，教务长赵紫宸（赵萝蕤的父亲）离任赴燕京大学还不久；赵萝蕤与杨绛是清华大学研究院外国语言文学部的同学，赵萝蕤小一岁，高一年级，她俩都是获得奖学金的优秀生，曾经同寝室，还一起学昆曲，关系很好；后来，两人均成为知名翻译家；钱锺书与陈梦家都是绝顶聪明又孜孜不倦的学者，在各自的研究领域卓有建树，且都兼具文学才华。陈梦家是著名诗人、古文字学家和考古学家，著有《殷虚卜辞综述》《西周铜器断代》《汉简缀述》《尚书通论》《中国文字学》等。他与钱锺书都曾在清华大学、西南联大任教。这两对学者夫妇都遭遇了20世纪六七十年代的凄风苦雨，不同的是，陈梦家没能逃过劫难。

赵萝蕤的父亲赵紫宸毕业于东吴大学，曾赴美学习神学，获社会学硕士学位。他1926年至1952年任燕京大学宗教学院院长，是中国20世纪最具影响力的神学家之一。

赵萝蕤就读苏州景海女子师范时，英文课采用美国教材，父亲担心教会学校忽略中国传统文化，额外辅导她学习《唐诗三百首》《古文观止》等。她一路成绩优异，作文更是常被国语老师苏雪林打上双行密圈，六年级时语文成绩被评为全校第一，国语水平甚至超过了高三学生。父亲很自豪，在一首诗的注上写道："萝蕤时年十二，聪慧能作小说。"

1926年，赵萝蕤全家随父亲到北京，进入燕京大学附属中学，1928年升入燕大，初学中文，后改习英文，1932年大学毕业才20岁。这年秋天，她考入清华研究院。赵萝蕤也写了不少新诗，更以译诗一鸣惊人：1936年，戴望舒约请她翻译艾略特的长诗《荒原》，老师叶公超为她写序，这是《荒原》的第一个中译本，1937年出版。《荒原》以晦涩艰深、征引庞杂著称，人们很难想象，它的翻译者如此年轻。80年代初，赵萝蕤重新修订了《荒原》。

抗战爆发后，她和陈梦家先在长沙临时大学，后辗转越南等地抵达昆明，奔波了两年才安顿下来。陈梦家在西南联大授课，联大循清华旧例，夫妻不同校任教，赵萝蕤遂在云南大学与附中教课，战时物价飞涨，教书的收入不及保姆工资，她也必须自己操持家务。烹饪洒扫不是她的强项，手不释卷才是习惯，所以她煮饭时，膝头还放一本狄更斯，当然经常会弄成"一锅焦饭，一锅焦肉"。老友说她从前颇似幽兰，此时则消磨于厨房，变为葱姜了。

流寓昆明那几年，生活艰辛琐碎，喂鸡、种菜、缝补，忙得脚不沾地，赵萝蕤却能苦中作乐。她也抽空翻译，还写了不少英美文学研究文章和散文，文字飘逸活泼，常有灵感巧思。《七凸坡》《楷庐记》《龙泉杂记》《道德武装》等，或悲悯愤怒，或空灵清丽，或兼有犀利、讥讽和促狭、俏皮。《厨房怨》写烹饪之繁杂："菜，亦不能小看。取其茎，濯其泥，削其皮，切为六六三百六十根烦恼丝。炖者恐费炭火，炸者恐费油量，炒者惧其不烂，焙者工程浩漫。"就是怨也怨得妙语翻飞。

陈梦家西南联大的同事钱穆在《师友杂议》里回忆：

有同事陈梦家，先以新文学名。余在北平燕大兼课，梦家亦来选课，遂好上古先秦史，又治龟甲文。其夫人乃燕大有名校花，追逐有人，而独赏梦家长衫落拓有中国文学家气味，遂赋归与。及是夫妇同来联大。其夫人长英国文学，勤读而多病。联大图书馆所藏英文文学各书，几于无不披览。师生群推之……诸教授群慕与其夫妇游，而彼夫妇亦特喜与余游。常相过从。

一对璧人

据说，有人问赵萝蕤，喜欢陈梦家是否因为他擅长写诗？她连声否认。"那为了什么呢？""因为他长得漂亮。"看他俩早年的合影，她玲珑娟秀，他器宇轩昂，一对璧人，赏心悦目，还真有李白《古风》"绿萝纷葳蕤，缭绕松柏枝"的意韵。据吴学昭《听杨绛谈往事》讲述：

陈梦家家境清寒，此时在燕京大学做研究生，从容庚习古文字学，住在赵家，生活费需赵萝蕤帮助筹措。赵紫宸当时在国外，本来每月给宝贝女儿八十元零花钱，听说陈梦家的事后不再给女儿钱。赵萝蕤在清华也是优秀生，享有奖学金，她每月向阿季（杨绛）借十元，下月还了又借。

赵萝蕤说自己学生时代"是个拘谨怕羞的姑娘，严肃安分得像座山一样"。她遇事却自有主见。

陈梦家仪表不凡，学问口才俱出众，还兼有风流不羁、不修边幅的名士风度。赵萝蕤后来的北大同事、忘年交叶廷芳记得在赵家初见陈梦家时，后者正从容不迫地大抠其脚丫，见了生客也不罢手。

陈梦家从南京中央大学法律系毕业，有律师执业执照却从未当过律师，倒是从16岁就开始写诗，很受老师闻一多与徐志摩奖掖，是新月诗派的后起之秀。1931年1月他出版第一册诗《梦家诗集》并享誉诗坛时，还不到20岁。董桥的《还陈梦家一个公道》讲述，陈梦家在中央大学曾与孙多慈（韵君）恋爱，《梦家诗集》里的情诗便是写给她的。同年9月，陈梦家编辑《新月诗选》出版，收有徐志摩、朱湘、闻一多、沈从文、陈梦家、林徽因等18人的诗作。陈梦家的序言逐一点评入选作者，讲述新月同仁对新诗的共同主张："本质的醇正、技巧的周密、格律的严谨"，写得声情摇曳，有20世纪30年代文体秾丽、华美、热切的特色。陈梦家的诗《一朵野花》《摇船夜歌》《雁子》《白马湖》等，大多空灵柔美，有青春期的轻愁薄怨，很难将这敏感纤细的诗人与后来的古史、古文字学者画上等号。

陈梦家写诗只有七八年，出版过四本诗集，其中《梦家诗存》是1936年与新婚妻子共同编辑的："多谢萝蕤，这集诗的选定，大半是她温爱的鼓励和谈心，使我重新估价，使我有重新用功的勇敢！"

赵萝蕤的《忆梦家》说："1934—1936年，他在燕京大学攻读古文字学。从此以后他几乎把他的全部精力倾注于古史与古文字的研究。1936年一年（他大半时间还是学生的时候），就在《燕京学报》《禹贡》《考古》等杂志发表了长短

▲陈梦家与赵萝蕤

不一的七篇文章，开始了他的学者的生活。"陈梦家的师友都极为赞叹，他但凡涉足某个领域，必定出类拔萃。

陈梦家兴趣宽泛，喜欢戏曲、美食，闲暇也爱谈天说地、游山玩水，更热衷收藏，他们夫妻没有孩子，用几乎全部收入购买明代家具，藏品之丰富精绝，当时在全国无人堪比。他与王世襄是藏友、知交，王世襄后来经常跟朋友忆起这位老友，他说："梦家还在的话，那明代家具研究的著作，就肯定轮不到我写了！"

1944年秋，陈梦家由费正清和金岳霖介绍，到美国芝加哥大学教授古文字学。他借此编写了一部全美收藏的《中国铜器图录》。在美国三年，陈梦家遍访美国藏有青铜器的博物馆、古董商、私人藏家，周而复始地访问、照相、整理资料。只要有藏器之家，他必定叩门探访、细细观察。那三年里，他除了广搜博览，编辑全美所藏中国铜器图录，还撰写并发表了不少青铜器研究文章，与芝加哥艺术馆的凯莱合编《白金汉所藏中国铜器图录》。1947年秋，陈梦家回到清华。

1956年，陈梦家用《殷虚卜辞综述》的稿费在北京钱粮胡同买了一所房子，去过的朋友都羡慕，这深宅大院被他们布置得雅韵流转，他从此有了一间很大的寝室兼书房，两张画桌拼成书桌，堆满图籍、稿本。赵萝蕤回忆：

梦家勤奋治学有着很好的物质条件。他身体好，不知疲倦，每天能工作差不多十小时到十二小时。他肩上曾长过一个脂肪瘤，有几个拔掉了龋齿留下的空隙没有填补。但是他终于把瘤子割除了，牙也修配好。在这两件事办完后，我笑对他说："现在你是个完人了。"（《忆梦家》）

藏身书斋、埋首古籍的怡然自得，很快就被敲得粉碎。1957年，陈梦家写的《慎重一点"改革"汉字》在《文汇报》发表。他成为右派，被批判，赵萝蕤因此而一度精神分裂。1958年，陈梦家曾下放河南农村劳动，他担忧病妻，在给她的一封信里说："你昨日打了一针，是否已有进步……凡事不可过分紧张，过分求全，过分生气，如此对身体才好。我的性急毛病也好了一些，有些事要看开点，马虎点。我们必须活下去，然必得把心放宽一些。"

就算再怎么相互劝勉，忍辱负重，他自己到底没能逃过后来的灭顶之灾。陈梦家挨斗、受辱（罪名除了"资产阶级学术权威"，还有"生活作风问题"），他两次自杀，1966年9月3日自缢身亡。赵萝蕤再度精神分裂，住进医院。

墨趣琴音

1944年与陈梦家一道赴美的赵萝蕤，进入芝加哥大学英语系攻读硕士、博士学位，研究美国小说家亨利·詹姆斯的小说。她此前就很喜欢这位作家，兴致勃勃地读了他的全部作品，并在纽约、费城、波士顿的旧书店收集了有关詹姆斯的各种著作、书信、传记等，她的教授说，她算得上美国排名第三的詹姆斯图书收藏家了。

1949年初，赵萝蕤历经周折，回到已被围困的北平，在燕京大学西语系当教授，后来任系主任。她在芝加哥大学的同学巫宁坤回忆，1951年初，他即将获得博士学位，赵萝蕤报请校长，邀请他去燕大任教，巫宁坤万里归国，1951年8月中旬回到北京，赵萝蕤亲自到前门火车站迎接。巫宁坤的《一代才女赵萝蕤教授》写道：

别后不过两年多，我不无好奇地看到，她的衣着起了很大变化。当年在芝大，她总爱穿一身朴实无华的西服，显得落落大方，风度宜人。眼前她身上套的却是褪了色的灰布中山服,皱皱巴巴,不伦不类,猛一看人显得有些憔悴了,但风度不减当年……到了燕园,由于我新来乍到,住房尚未分配,萝蕤便留我先在她家做客,受到她温馨殷勤的款待。

不久,高等院校院系调整,教会学校燕京大学和辅仁大学被关闭,按科系分别并入北大、清华、北师大,巫宁坤被分配去南开大学。赵萝蕤向他传达这个消息时,话刚出口就放声哭了起来。当初她提议学弟放弃博士学位回归,孰料转眼间就遭遇变故,赵萝蕤岂能不万分内疚?或许,她也预感到知识分子身不由己的命运,开始隐约担忧。几年后,巫宁坤也成为右派。

赵萝蕤晚年重新潜心于译、著,在北大担任博导,但仍需服药。巫宁坤登门拜访时,注意到她的嘴唇不时抽搐,便问她是否可以减少剂量。她立刻变色,质问:"你要让我犯病吗?""我后悔说话唐突,同时也突然认识到,这么些年来她形影相吊,不定受到过怎样的梦境的煎熬。"

20世纪80年代,赵萝蕤在《读书》等报刊发表了许多介绍欧美作家的文章。1990年,芝加哥大学百年校庆时,她应邀回母校演讲,学校授予赵萝蕤、连战等10位校友"专业成就奖"。1991年,赵萝蕤积12年心血翻译的惠特曼《草叶集》全译本,由上海译文出版社出版。

除了一生不辍地读书、写作、做学问,音乐也是赵萝蕤的至爱。她从小学琴,念燕大时副修音乐,弹得一手好钢琴。在美国留学时,她与陈梦家听了很多音乐会、歌剧,回国时行李中装满了书籍和唱片,余款只够旅费。去赵萝蕤家做客的人,都会对客厅那台斯坦威钢琴印象深刻。西洋音乐被赵萝蕤视为"永远系住了我非常感情的恩物","足够使我在无论何种境地,都能欣然的生活下去"。"它足有威力可以将任何肺腑所蒙受的任何痛楚、郁结、绝望,予以松舒。"

1944年写《我为什么喜欢西洋音乐》时,赵萝蕤已经寓居昆明多年,体会过山河破碎的心酸，颠沛流离的辛劳，也见识过诸多人间乱象。那时候她是否以为，自己已经体验过人生的"任何痛楚、郁结、绝望"？谁能料到，她此后还会遭遇更极致的惨烈、悲凉？以至于，就连自己爱入骨髓的音乐，也无法纾解。

王莹：用书香抵御浮艳

"上海电影圈的浮华、虚荣，多少人顺势沉溺或乐在其中，她却能以疏离、清醒的姿势，轻轻卸去'五色的外衣'。"

▲王莹在美国白宫演出赛珍珠剧作《元配》

王莹（1913—1974），安徽芜湖市人，曾就读于安徽省立第二女子师范学校，后至上海等地求学，任小学教员，参演话剧，在舞台崭露头角。1932年开始拍电影，主演过《女性的呐喊》《铁板红泪录》《同仇》等影片。

1934年赴日本留学，1935年主演影片《自由神》，1936年担任话剧《赛金花》主演，均轰动一时。抗战爆发后，赴全国各地与南洋演出，为抗战募资。1942年赴美留学并演出《放下你的鞭子》等抗战剧目。

王莹被誉为"文艺明星"，30年代初即发表散文等。四五十年代完成长篇小说《宝姑》《两种美国人》。

从童养媳到明星

提到老一辈影剧明星王莹，很多人会觉得陌生吧？

"四人帮"倒台后，她的名字曾被频繁提起：20世纪30年代在上海，蓝苹（江青）曾经与王莹争演夏衍编剧的话剧《赛金花》。

遇到精彩的角色和声名大噪的机遇，自觉演技、名望与人际关系俱有足够实力的演员，大概都有当仁不让的自负。蓝苹比王莹小两岁，在影剧界出道比王莹晚，人缘也比王莹差，但她刚刚主演了话剧《娜拉》，觉得自己有了跟后者叫板的资本，敢与争锋。夏衍《懒寻旧梦录》回忆，"上海业余剧人协会"遇到这一难题后，导演于伶、章泯（他1937年曾与蓝苹短暂同居，不久蓝苹被上海联华影片公司解聘，前往延安，改名江青）干脆将矛盾上交给剧作者。夏衍遂提了个"和稀泥"的建议：将王莹与金山、蓝苹与赵丹分成A、B两组，"让他们在舞台上各显神通，章泯同意了，而于伶则面有难色"。

不久，金山、王莹从"业余剧人协会"拉出一支人马，成立"四十年代剧社"，与金城大戏院签订合同，1936年11月首演《赛金花》，王莹、金山分别扮演赛金花、李鸿章。他们连演20场，异常火爆，观众达3万人次。蓝苹败北，显然耿耿于怀，王莹蒙难，伏笔就此埋下。

王莹是芜湖人，幼年母亲去世，高小毕业后被父亲和继母许配给当地一家富商当童养媳。她以优异成绩考入芜湖安徽省立第二女子师范学校，婆家虽应允她继续读书，却设置了种种障碍。婆婆精明强悍，尖刻刁钻，王莹度日如年，曾经悲愤至吞鸦片自杀，幸而死里逃生。

王莹的祖母宽厚良善，母亲也念过书，柔顺贤淑。婆媳俩对人生的种种失落与委屈，都是默默消化。当地风俗尤其守旧，王莹的外婆在丈夫、儿子相继去世后再嫁，竟遭万般唾弃，几乎被口水淹没。幸而王莹生长在西风东进的时代，尤其是她不甘于对命运逆来顺受，有胆略也足够机智，到婆家一年多后，她寻机逃跑，在外婆、姨婆帮助下辗转抵达汉口，被舅母收养，得以进入长沙湘雅医院护士学校学习。

北伐革命军席卷长沙，王莹就读的是自成一体的教会学校，竟也被时代风潮掀开一道缝隙，师生们请来北伐军的代表演讲，那位一身戎装的年轻军官，竟然是王莹念芜湖女师时的国文教师阿英（钱杏邨），阿英后来涉足文艺理论、古典文学，也是著名剧作家。

王莹在阿英的牵引下靠拢革命，他们成为恋人。大革命失败后，因为帮阿英给地下党送文件，她曾被军阀追缉。后来，王莹被送到上海浦东一所僻静小学任教，再由阿英推荐到上海做地下工作，抄写和传送文件、情报。王莹这个名字，就是当时一起工作、后来成为知名作家的谢冰莹为她改的。

工作的同时，王莹进入大学念书，也参加阿英、夏衍等领导的上海艺术剧社的活动，渐渐在舞台崭露头角，与著名演员袁牧之等同台献艺。

夏衍给王莹所著《宝姑》的序文《不能忘却的纪念》回忆，他认识王莹，是1928年大革命失败的低潮时期。"上海挤满了各革命地区被迫出亡的革命青年……其中有不少是女青年，她们还存有剪刀痕迹的短发，睁着稚气的眼睛……散发着随时准备为革命而牺牲的浪漫气息，这正是五四运动狂飙时期培养出来的新女性的典型。"

夏衍把那一代新女性的特征抓得很准。通常，女人相对缺乏政治热情和政治敏感，但五四前后的社会变革，因为直接牵涉到妇女命运的转折——历代女人被动无奈甚至含冤忍悲的抑郁处境渐渐松动，幸运者获得受教育的机会，成为职业女性，经济独立，婚姻自主……那些天资聪颖、性情活泛又有叛逆基因的女子，最早捕捉到这股清新空气。她们跃入革命旋涡，既有除旧布新的激情，还多一层改变自己及女性命运的切身动力，更不乏青春期的浪漫。而浪漫的最极致体现，就是狂飙突进的革命与自由炽烈的爱情交织缠绕。

所以，很多革命女青年心里，敷设了一条感情的主线或副线，她们起初往往是追随男性革命者投身时代洪流的。王莹入党，阿英是介绍人之一；再早些的秋瑾，印象中豪气凛然，她那些飘逸、刚猛的姿态背后，却原来也暗含着对徐锡麟的无限柔情；蓝苹的入党介绍人，则是在青岛时与她同居的俞启威（黄敬），后者担任过地下党青岛市委宣传部长，1949年后任天津市委书记、一机部部长。起初，革命女青年蓝苹或许也不乏真诚，只不过，她早年在底层辗转挣扎的阴影太过浓厚，天性又欠缺宽容良善，性格中阴鸷、乖戾的侧面，逐渐被环境和膨胀的权力激活了，遂至为所欲为。

卸去五彩外衣

随着左翼力量在戏剧和电影界的渗透，王莹参演了众多影、剧，表演天赋得以充分施展，有人甚至撰文说，去上海看话剧而未看王莹演的戏，是平生一件憾事。她1932年开始拍电影，主演过《女性的呐喊》《铁板红泪录》《同仇》等影片。

王莹的书卷气，与电影界的浮艳绮靡，格格不入。她曾经回忆，自己走过很多崎岖惊险之路,但最艰难最不愿回顾的,还是在上海做电影明星那一段。女明星常有难以回绝的应酬,权势和财富编织的罗网则或明或暗地迎候着她们。王莹有自己的应对风格,她曾经布衣素颜,赴某要人盛情相邀、难以推托的舞会,软软地将了对方一军。

曾有报纸以《明星脸孔!尼姑态度!》为题讥讽王莹,还有漫画干脆将她画成戴佛珠、敲木鱼的尼姑。然而,她以大学生入行的身份和浓郁的书卷气,也深得知识阶层观众的喜爱。当时《大晚报》刊出谢钊的《论王莹型》点评道:早期观众喜欢杨耐梅型的艳星;后来,她们要求明星不仅要漂亮,还要会表演,遂有阮玲玉、胡蝶型;随着知识分子观众增多,他们对女明星有了更高期待,"要有现代性的姿容、健全的身体、明朗的性格,能够理解文学和戏剧的素养和聪明,以及可以使观众感到亲密的品行上的节制"。而堪当此重任的,谢钊认为唯有王莹。

1934年,好友艾霞自杀,王莹发表了《没有和艾霞说最后的一句话》和《卸除了一件五色的外衣》。她说,自己与艾霞"同是被生活扔到了这黑暗的电影圈","我,怕了这熟圈子,熟圈子!换了一颗奋然而且坚苦的决心,奔到那遥远的天涯去投陌生,我要抖一抖衣襟,抖去那无由的爱憎"。她很快去往日本东京帝国大学留学,清贫、单纯的学生生活,反而很合心意。

次年,王莹应邀回国,出任影片《自由神》主角,蓝苹为配角。她俩有一张合影,高出王莹半个头的蓝苹,双手从背后搭着她的肩膀,两人看似很亲密。王莹显得沉静安稳,而蓝苹似乎多一丝热切兴奋。

王莹很早就显露了写作才华,20世纪30年代初开始在施蛰存主编的《现代》月刊发表散文,她与陈波儿、艾霞被公认为电影圈的才女,被誉为"文艺明星""电影作家"。夏衍夸她"耽于阅读,好学深思,文思敏捷"。

抗战爆发后,王莹与洪深、金山等参加上海救亡演剧队,深入苏、皖、豫、鄂、赣等15个省区,演出《放下你的鞭子》等抗日救亡剧目。此后,她又与金山等赴香港和南洋演出，为抗战募集资金。郁达夫的妻子王映霞20世纪20年代末在上海初识王莹，只觉得她脸上满是天真活泼。后来两人在中国武汉、新加坡都曾见面，王映霞说自己见过不少女人，"却从来没有感觉到有谁完备得像王莹那样才智与丰神"。

金山与王莹有过恋情。他失恋后，1942年与张瑞芳因同演郭沫若话剧《屈原》而相知并结婚。50年代初，他与话剧导演孙维世结婚。

王莹与谢和庚（1912—2006）相爱，曾在重庆引起轩然大波。谢和庚的中共党员身份，仅有周恩来、董必武、邓颖超等数人知晓；他因为工作原因也暂时不能与元配离婚。王莹曾经是人们眼里"洁白的女星"，如今却有匿名信骂她"甘当军阀走狗的侍妾"。真是百口莫辩。

1942年，王莹与谢和庚分别以海外视察员和芝加哥总领事馆学习员的身份，赴美留学，他们也承担了周恩来交付的统战任务。谢和庚当过吉鸿昌将军秘书、白崇禧机要秘书、军事委员会秘书、第五战区司令长官李宗仁秘书等八任秘书。出国前他戏称自己是"九秘"，这最后一任，便是王莹的私人秘书。

王莹相继进入耶鲁大学等校学习，他俩与美国作家、诺贝尔文学奖获得者赛珍珠交往密切，王莹应邀在白宫演出《放下你的鞭子》等剧与中国歌曲，就是赛珍珠为她担任主持人。赛珍珠鼓励她将自己不寻常的经历写出来，王莹1946年开始写作自传体长篇小说《宝姑》，四易其稿，此后又与浦爱德合译为英文。该书叙故乡风物人物，写童年的欢悦安宁、少年的凄苦愁惨，笔触细腻。

1950年2月，谢和庚终于得到姐姐从国内寄来的离婚判决书，这一天他俩等得太久了，赶紧结婚。

王莹夫妇1955年回国，她被分配在北京电影制片厂任编剧。1958年初，谢和庚成为右派，曾被送到北大荒劳动一年多。王莹写给他的诗说："平生最爱是'九秘'，万苦滴甘也相从。"人生滑向低谷，最易品尝世态炎凉，她移居香山狼见沟，在僻静的农舍一边养病一边写作长篇小说《两种美国人》。可惜，这本书和《宝姑》都直到她去世后才出版。

20世纪60年代，王莹夫妇以美国特务等罪名入狱，王莹被迫害至瘫痪、失语，1974年冤死狱中。30年代熟悉蓝苹也即江青的上海影人，后来多数难逃一劫，更何况跟她有过节的王莹？

从童养媳到影星、作家，王莹的一生跨度相当大。芜湖婆家的窒息、钳制，她小小年纪就有逃离的勇气和决断；上海电影圈的浮华、虚荣，多少人顺势沉溺或乐在其中，她却能以疏离、清醒的姿势，轻轻卸去"五色的外衣"。有的女人更像藤蔓，袅娜柔软，"随物赋形"。王莹无疑是一棵树，天性、求知欲和教养赋予她密实的质地，她以自己乐意的方式直立，身姿舒展，清爽明丽。

赵清阁：清流笛韵 翠阁花香

"'清流笛韵微添醉,翠阁花香勤著书。'这是赵清阁47岁生日时,老舍为她贺寿而题赠的一副嵌名联,她一直挂在客厅。"

赵清阁(1914—1999),河南信阳人,曾就读于开封河南艺术高中、上海美术专科学校。16岁开始给报刊投稿,后成为上海《女子月刊》撰稿人、天一电影公司编辑与编剧。1938年至武汉,编辑宣传抗战的文艺刊物《弹花》。后至重庆,与老舍合作了《桃李春风》等剧本。50年代起在上海戏剧专科学校、上海社科院任职。

赵清阁既是著名作家、编辑,也是画家,其山水画清朗疏淡。著有小说集《落叶》、长篇小说《双宿双飞》、话剧剧本《生死恋》《清风明月》《花木兰》《雨打梨花》等。

"清流笛韵微添醉,翠阁花香勤著书。"这是赵清阁47岁生日时,老舍(1899—1966)为她贺寿而题赠的一副嵌名联,她一直挂在客厅。客厅里另外还有老舍的手迹,包括1960年赵清阁46岁生日,老舍手书自己1942年前后写于重庆的旧体诗赠她:

杜鹃峰下杜鹃啼,碧水东流月向西。
莫道花残春寂寞,隔宵新笋与檐齐。

赵清阁的名字被提到时,往往与老舍连在一起——在抗战时期的重庆文化界,很多朋友知道他俩有过一段不寻常的感情。其实,作为民国时活跃的女作家,赵清阁本人也非常值得言说。她著述很多,有小说、散文、话剧和电影剧本、诗歌与评论,主编过《女子月刊》《弹花》等颇具影响力的杂志和丛书,她同时也是画家。其主要作品有《落叶》《向阳花开》《桥》《花木兰》《江上烟》《桃花扇》《行云散记》《模特儿》《血债》《双宿双飞》《月上柳梢》《几番风雨》《蝶恋花》《女儿春》《自由天地》等。

赵清阁生于河南信阳,5岁丧母,寄居在中过进士的舅舅家。她在信阳女师附小念书时已接触新文艺,蒋光慈的夫人宋若瑜是她的启蒙人。1929年,父亲与继母开始商量她的婚事,她不甘被包办婚姻约束,逃到开封求学,考入河南艺术高中，16岁时第一次向开封《民报》投稿即获发表。此后在小学教书，到河南大学旁听，在河南《民国日报》当编辑，经常给报刊写稿。1933年，赵清阁考入上海美术专科学校，成为上海《女子月刊》的重要撰稿人，并在天一电影公司做编辑、编剧。

1937年底，赵清阁抵达武汉，与老舍在此相识。日军侵入山东后，老舍抛妻别子，1937年11月从济南只身奔赴武汉。1938年春，中华全国文艺界抗敌协会在汉口成立，老舍被推举为常务理事与总务部主任，赵清阁等被聘请为"文协"组织部干事，这年她24岁。

赵清阁在武汉为出版宣传抗战的文艺刊物《弹花》（意为"抗战的子弹，开出胜利之花"）多方奔走，万般艰辛，为的是抗战前方的将士们读到杂志后，"使他们在火线上还能得到些后方同胞从文字上所表现的鼓励和慰劳，这对于他们是精神上的食粮"（赵清阁《汉川行》）。她请到许多著名作家为《弹花》写稿，老舍是其中最重要的撰稿人。在为赵清阁《凤》写的序里，老舍由衷赞扬她独自办刊物的勤苦勇敢，为抗战尽力的诚恳忘我，以及对文艺的痴迷。曾与她两度同事的作家胡绍轩回忆：

（她）穿着京沪一带流行的时髦短装，短头发，态度潇洒，落落大方，健谈。她给我的第一个印象是：有男性的健美，又有女性的温柔……赵在国共两党之间能够做到"左右逢源"，而且还能赢得第三者（无党派人士）的青睐，这是不简单的。抗战初期，赵清阁确实是一位能说会写，又善于交际的人物。

1938年夏，赵清阁、老舍等相继离开武汉赴重庆，鉴于赵清阁在话剧创作上的经验，老舍请赵清阁和萧亦五参加《王老虎》的改编。成功合作后，老舍又邀赵清阁合作《桃李春风》。此剧与曹禺的《蜕变》、于伶的《杏花春雨江南》俱获国民政府教育部奖励,《桃李春风》获得最高奖金二万元。

赵清阁与老舍在重庆北碚曾毗邻而居。1943年秋,分离数年的胡絜青携子女由北平辗转抵渝,但直到20天后,他们方到北碚与老舍团聚,赵清阁则搬离北碚。这20天里,几个当事人该有多么艰难、煎熬,至少一日长于一年吧?那些焦虑、愁郁、委屈、矛盾,想都想得出来。梁实秋回忆:"那时候他(老舍)的夫人已自北平赶来四川,但是他的生活更陷于苦闷。"梁实秋是知情人,说得欲言又止。

处境尴尬的赵清阁难遣伤怀,冰心建议她转移注意力,去改编话剧《红楼梦》,她因此成为把《红楼梦》改编为话剧的第一人。1946年,老舍与曹禺应邀赴美访问、讲学,赵清阁在上海送别老舍。在她主编的《文潮》上,不断有关于老舍的简讯:他抵达纽约,他在华盛顿大学的讲演极受欢迎,他与曹禺参观好莱坞,他在费城演讲,在哈佛参观……虽有大洋阻隔,但老舍的行踪她都了如指掌。1947年11月,《文潮》还重新发表了老舍往日描写北碚生活的几首旧体诗《村居》《中年》《端午》。接下来,赵清阁将老舍的长篇小说《离婚》改编为电影文学剧本发表,该剧已确定了张骏祥、白杨等主创人员,可惜因时局关系未能拍摄。

据赵清阁和老舍共同的好友赵家璧讲述,老舍去美国安顿下来后,曾有意将赵清阁也接去。新中国成立前夕,周恩来指示阳翰笙请老舍回国。由谁给老舍写信呢?阳翰笙找到了最合适的人选,赵清阁。当时,曹禺也曾给老舍写信敦请他回国。1949年底老舍回国,次年春,胡絜青带着孩子由北碚返京,阖家团聚。据学者们分析,当时各方面的条件,似乎都不适宜老舍与赵清阁重续前缘,老舍的一举一动,牵扯都宽。如果大作家一回国就发生婚变,显然对新中国的声誉,有负面影响。

手边有一本赵清阁1954年根据川剧《柳荫记》和越剧等改写的小说《梁山伯与祝英台》,这是奉命之作,看得出她下笔的小心谨慎,有旧文人渴望汇入新社会的热切与忐忑。梁祝的离散，是当事人被环境所困、感情虽至浓至深却不能如愿以偿的悲剧。写到"断肠人送断肠人"时，赵清阁定会加倍黯然吧？新中国成立后，赵清阁在上海戏剧专科学校等任职，她后来曾被扣上"反动文人""国防戏剧的追随者"等帽子，遭遇迫害，曾偏瘫数年，九死一生。1979年被调至上海社会科学院。

赵清阁眉宇清朗，杜宣赞美她"高标动人"，许广平说她"学生气很浓，缄默文静"。赵景深的《文坛忆旧》则说，"她的性格带有北方的豪爽……兼又揉和了南方的温馨"。赵清阁还有豪纵善饮的一面，1940年与郭沫若、田汉等同游缙云山，郭沫若即兴为她写过一首五绝：

豪气千盅酒，锦心一《弹花》。
缙云存古寺，曾与共甘茶。

田汉也"援笔立就"夸赞她：

从来燕赵多奇女，清阁翩翩似健男。
侧帽更无脂粉气，倾杯能作甲兵谈。
岂因泉水知寒暖，不待山茶辨苦甘。
敢向嘉陵寻画料，《弹花》如雨大河南。

郭沫若还为赵清阁画的一帧白描仕女图题诗：

帝子依稀泪却无，女儿偏爱在诗书。
闲来偶傍幽篁坐，一片清新入画图。
果然有笔可生花，桃李春风是一家。

借问东皇能醉否？天涯底事泛流霞。

赵清阁与阳翰笙、茅盾、郭沫若、冰心、凤子、齐白石、刘海粟、傅抱石等师友交往都深，她写有不少追忆文章，留下诸多有价值的史料。《新文学史料》的主编牛汉曾恳切地请求她"追念一些交往有深度的大家，不仅是从个人情感应写，主要是为文学史提供真挚的血肉的文字，或者先写好，俟适当时期再发表"。他所谓"交往有深度的大家"当然特指老舍。

赵清阁有时一定也有向朋友讲述的欲望，无奈心事沉重却不便张扬，所以欲语还休。牛汉回忆，"……赵清阁向我展示老舍1948年从美国写给她的一封信（原件）：我在马尼拉（老舍研究专家史承钧也听赵清阁谈到这封信，他记得是新加坡）买好房子，为了重逢，我们到那儿定居吧"。这类很私密的尺牍，当然更宜于小心珍藏。赵清阁编选的《沧海往事：中国现代著名作家书信集锦》，收录了老舍20世纪五六十年代写给她的四折短札，多数谈工作与健康状况，内容都比较风清云朗。其一写于1955年4月25日她生日前，老舍说她"你总是为别人想，连通信的一点权益也愿牺牲。这就是你，自己甘于吃亏，绝不拖拉别人！"他称她"珊"，自署"克"，那是赵清阁根据勃朗特《呼啸山庄》改编的话剧《此恨绵绵》中主角安苡珊和安克夫的简称，从前她与老舍通信时常以此称呼。赵清阁最初抄录原信供出版时，特意将抬头称谓和信末署名改成了"清弟"和"舍"。另外三封信，老舍也是浓密细致地嘘寒问暖，殷切之意，透出字里行间。

1963年4月，老舍至广州开会后来到上海，这是他们相见的最后一面。赵清阁核定的《赵清阁文艺生涯年谱》记载："……老舍留三日即返京，从此永诀。"

洪深的女儿洪钤在《梧桐细雨清风去》里说：50年代，因为政治、经济、感情的诸多压力，赵清阁一度闭门谢客，纵酒狂饮，身体因此受损。赵后来忆起那一段说:"那个时候,我以为自己会疯,但还算好,没有出事。"

赵清阁1947年的小说《落叶无限愁》写一位有家室的教授,与未婚年轻女画家浓烈、无奈的感情纠葛。她曾跟洪钤谈起,说故事和人物都有迹可循。赵清阁特别让洪钤注意小说中的一句话:"中年人的感情,本质是世故的。"

傅光明所著《书信世界里的赵清阁与老舍》里,有韩秀(赵清阁是韩秀外婆的远房侄女)的一段回忆:"从我记事的时候起,我的生活中就有'舒公公'这样一个人,他来我家,外婆客气地称呼他舒先生,有大事发生的时候则直接叫他舒庆春。""1959年,上海电影制片厂逼迫清阁姨写一部歌颂三面红旗的剧本,不写就要停工资。停工资,清阁姨只能饿死。"韩秀将信送到老舍家,浇花的时候悄悄递给他,他跟胡絜青说韩秀的外婆病了,要去探病。路过储蓄所,老舍进去取出800元人民币。在韩秀的印象中,老舍"永远没钱,我们两人在胡同口儿吃炒肝,我掏出来的蹦子儿都比他多。他总是很羞愧,于是送我许多好玩的东西"。韩秀问老舍钱从何来,他说是悄悄存起来的一笔稿费。老舍请韩秀将钱寄到上海,"外婆那天直呼他的名字,并且说,你骗了清阁,让她以为她能够有一个归宿,要不然她早就走了,也不会吃这些苦头。"韩秀说,自己早就知道,清阁姨是为了舒先生才留在大陆的,"舒先生无语,面容哀戚"。

赵清阁20世纪80年代告诉韩秀,当年造反派拿老舍的死讯来消遣她,她才知道这一噩耗。从此以后每月每天,她晨昏一炷香纪念他。董桥的《想起老舍》颇能理解老舍万般无奈的处境:"老舍先生满心是传统读书人的怯懦,卷进两难的深谷中,他一边忍受那份缺陷一边祈盼一份圆满,最终注定的是缺陷越陷越残缺,圆满越盼越难圆。"

赵清阁晚年在给韩秀的信里,感慨自己"苦难坎坷一生"。1949年以后,文坛对她的压制贬抑,让她心结难纾;她终身未婚,情感的落寞委屈,则不言而喻。

女人用情，往往太深太专，心无旁骛至"一意孤行"。去世之前，赵清阁烧掉了老舍给她的数十封书信。也罢，风住尘香花已尽，物是人非事事休。往事窖藏在心，最宜独斟自品，其中冷暖、浓淡、甘苦、爱怨，唯有本人最能会意。旁人的言说，无论态度多么庄重，语调多么惋惜，终究都是隔靴搔痒。

潘素：山明水秀写淡远

"潘素自己讲述：'几十年来，时无冬夏，处无南北，总是手不离笔，案不空纸，不知疲倦，终日沉浸在写生创作之中。'"

▲1937年潘素在上海

　　潘素（1915—1992），苏州人，1935年与著名收藏家张伯驹结婚后，跟随名家学画学文，40年代开始在画坛崭露头角，其青绿山水、雪景山水最为知名，多次举办画展。张伯驹耗尽家财，收藏名画名帖献给国家，潘素与他同心协力，还变卖首饰相助。

一对慷慨的藏宝人

潘素年轻时的照片,看到的不多。但仅仅是她1937年摄于上海的那一帧,窈窕端凝,已经令人称奇。董桥《永远的潘慧素》说得特别婉转妥帖:

(潘素)亭亭然玉立在一瓶寒梅旁边,长长的黑旗袍和长长的耳坠子衬出温柔的民国风韵,流苏帐暖,春光宛转……几乎听得到她细声说着带点吴音的北京话。后来看到一帧八十年代的留影,潘素头发剪短了,一脸的刚毅深深藏着红色中国的几番风霜:"断碣模糊,不堪问年!"

据任凤霞著《一代名士张伯驹》讲述,潘素出生于世家,先辈潘世恩是前清状元,到父亲潘智合时,家道已经中落。7岁时,母亲为她请来先生教授诗文、绘画和琵琶,她还曾跟随管平湖学习古琴,精于音律。母亲病逝后,潘素13岁就被继母推入欢场卖艺。

张伯驹(1898—1982)比潘素年长17岁,

▲20世纪40年代初的潘素

潘素:山明水秀写淡远

▲张伯驹

两人一见倾心,但经历过一番惊险,才得以携她脱离险境。1935年开始,张伯驹为潘素请来名画家朱德甫、汪孟舒等授画,她同时拜著名学者夏仁虎(林海音的公公)为师,学习古文。

张伯驹的儿子张柳溪讲述:张伯驹十五六岁时奉父母之命,与李氏夫人结婚,李氏的父亲当过安徽督军,张伯驹与她感情淡薄,她去世于1939年。张伯驹在北京曾纳京韵大鼓名家邓韵绮,这名字是他取的。邓出身贫寒,不算美人,也不圆滑,但交际应酬、料理家务都颇能干。李、邓两位夫人都无生育,经人介绍,张伯驹再娶王韵缃(也是他取的名),即张柳溪的生母。她生于柴门小户,但性格温厚,张伯驹的父母很倚重孝顺而生有独孙子的王韵缃,让她管家。

父亲张镇芳当过直隶总督、盐业银行总经理。张伯驹年纪轻轻就担任了盐业银行董事兼总稽核,但兴趣却只在诗词书画、音乐戏曲。世人最钦佩仰慕的,是他倾半生心血,收藏传世书画,使之不至于流落国外。收藏中的曲折艰难,其实一言难尽。张伯驹虽然承继了丰厚产业,但他经手的,好些是国之重珍,售价不菲。为了筹措巨资,他有时也不免一筹莫展,甚至借贷典当。隋代展子虔《游春图》是中国存世最早的山水画卷,当时险些跟另一批珍品一样,被古董商人售往国外。张伯驹曾建议故宫博物院收购,但院方经费不足。为了留下此画,张伯驹忍痛将弓弦胡同占地十多亩的精美宅院(原为李莲英旧墅),以2万1千美元售予北平辅仁大学。这笔巨款,再加上潘素卖掉珠宝首饰的20两黄金,使得《游春图》终于安然无恙。张伯驹如释重负,他后来很庆幸地写道:"然不如此,则此鲁殿仅存之国珍,已不在国内矣！"

西晋陆机的《平复帖》已辗转世间1700多年，为我国现存最早的书法墨迹，比王羲之的手迹还早七八十年，被收藏界尊为"中华第一帖"。当时，张伯驹听说唐代韩干的名画《照夜白》已被古董商卖到英国，他担心《平复帖》也流出国外。经多方努力，1937年末，张伯驹终于以4万元购得此帖，他高兴地将北平寓所命名为平复堂。

张伯驹在30岁到60岁的盛年，痴心收藏了数百件文物精品，挥金如土，耗尽家财。他的《丛碧书画录》序说：

人生若转烛，世事如浮云。惟不可磨灭泯没以与宇宙并寿者，厥为性灵耳。书画皆古人性灵之所托，况乎吾族文化居世界之先位，真可睥睨万国耶！

这些古人性灵之精萃，被他爱至骨髓，往往未到手时寝食难安，获得后摩挲赏玩。但他的终极目的，并非满足占有欲，或以此牟取高利——"予所收蓄，不必终予身，为予有，但使永存吾土，世传有绪，则是予所愿也！"

收藏家王世襄为研究古代书画沿革，有观摩《平复帖》之心，却不便贸然开口，因为太名贵了。原只盼能在张家觑两眼，张伯驹却慷慨地让他携回家去，细看一个多月。1941年，张伯驹被汪精卫伪军一师长绑架，虽身历险境、命悬一线，仍坚持不以国宝换命。潘素变卖首饰、多方筹款，加上朋友们资助，历经八个月煎熬，张伯驹总算平安归来。

1952年，张伯驹夫妇将展子虔《游春图》和唐寅画作等献给国家；1956年，他们又将自己用身家性命换来、苦心珍藏多年的稀世瑰宝——陆机的《平复帖》、杜牧的《张好好诗》、范仲淹的《道服赞》、蔡襄的自书诗册、黄庭坚的草书卷等八件古代字画极品，无偿捐献。它们至今仍是北京故宫博物院的镇院之宝。

捐献国宝后不到一年，张伯驹成为"右派"。从前车马喧阗的张府，顿时门庭冷落。1961年，在陈毅的过问下，吉林省邀请张伯驹夫妇到长春工作，张伯驹就任吉林省博物馆第一副馆长，潘素任教于吉林省艺术专科学校美术系。

女画家神韵高古

说来说去，好像都是张伯驹的事迹，潘素只是悄无声息跟随在他身后的女人？其实不然。潘素是著名青绿山水画家，她拜师学画学文后，又与张伯驹一起饱览名山大川，更有家中无数珍藏熏染，画艺遂日益精进，20世纪40年代已崭露头角。潘素自己讲述："几十年来，时无冬夏，处无南北，总是手不离笔，案不空纸，不知疲倦，终日沉浸在写生创作之中。"其画幅曾被作为礼品送给撒切尔夫人、布什总统等。张大千夸她的画"神韵高古，直逼唐人"。

对张伯驹挥金收藏文物的"败家"行为，不少亲属是不理解甚至反对的，但潘素不仅由衷赞赏，还变卖珠宝首饰助力。潘素与张伯驹结婚，自己带着珠宝细软等丰厚嫁妆。据任凤霞的《慧心百年　素韵流芳》一文记载，张伯驹曾在1950年10月回忆：自潘素嫁给自己以后，"我未曾给她一文钱"。"卢沟桥事变，我的家境已经中落。到民国三十年，我又突然遭到汪精卫伪军的绑架，这时奉养我的生母、营救我的都是潘素一人，任其劳，借款卖物把我救回。为我保存国家文物购买书画大部分都是潘素未嫁我以前的财务。例如，我为保存展子虔《游春图》免落投机商人手中贩卖国外，也是潘素卖出首饰贴补，始得了我心愿。"

张伯驹是名士风流大不拘，为了心爱的书画，不惜千金散尽。家产渐薄，潘素不得不面对千头万绪的日常开支。到后期经济困顿时，更要操心柴米油盐。

北平沦陷后，为避免珍稀书画落入敌手，潘素小心翼翼将《平复帖》等缝进被褥和棉衣中。他们随身携带，辗转抵达西安，"虽经乱离跋涉，未尝去身"。新中国成立后的几次倾囊捐赠，当然也是潘素与张伯驹共同的意愿。

20世纪六七十年代，他们这对"旧人"迭遭冲击。张伯驹夫妇在1971年底写给陈毅的信里，述说过动乱年代的颠沛、受苦："日日游斗，不能一刻休暇"；张伯驹以一阕《金缕曲》获罪，作为"现行反革命"被关押八个月。后来，两人被强令退职，遣散到无亲无故的舒兰县农村，"躬耕陇亩，力尽精疲，相濡以沫。尚幸好人仍在，私相关照，得以偷生。冬日到来，赐返京师，疗治体病"。

北京后海南沿一座普通四合院，是张伯驹最后的住所。但他们回到北京，四合院已成大杂院，两人只有一间不足十平米的小屋存身。"不想，又遇市井小人，恶言相向，立目横眉，未可一世。威风凛凛，詈言咄咄，教人实难苟活。"而且，没有户口，就无粮票。没有单位，就无收入。家里能拿走的东西，早就被抄尽，有一年多，他俩全靠亲戚朋友接济。

潘素有她为人处世的端正周全，却也并不是一味的唯唯诺诺，按捺不住时，也有率性、泼辣。据《一代名士张伯驹》记载，长春有人贴张伯驹夫妇的大字报，潘素的罪状中，"江南第一美人"竟然也算一条。早已习惯低调的潘素，一反平日的沉默，也针锋相对贴出一张大字报——"江南第一美人是何罪名？"她在其中列举了他们夫妇捐献国宝等爱国之举。章诒和的《君子之交——张伯驹夫妇与我父母交往之叠影》则讲述，退还被抄走的雕花古家具时，有人还问潘素有没有证据。她忍不住反驳道："请你去打听打听,除了张伯驹,谁家还有这样的东西?"她也该任性一回了,压抑了20余年的冤枉、憋屈,换成任何人,都有一腔意难平吧?直到70年代末期,张伯驹夫妇的境遇才完全由阴转晴。

潘素的一生,极尽传奇:从技艺超群的"琵琶女",到两岸知名的女画家;从右派家属,到全国政协委员;从朱门绣户的少奶奶,到蜗居陋室、举债度日的黑人黑户……她经历过的盛衰、荣辱、悲喜、跌宕、转折、惊险——桩桩件件说起来都意味深长。那些山明水媚或山穷水尽的时刻,她的心底起过怎样的波澜?

可惜,没有读到潘素自己的文字。好在,她的画也是诉说。潘素的青绿山水、雪景山水最为知名,后者更具疏淡简远之美。《吴山初雪》《湖山初雪》《万松积雪》等,皆是银装素裹的冬景,但画家或点染数枝红枫,素净中有了几抹浅绛淡红;或安排一叶扁舟、一骑行人,画面顿时动了起来,空明、澄澈,却不觉萧瑟。《溪桥烟霭》《雪山寒林图》等也同样,有风雪有寒意,也有浅淡的暖与俏。

张伯驹与张学良、袁寒云(袁世凯次子)、清室后裔溥侗并称"民国四公子"。与张伯驹交往密切的刘海粟,称张伯驹是"当代文化高原上的一座峻峰"。他说:

丛碧(张伯驹)的可贵还在于:所交前辈多遗老,而自身无酸腐暮气;友人殊多阔公子,而不沾染某些人的纨绔脂粉气;来往不乏名优伶,而无某些人的浮薄梨园习气。四周多古书古画,他仍是个现代人。

周汝昌说张伯驹温文尔雅,没有一丝俗气、富贵气,更没有狂态。王世襄则感慨,张伯驹无论最阔还是最穷的时候,没什么两样。最困难的那三年,也是"不怨天,不尤人,坦然自若,依然故我"。

张伯驹的超逸不俗，潘素恰好能够懂得、欣赏并看重，她也有相似的慧根。所以，张伯驹对这份良缘，有心满意足的庆幸、溢于言表的爱惜。他的词风流蕴藉，冠绝一时，其中有许多是写给潘素的。他们婚后登临峨眉山，他一派欢悦，写下"相携翠袖，万里看山来。云鬓整，凤鬟艳，两眉开，净如揩"。他被绑架后思念潘素，夜不成寐，便赋一阕《梦还家》（自度曲。难中卧病，见桂花一枝，始知深秋，感赋寄慧素）："……凉宵剪烛瑶窗，忆与伊人对语……念故园，在何处？想他两地两心同……昨夜梦里欢娱，恨醒来，却无据。谁知万绪千思，那不眠更苦。又离家渐久还遥，梦也不如不做。"

佳节良辰，或潘素的生日，张伯驹也常赠词潘素。调寄《鹧鸪天》云："……惊浪里，骇波间，鸳鸯莲叶戏田田。年年长愿如今夜，明月随人一样圆。"《水调歌头·元宵日邓尉看梅花》更是深情缱绻：

明月一年好，始见此宵圆。人间不照离别，只是照欢颜。侍婢梅花万树，杯酒五湖千顷，天地敞华宴。主客我与汝，歌啸坐花间。　　当时事，浮云去，尚依然。年少一双璧玉，人望若神仙。经惯桑田沧海，踏遍千山万水，壮采入毫端。白眼看人世，梁孟日随肩。

潘素60岁生日，张伯驹写下《人月圆》，期望年年岁岁共享良辰："清光照到，花灯立处，喜上梅梢……白头百岁，未来还有，四十元宵。"他到西安女儿家，与潘素小别，则寄她《鹊桥仙》："……白头共咏，黛眉重画，柳暗花明有路。两情一命永相怜，从未解，秦朝楚暮。"一腔浓情，40多年不曾消减。

不管有过怎样的流离艰险，潘素与张伯驹相遇并终身相守，是两人的幸运。张伯驹文采风流，诗词、收藏、京剧，样样精湛。难得他俩有共同的迷恋和超逸的灵性，遂悠游于古典文化最精雅的层面，潜心绘画、听曲、抚琴、填词……两人时常合作绘画，或者她写花草，他题诗词。而且，无论春风得意时，还是贫贱困厄处，都不离不弃，相惜相爱，有立身处世的默契，这，无疑是世间难得的福分了。

韩素音：伤残之树叶成荫

"这个遭遇过环境捆绑与伤害的女人，因为性情和才智的锋芒毕露，不折不挠，终究由早年的枯黄转为郁勃，迎来满枝浓绿青翠。"

韩素音（1917—2012），生于河南信阳，成都人，原名周月宾。1933年考入燕京大学，医科预科，1935年进入比利时布鲁塞尔自由大学，1938年返回抗战中的中国，这年10月与唐保黄结婚。1942年与丈夫赴伦敦。1944年开始继续学医，1949年返回香港行医，唐保黄于前一年在东北战场死亡。

1952年，韩素音出版自传体长篇小说《瑰宝》，该书被译为多种语言出版。1964年她关闭诊所，专事写作。后出版系列自传《残花》《凡花》《寂寞》等，将家族历史与百年沧桑融进文字。她的《瑰宝》与另一篇长篇小说《青山青》50年代都曾被好莱坞搬上银幕。她还著有《周恩来传》等书。

情迷布鲁塞尔

韩素音的远祖是广东梅县的一个货郎,在清代早期随湖广填四川的大潮,来到土地肥沃、风调雨顺的成都平原,转而务农。周氏族人在郫县(今成都郫都区)渐渐发家致富,买田置业。他们的后辈以诗书礼易而跻身士大夫阶层。

除了在郫县拥有大量肥沃良田,1795年至1917年,周氏家族的烟草生意,也做得风生水起。他们的"广兴号"在四川各城市都有分号,总店设在成都当年最繁华的东大街。广兴号"以信誉可靠、货色上乘、买卖公平、礼貌周到而著称"。

韩素音的曾祖父周道鸿是举人出身,著名学者,曾在甘肃做官,周家宅邸的很多匾额上,都有他的治家格言;祖父周建渝担任过甘肃灵州知府,中年辞官回成都后,很热心为人治病;祖母洪夫人威严精明,果决能干;父亲周映彤(炜)曾在四川乡试里名列前茅,假如世道不变,他也该遵循祖辈的足迹,通过科举入仕。不过,他生长于一个讲求维新的时代,科举恰好废除了,家中三个兄弟,长子去了日本留学,幼子进了军事学堂,家长想让喜欢研究探索的次子去学习科技。恰逢四川省要选送家世良好、学业优秀的青年到欧洲留学,1903年,周映彤从成都九眼桥登舟启程,赴比利

▲ 韩素音与父亲

时留学,就读于布鲁塞尔大学工程系。

周映彤生于官绅世家,长辈宠爱,亲情浓郁。成都家中深宅大院,雕梁画栋,庭花烂漫。与朋友出游,则是登城墙、眺雪山、吟诗词……他印象里的中国,似乎由锦缎、诗词、字画、青花瓷、美食构成,是一幅长卷里最曼妙的那一段。

1905年,周映彤在比利时邂逅玛格丽特。因为远离故土,回忆更被镀上了明丽之色。所以他关于中国的描述,都是精致、雍容而安闲的;这些动人的画面固然真实,却远非中国的全部。而且,也容易使人误会或者想入非非。比方说,它们恰好契合了少女玛格丽特对神秘东方的想象:她正处于梦幻的青春期,周遭环境凝固沉闷,也感觉不到未来会有什么惊喜,突然觉得自己遇到一位东方王子,义无反顾就迎上去了。欧亚人通婚,在20世纪初还有些惊世骇俗,也难以被亲友祝福。但无论玛格丽特的家人如何强烈反对,旁人也冷眼侧目,他俩都难舍难分。

1913年,玛格丽特抱着甜蜜的愿望,随周映彤来到中国,她已经做好了充分准备,要去爱丈夫的国家。然而,沿途的种种落后、野蛮景象,首先就让周映彤无地自容,觉得自己从前仿佛撒了弥天大谎,此刻桩桩件件都被无情地揭穿,在心爱的人面前不断出丑;玛格丽特则不仅要见识未曾料到的贫穷、动荡、肮脏,更要作为语言不通的异类,体会强烈的陌生和孤独感;而饱受西方列强歧视的中国人,又将他们对白人的不满,倾泻到这个紧张而不随和的"洋婆子"身上。

周映彤夫妇的婚姻,从此有些磕磕绊绊。他俩一生,都为自己曾经奋不顾身的迷狂之情,付出了沉痛代价。玛格丽特的家人觉得她嫁给中国人,有失身份；而周家人虽然尽力礼貌待她，心里却难以释怀：她毕竟是干了那么多坏事的外国人中的一个；而她因为焦虑烦躁，脾气又那么不可理喻。他俩曾经深厚、浓烈的感情，一年年被憋闷、委屈，被有时还捉襟见肘的生活磨蚀。尤其是，这个兵荒马乱的、在玛格丽特口中像"地狱一样"的国家，令她陆续失去了几个孩子。她将所有失意失落、愤懑绝望，包括美貌消褪、衰老憔悴，都归咎于既爱也恨的丈夫。玛格丽特来到中国不久，就吵嚷着要回比利时，但直到1950年她才真正离开。

从此心有所依

韩素音原名周月宾，1917年生于河南信阳。她和兄妹都承受了父母不寻常婚姻带来的复杂、酸涩后果。父亲工作中的好些年，都在铁路沿线闭塞而不发达的小地方，环境贫瘠，生活枯燥，他工作勤勉，工资却比外籍工程师们低一大截。韩素音的哥哥海澜因为是混血儿，冷漠的法国医生不予救治，不幸夭折。

母亲将丧子的痛苦转而泼洒给韩素音，她嫌大女儿相貌难看、性格倔强，不像妹妹蒂莎，既甜美、温顺、漂亮，还长着一张纯粹欧洲人的脸。母亲总是厌弃地说韩素音："你必须努力学习，在学校里得第一名。你结不了婚，你太丑了……如果有人因为你聪明能干而愿意同你结婚，就算你走运。可是男人不喜欢聪明的女人。"

父亲工作很忙，母亲厚此薄彼。尽管成绩优异，韩素音却日复一日被漠视、打击，这使得她在童年、少年时代越发强悍不驯、好斗易怒，青春期也乖戾烦躁，情绪七翘八拱。很多年后她才知道，她的"丑"只存在于妈妈眼中，而且，她"有一种体格和相貌的永恒的美超过她的两个妹妹"。

1921年，全家人随父亲迁到北京。1935年，韩素音获得比利时庚子赔款转成的奖学金，赴比利时学医。后来又靠英国文化委员会的助学金，在英国留学。

韩素音兄妹成长的民国初年，东西方之间还横亘着巨大鸿沟，种族之间的隔膜、歧视无所不在。欧亚混血儿的生长，尤其伴随着凄惶与漂浮感。他们的外貌不中不西，到哪里皆"非我族类"，有时在父亲和母亲的族群与文化里，都难以找到归属和认同。因为不是"纯种"欧洲人，混血儿在当时中国的外资公司，升迁和薪水都受到限制。作为异类被排斥、隔绝、蔑视的处境，使得当年不少混血儿有这样或那样的性格阴影：神经质，敏感焦虑，交往障碍……

韩素音很幸运，她天性勇猛，体格强健，求知欲旺盛，有充足的能量从"血统不纯"与母亲施加的双重束缚中破茧而出。更难得的是，父亲和三叔牵引她走近周氏家族，从仪式和情感上同时进入古典雅致、根深蒂固的大家族，使这个比利时人与中国人的混血女儿，在兴致勃勃的寻根之旅中，将根须深扎进成都平原的滋润沃土，完成血脉、文化和亲情的层层皈依。

韩素音抗战初期和丈夫居于重庆，她非常庆幸自己1939年初回到成都老家过春节，并在此后几年多次回家长住。三叔交给韩素音祖坟碑文上的拓片，她通过那些已经衰朽的纸片，去了解历代祖辈的履迹与荣光。成都1902年有了第一家照相馆，周家长辈都开通地照了相。将照片跟碑文参照，韩素音得以更真切地复原曾祖父等人的音容笑貌。

在一次家宴结束时，三叔宣布，他按照周氏宗谱的排列顺序，给侄女找到了准确的辈分名字，将她列入家谱。韩素音成为周光瑚——"光"字辈的三姑娘，枝繁叶茂的周氏家谱的一员。当然，她早已被带去拜了祖先，祖先牌位在羊市街三叔家的祠堂里，祠堂前的院子花木繁盛。

那个春节令人陶醉，梅花开满庭院，花香、茶香与笑声交织，韩素音跟大家族聚在一起——回郫县祖屋祭扫祖坟,在延续久远、庄重缓慢的程序里,行礼如仪;大家一起守岁、聊天,听三叔长篇大论地讲家族往事、人伦传统、处世之道,温顺地跟在三婶后面走亲戚,给无数长辈磕头、鞠躬;与一大群堂、表兄弟姐妹玩耍,逛武侯祠、草堂寺,品美食;她能够吃辛辣的川菜,耐心地学会了中国式复杂的亲属称谓……这种洋溢着浓郁温情,又在某种程度上抑制个性的古典宗族制度,在当时真是给惶惑、飘零的韩素音,慷慨而充足地浇灌了亲缘和族群的养分。她找到归属感,觉得自己的根就扎在这里。

虽然周氏家族成员众多,有时也难免有摩擦、不快,但所有人对韩素音都特别关爱。她后来发现,自己"从那时开始形成的对家里人深切的、也许是明确的爱,无论是时间还是革命都无法磨灭或摧毁"。她也渴望收敛起自己冲动急躁的个性,暂时泯灭自我,享受跟大家庭融合在一起的优哉游哉、安逸安全。

韩素音的三叔周见三(焯)毕业于四川陆军速成学堂,担任过四川省政府主席、国民革命军陆军上将刘湘的副官长,为刘湘管理财政事务多年,后来离开军界,抗战时是四川美丰银行董事长。三叔有金融家审时度势、随机应变的精明灵活,也有老派绅士墨守传统礼俗、谨遵伦理秩序的专注固执,同时充满东方式的古老智慧,洞悉世道人心,顺应天地自然。三叔还是乡土的虔诚热爱者,四川的阳光、山水、物产、方言,他觉得样样皆好,比任何地方都好。

距离华西协和大学不远的小天竺街,有一幢朴素的两层木楼,成都式的青灰色瓦屋顶,中间一个院落。美国传教士、医生玛利安·曼利开办的助产士学校兼小型妇产科医院,就设在此处。来自四川各地的学员,在此接受三年培训后,成为合格的助产士,她们大多会到小城市开办诊所。进入这所学校,到各种各样的产妇家里接生,使韩素音暂时摆脱了在重庆当家庭主妇的沉闷与婚姻的愁烦，也更宽泛地接触到周家之外、成都不同阶层的生活——从有几房姨太太的军阀，到茅檐摇晃、衣不蔽体的穷家小户，了解到妇女受制于旧俗、难以自主的窘迫处境。

玛利安也是一位作家，她有一些中国题材的短篇小说刊登在美国的杂志上。韩素音从欧洲辗转回国的经历，尤其是她从香港经武汉、衡山、桂林到重庆，穿越南方内陆省份的见闻和观感，让玛利安认定极富价值，很契合欧美人了解战时中国的急迫心情。她俩合作完成了《目的地重庆》——韩素音写作初稿，玛利安修改润色。该书1942年在美国、英国出版，这是韩素音的处女作，她的写作，从一开始就在情感和内容上，跟中国紧密粘连。

1941年秋，韩素音收养了一个一岁半的幼儿，孩子生于农历正月初三，梅花盛开蓉城的日子，丈夫唐保黄后来给养女取了个富于诗意的名字蓉梅——成都的梅花。当旁人都为这个生于贫困、被卖过几次的病弱女孩得到美好归宿而庆幸时，韩素音自己却深感幸运："如果我不是小天竺街的一名助产士，我的生活中就不会有蓉梅。"蓉梅是她唯一的孩子，也激活了她的母性："我无法想象我的生活可以没有她。"

神经分裂式的婚姻

为了减轻父母的经济负担，韩素音不到15岁就进入北京协和医学院当打字员、秘书，她还兼了两份职，慢慢攒钱，同时请老师补习中文和自然科学等学科，为将来念大学做各种准备——她的理想是成为医生。

1933年，韩素音考入燕京大学医科预科学习。按原计划，三年预科毕业后，她将进入协和医学院念五年本科。1935年，她进入比利时布鲁塞尔自由大学，这是当时欧洲学术思想最自由的大学之一。

1938年7月，成绩拔尖的韩素音已经在布鲁塞尔自由大学的医学院念完三年级，却突然脱离自己日渐靠拢的目标，离开慈爱的外祖父和未婚夫路易斯（他本是比利时一位前途光明的律师，后来成为英国皇家空军飞行员，"二战"末期牺牲），返回战火焚烧的中国。所有人都认为她疯了。

在归国海轮上，韩素音邂逅从英国桑赫斯特皇家军事学院毕业的唐保黄（1907—1947）。他英俊挺拔，怀抱炽烈的爱国理想、报国激情，令他更显得高尚不凡，在她眼里甚至很像中国的化身。他俩相互吸引，船抵香港便订婚了，1938年10月在武汉结婚。跟随唐保黄进入他的亲朋圈子，让一直孤独、倔强地游离于人群之外的韩素音，不再感到闭塞孤单；嫁给一个纯正的中国人，也让她觉得自己被一个团体接纳，被中国承认。这种油然而生的安全感，一度抚平了她长期以来动荡不安的情绪。

这桩被爱国主义、感激之心、一见钟情捏拢的婚姻，有过短暂或间歇的幸福、欢乐，但更持久的却是失望、痛楚和折磨。韩素音与唐保黄从曾经强烈吸引，逐渐爱恨交织，到后来恨意难消。她说，"叙述再准确也说不清我们的爱在何处消失，转换成仇恨"。他们的七年婚姻，被韩素音归纳为"神经分裂式的家庭生活"。

唐保黄出身望族，毕业于黄埔军校，充满对领袖、校长蒋介石的狂热崇拜和青云直上的渴望。韩素音觉得他性格矛盾：既潇洒迷人，又刚愎自用；时而和善温柔，时而冷漠乖戾；可以瞬间从热情洋溢，变得狂怒暴躁。

唐保黄则认为韩素音过于欧化，太有主见、太顽固，缺乏中国传统妇女贞静幽娴的德行，不够贤惠。他竭尽全力对她施以净化灵魂的再教育，不许她读任何"犯忌"的书，包括古典诗词，想把她塑造成她永远也成不了的那种人。韩素音一度欣然接受丈夫的道德训诫，无奈这样的施教很快就结束了。她哪里有旧式女子那么低眉顺眼、逆来顺受呢？何况她逐渐看出来，唐保黄虽然满口忠勇爱国、仁义礼智，其实口是心非、虚伪虚荣。唐保黄则觉得自己确实爱妻子,但是被误解了。他认定自己永远正确,不惜当众羞辱和虐待她。她结婚时不是处女(尽管她告诉过他),欠缺"贞操和品德",当然也不可饶恕,令他恼怒。

唐保黄跟他的好些同僚一样,处心积虑想赢得蒋介石的好印象,其道德观跟政治野心紧紧相连。他觉得妻子作为欧洲归国留学生,值得炫耀;同时他又有敏感的种族观念,担心她的混血儿出身妨碍自己的前途,并让韩素音配合撒谎,自称纯正的中国人。

唐保黄官运亨通,回国后很快当上蒋介石的侍从副官,以后频频被委以重任。1941年底,他被任命为中国驻英国代理武官。1942年1月初,他们携女儿蓉梅飞离重庆。

韩素音作为外交官夫人在伦敦的三年,虽然不乏开阔眼界的机会,但是按丈夫要求被迫困守家庭,情绪不免低落黯淡。她在必须参与的社交活动中也无法如鱼得水,跟专注于升官晋爵、日益专制的丈夫,感情渐行渐远。

中断了七年的医生梦逐渐苏醒,韩素音捡起功课,穿起利索简朴的衣服,重温学生生活,准备报考皇家自由医院所属伦敦女子医学院。她隐约预感到,虽然抗战即将结束,但巨大的变故正在逼近中国,唐保黄不会再那么一帆风顺,有朝一日她要靠自己的力量抚养孩子。

1945年3月,唐保黄任期满了回国,韩素音留在伦敦念书。此后,靠着每月30英镑奖学金,她一边打工一边抚养孩子,拼命用功,心无旁骛,辛苦、贫困却快乐充实。1948年初,韩素音提前完成学业,进入皇家自由医院当住院医生。工作之余,她除了在病理学博物馆兼职,还继续去学校进修,以使自己了解霍乱、伤寒等在欧洲已绝迹、在中国还存在的疾病。

国共战争爆发,1947年10月,唐保黄死于东北战场,时任国军第七十一军暂编第五十一师少将师长。当初在伦敦告别时,他俩都已经心照不宣,彼此将淡出对方的生活。但是,谁也没有料到,这段一言难尽的婚姻,会以如此惨烈的方式结束。

曾经为爱痴狂

1949年初，韩素音放弃在英国的安稳生活，携女儿前往香港。中国大地正席卷着战争风暴，跟她1938年从比利时回国时一样，这又是一次令人咋舌的选择。朋友们劝阻她："不能老是把面包扔到水里去。"

韩素音进入香港玛丽医院工作，不久担任急诊部主任。1949年夏天，她在一次餐会上邂逅《泰晤士报》记者伊恩·莫理循。她原本以为自己早就心如死灰，早已超越诱惑，却不知不觉深陷情网，姻缘好像前生注定。她眼里、心里的伊恩，白璧无瑕。在自传体小说《瑰宝》里，韩素音借劳神父之口这么赞美伊恩（小说中的马克）："既文质彬彬，又气宇轩昂；既有英雄气，又懂儿女情……说话总是那么平和，像荒漠中的一泓清泉。"

伊恩·莫理循跟中国渊源不浅，他父亲乔治·莫理循1897年至1912年担任《泰晤士报》驻华首席记者，曾是袁世凯等四任民国总统的政治顾问，对20世纪初的中国政治、外交有不小的影响力。当时的外文地图干脆将他居住的王府井大街标为莫理循大街。乔治·莫理循也是旅行家，曾经在中国东北、西北、西南及长江沿线旅游、考察，出版过《一个澳大利亚人在中国》。他收藏的大量东方学文献及其通讯、日记，还有几千幅图片，成为研究当时中国历史、了解各地风俗民情的珍贵资料。

相爱的人当然渴望结婚，但障碍横亘。首先，伊恩的妻子不肯离婚，他与韩素音难免有伤及他人的愧疚，而周围闲言碎语也层出不穷。在一个交往圈子相对狭小的城市，飞短流长有时候具备致命杀伤力，伊恩担心自己给她带去伤害。其次，香港的欧亚混血儿虽然不少，但当时殖民地和租借地的好些英国人，依旧认为混血儿低人一等，他们往往在态度和言辞上随时流露轻蔑。伊恩固然对种族偏见嗤之以鼻，但韩素音不得不忧虑，他俩的关系会影响他的前程。此外，她心心念念想要回到内地，她作为"赤色分子"的名声在香港惹人注目。而供职于《泰晤士报》的伊恩，在共产党人眼里则是反革命的异类，显然很难获准去北京工作。中国刚刚建立的新政权和英国属于截然不同的政治阵营，他俩背后的世界，碎成了两块，鸿沟又深又宽……

阻力如山，韩素音和伊恩也曾心灰意懒。但感情越是遭到打击，也就被激发得越蓬勃。韩素音发现，自己即便在躁动不安的青春期，也不曾像现在这样，为爱痴狂："那个短暂的秋天，时间和空间都停滞了，在幸福的天堂里化成一个水晶球。"

朝鲜战争爆发，伊恩被派往前线采访。尽管战地记者伤亡的比例不小，伊恩和同事们离开香港机场时，却"人人都显得身负重任而对周围一切满不在乎的样子"。伊恩的妻子现在给了他一个两年的期限，他因此而乐观，觉得自己能战胜时间。

可是，他再也回不来了。1950年8月，韩素音得知伊恩的死讯。这场仅持续一年多一点的恋情，一段云上的日子，戛然而止。天赐缘分，高峰体验，转瞬就彩云消散，梦残肠断，韩素音唯有自我安慰，自己毕竟拥有"爱与死"的财富。

那是一种很奇异的体验：她明知伊恩已逝，他从朝鲜寄出的信，却一封接一封到达，总共18封。"这种延期的、他还活着的假象使他的死变得虚幻了。"第三周以后，韩素音收到最后一封信，"我知道不再有他的信了，于是坐到打字机前，卷上一张纸，开始写我的《爱情至上》"。

自传体小说《爱情至上》（现译《瑰宝》）1951年完成，次年在英、美出版。出版商乔纳森·凯普写信告诉韩素音："我在英国的公共汽车上看到的妇女，胳膊下几乎都夹着一本您写的书。"《瑰宝》后来被译为多种语言出版。不过，它在马来西亚处境不妙，曾引起轩然大波，韩素音打趣道："在某些一本正经的人中间，我得了个花癫的名声。"

1952年2月，韩素音开始第二次婚姻，并前往马来西亚定居。她坦陈自己并未爱上伦纳德，结婚是为了给女儿蓉梅一个安定的成长环境。

奠基于浓情蜜意的婚姻，并不意味着持久的美满幸福；但一桩婚约从开初就欠缺激情、先天不足，中途抛锚的概率无疑也更高。1955年，韩素音的老朋友、新任印度总督马尔科姆邀请她访问印度。参观修建中的印（度）尼（泊尔）公路时，韩素音看到负责工程的陆文星第一眼，便爱上了他。陆文星是印度陆军上校，他后来因为韩素音而离开军队，从事工程技术咨询工作。

前两次婚姻或伤痕累累，或平淡无奇；伊恩虽好，无奈瑰宝易碎。到第三次婚姻，韩素音终于能享受江流宛转、月照花林似的甜美。她曾对陆文星说："你是我的大地，要是没有你，我就不知所措。"他俩晚年定居瑞士小城洛桑，这段婚姻持续40多年，直到2003年陆文星病逝。

百年沧桑涌笔下

当医生是韩素音少年时代的梦想，她历经艰辛得偿夙愿。在中国香港、马来西亚、新加坡行医15年后，写作与行医越来越难以兼顾，她1964年关闭诊所，专事写作。

韩素音的系列自传《残树》《凡花》《寂夏》《吾宅双门》《再生凤凰》，既写个人和家族历史，也试图再现漫长的中国近现代及当代历史，同时也描述她中年走进的印度、新加坡、马来西亚等地。这些书在一些欧美大学里既是历史研究著作，也是有关遥远东方的消闲读物。

从1956年开始，韩素音频繁回国探亲、采访，她热切地渴望了解新中国的变化。那时，外界对极度封闭的中国充满好奇和恐惧，她及时为人们掀开了一个观察、探究的缝隙，被誉为中国问题专家，经常到各国讲演。

韩素音的身份有些特殊：《瑰宝》在欧美畅销，初步奠定了她在文坛的声誉。1955年，美国20世纪福克斯公司将小说改编成电影《生死恋》，大受观众欢迎，还获得两项奥斯卡奖，新加坡的影院连续上映了36周；她1956年出版的《雨，我饮的水》，同样获得关注，一直被美国的大学列为研究马来西亚最好的书；完成于1957年的小说《青山青》也不断再版，又被好莱坞搬上银幕……韩素音因为以英文写作、作品能进入欧美文学界而在亚洲社会受到重视，有人甚至视她"高人一等"。与此同时，《瑰宝》《青山青》按照当时国内的评判尺度，又是不折不扣的淫秽文学。

韩素音游走于欧亚，既可以在各大洲旅行、写作，又在红色中国被礼遇，应该说拥有很多人艳羡的随心所欲。然而，她的写作，就像她坦陈的那样，在那个时代，仍然是不自由的。她在东方西方称得上左右逢源，好些时候又似乎左右为难。

一方面，在20世纪50—70年代与世隔绝的中国，外交家周恩来等希望通过韩素音对世界传递中国的形象和声音。周恩来多次会见她，接受她的采访。韩素音为周恩来的智慧和魅力折服，也由衷地为新时代的进步、变化而高兴。然而，她毕竟不是新华社记者，没能对新中国的成就滔滔不绝地大唱赞歌；她的观察角度和写作口吻，并非凯歌嘹亮式的，不可能让大多数中国官员满意。有时候，就连对她特别关照和容忍的老同学龚澎，也会明确地流露不满。韩素音只能解释："想要登载任何讲中国好话的文章都很困难……不能像给中国读者写东西那样给西方读者写。"还有人更是认为她诋毁新中国，她自传的书名《伤残的树》《凋谢的花朵》，也被人愤然地视为别有用心的影射。

另一方面，韩素音可以令人羡慕地频繁出入中国，却又不肯肆无忌惮地抨击中国，令冷战中的西方人失望。后者更讶异的是，她甚至热情洋溢地替共产党说好话，太像一个"赤色分子"了。

其实，1956年第一次回国时，韩素音既兴奋也沮丧，因为不习惯过于浓厚的政治空气，她产生过缺氧似的窒息感。高音喇叭没完没了地播放，充斥着感觉良好的自我表彰，烦冗、亢奋的八股气息，令她非常不适。

20世纪60年代初，市面的萧条，街上饿得摇摇晃晃的行人，还有亲友们的食不果腹，韩素音当然看得到，她后来在《吾宅双门》里也描述过，包括提到陈毅、龚澎等曾跟她讲起"大跃进"的失误。

韩素音生长于中国，她领略过民国时期中国美好的那一面，也见惯它深陷战乱和贫穷的满目疮痍；她生长的时代，包括五六十年代，种族歧视在世界各国仍旧活跃，白人至上的优越感、殖

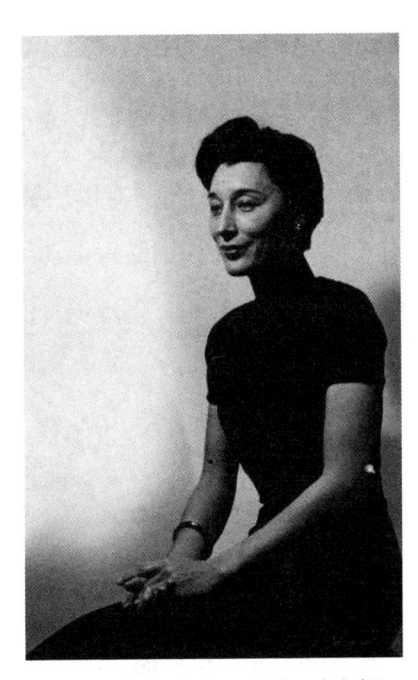

▲1959年的韩素音，艾达·卡尔摄

民者的特权地位，带给亚洲人的伤害和屈辱，挥之不去。韩素音作为欧亚混血儿，更能感受到某种落差，也更有切肤之痛。

韩素音自陈："我对中国的感情不容怀疑，尤其是在1960年的冬天，我竭尽全力地为中国辩护。甚至对着那些刺探情况的外交官和记者，我不向他们吐露真情（含笑地），因为我与中国息息相关……毕竟我是一个中国人。"

她认同自己中国人的身份，又因游离在外，没有身处其间，故国就愈

加牵惹情感。这使得她不太乐意无所顾忌地批评中国，像一个不相干的"外人"那样去揭短，她会感觉那是自爆家丑；同时，她下笔也有所顾忌，因为必须照顾到她最在意的亲人们在国内的处境。

冷战时期的中国，在西方人眼里是有威胁、有敌意的国度。韩素音力图摒弃西方世界的成见、偏见，同时她也恼火于一些陪同者试图强加给她的"再教育"。她甚至能够感觉到，旧中国那些封建、腐化、阴暗的部分，依然存在，而且，也像唐保黄那样，打着公正、道德的冠冕旗号出现；她竭力想用自己的眼睛去观察、去下结论，可这没那么简单。走到哪里都被隆重地接待，固然使旅行和访问变得舒适便利，但她的访问路线和参观项目通常是被安排好的，难以接触全貌。何况，20世纪六七十年代，一个外籍作家也不可能在中国随意走动；加之，各级官员，包括她采访的学者，受当时意识形态影响，也难免自觉或不自觉地向她传达"左倾"或言不由衷的结论。

从"反右"到六七十年代，政治运动接连不断，知识分子噤若寒蝉，即便是亲友也不敢对韩素音畅所欲言。如果说，年轻时在中国南北大地游走、定居过的韩素音，像一条穿梭于溪流江河的野鱼，呼吸吐纳，冷暖自知；中年后待她重返故土，就有点像放进了大鱼缸的金鱼，她的所见所知所感，有时不免隔了一层玻璃。

今天再来看她的《残树》《凡花》《寂夏》《吾宅双门》《再生凤凰》这套书，涉及宏大历史的某些叙述，因为受时代、环境的局限，写得难免片面。韩素音也受制于不具备足够的穿透力，去把握中国这一个多世纪过于诡谲、复杂的政治与漫长、浩瀚的时光。她试图令自己去靠拢时代剧变那突兀的节奏，虽然其间也很失落、惆怅。她在《残树》第一章里说：

往事在时间和革命洪流冲击下已变得不堪回首，当你心底最珍惜的憧憬已荡然无存，面对自己孤单的身影只能一笑置之……你还需要认识到真正做到理解这个过程又是多么艰辛……

韩素音对历史这个庞然大物，难以随时都驾驭得得心应手。但是，她的笔触一旦涉及那些个人直接感知的部分，就一下子变得细腻、精准、灵动。比如，她在东西方文化夹缝里被挤压、揉搓的憋屈感；成长中的踉跄、痛楚与强韧；几段爱情、婚姻的欢欣迷狂或伤痛绝望；命运的不由分说与不可思议……与此同时，韩素音对家族历史的深情回溯、刨根问底，以及用细节去还原旧时生活场景的篇章，最富意趣。她为我们留下了清末、民国时期内陆城市成都、重庆与北平的繁复影像，充满风俗化的、泛黄的色调，又迷蒙又鲜活，似乎能闻到檀香、丝绸、烟草和灰尘的混合气味。

《瑰宝》也非常动人，它的前景是如怨如慕的爱情，但韩素音也用了相当篇幅描画1949年前后香港的世风人情，以及解放前夕重庆的不知所措与默然等待。香港被称为"亚洲的十字路口""竹帘上的缝隙"，外国观察家、记者、投机商人、港府官员，从内地拥进的资本家、传教士、难民、妓女……五方杂处，众声喧哗。韩素音写这块拥挤、躁动之地的鱼龙混杂，斑驳陆离，文化冲突、政见交锋，其感受力和表达力都很见天赋。她靠女人灵敏的直觉、触觉、嗅觉和植根东西方文化的有利视角，将自己的体验、亲历、观察，描摹得活灵活现、汁水饱满，同时也不乏对往事和未来的真知灼见。

英国国家肖像展廊展出过女摄影家艾达·卡尔1959年为韩素音拍的一组肖像。那年韩素音42岁，瘦削苗条，身姿笔挺，鼻梁又窄又陡，线条清晰简洁，像刀子雕出似的。她年少时的桀骜不驯已经被岁月打磨，有了一层淡淡的柔光，但那股倔强、笃定、我行我素，还是显而易见。这个遭遇过环境捆绑与伤害的女人，因为性情和才智的锋芒毕露，不折不挠，终究由早年的枯黄转为郁勃，迎来满枝浓绿青翠。

林海音：难得福慧双修

"朋友们夸赞林海音宽厚、果决、豪爽，也有霸气。余光中说她敏于决断，几乎没见过她当场犹豫，或事后懊悔。"

　　林海音(1918—2001),原名林含英,生于日本大阪,5岁开始居于北京,直至1948年返回台湾老家。她从1935年在北平担任《世界日报》记者,50年代任台湾《联合报》副刊主编。1968年创办纯文学出版社,27年间出版了不少精品书籍。林海音从50年代开始大量写作,有多本散文、小说集问世。1960年出版的自传体小说《城南旧事》,广为读者喜欢。她还著有《晓云》《春风》《婚姻的故事》《孟珠的旅程》等长篇小说或短片小说集。

林海音的模样，跟秦怡非常像。她的朋友用"南海观音"形容她，真是贴切。这份极致的端庄美丽，在女作家里十分罕见。就算不懂相面术的人，观其"天然妙目，正大仙容"，也要认定，她绝对是福气满溢的人。

　　读林海音的女儿夏祖丽写的《从城南走来——林海音传》（三联书店）可知，林海音的一生，堪称圆满。作为作家，著述丰厚，小说、散文、杂文、儿童文学等体裁尽皆涉猎，出版了数十本集子，不少作品被翻译成多种语言。作为编辑和出版人，林海音主编《联合副刊》与《纯文学》月刊时，既约请名家撰稿，也奖掖、提携后进。此后她还创办并主持"纯文学"出版社27年，出版了无数堪称精品的优质书籍。到77岁才关闭出版社退休，当时经营状况良好，属于见好就收。作为妻子和母亲的林海音，与丈夫和睦相伴60多年，四个子女均学有所成，对父母有由衷的敬爱……

　　唯有一点遗憾，林海音13岁时，父亲就病故了，家境陡然转衰。母亲虽然温和贤淑，到底是足不出大门的家庭主妇，林海音小小年纪，就成为全家的主心骨。她的坚韧要强、能够承担的性格，或许就在那时养成。生活严峻，

▲1942年的林海音夏承楹（何凡）夫妇

不允许她多愁善感、自怜自伤,她和全家人搀扶着快乐前行。恰逢成舍我先生创办"北平新闻专科学校",该校不收学费,喜欢写作的林海音顺利考中,1935年毕业后,17岁就任《世界日报》记者。此后她安排妹妹们学习打字、助产等技能。林家姐弟们虽说年幼丧父,没有财力上大学,却能掌握谋生的一技之长,不至于像老舍笔下那些走投无路的城市贫民那样,被凄惨的生活残忍吞噬。

林海音的夫家是30多口人济济一堂的书香世家,她1939年结婚后,有六年都住在这个有忠厚家风和京派遗韵的大家庭。传统礼俗中情理糅合的部分,大家庭的人情味,她很乐意享受。丈夫夏承楹(何凡)是《世界日报》的同事,到台湾后先后担任《国语日报》编辑、总编、社长、发行人。他也是著名专栏作家,将专栏"玻璃垫上"从1953年底写到1984年7月,30年不辍,共计5000多篇。1989年,林海音为丈夫出版600万字的《何凡文集》(包含专栏及其他文字),这是她主持的纯文学出版社费时最久、投入人力和成本最大的一套书。次年,林海音因主编这套文集,获得台湾出版类图书主编金鼎奖,她把奖金全部分给参与工作的人,说是"大家高兴嘛"。

林海音的父母是台湾人,她从5岁到30岁都居于北京。1948年底,时局动荡,林海音和家人返回台北。北京从此又成为依稀故园,京华旧梦却萦绕始终,林海音许多作品都以老北京为背景。她说:"在北京度过的25年可以说是我的金色年代,可以和故宫的琉璃瓦互映。北京城南的胡同、四合院,西山

▲林海音1953年在台湾

脚下的毛驴，以及脖子上挂着铃铛的骆驼……这些都给了我不尽的创作灵感。"她1960年出版的小说《城南旧事》，由导演吴贻弓改编为电影，1983年上映后，大陆读者也对林海音产生浓厚兴趣。老北京的风土民俗，成人世界的温情与复杂，秋日落叶般降临的悲欢离合……由小姑娘英子天真而沉静的眼光看出去，有浅淡的怅惘和悠长的余味。

英国著名作家伍尔芙曾经建议凌叔华："……在形式和意蕴上写得很贴近中国，生活、房子、家具，凡你喜欢的，写得愈细愈好。"林海音在40年后读到这段话，特别惊喜——她自己对小说写作的把握，与此恰好不谋而合。林海音的小说也触及社会的缺陷、人性的弱点，但并不去作直露的现实批判，她将情感亲疏、价值判断和对时代的记录，浑然无迹地嵌入那些风俗的场景与散淡的故事中。她偏重于探究妇女命运，虽然自己婚姻美满，但是对旧式女子在婚姻里的压抑委屈，对新派女子的感情触礁、进退两难，有天然的同情。

朋友们夸赞林海音宽厚、果决、豪爽，也有霸气。余光中说她敏于决断，几乎没见过她当场犹豫或事后懊悔。儿子认为，母亲并不是富于罗曼蒂克色彩的作家，而是"领袖人物、冒险家和企业家的综合"。现实领域成功的女人，往往有理性和强势的一面。如果这强势是用宽厚、义气垫着底，那么即便霸气，也都透着爽利、快意了。台湾作家钟理和生前困顿，咯血而死。为完成钟理和的遗愿，林海音募捐替他出版《雨》，距死者祭日仅百日就出版；她还帮助老作家沉樱、苏雪林等出书，了却老人的夙愿；著名学者、作家林文月说，自己在学术研究之外写散文，是受了林海音温和的"激荡"。她的《京都一年》，起初就是在林海音督促下动笔的。

林海音每天买菜、下厨房，辛苦琐细，却丝毫不觉厌倦。既是不回避做母亲和妻子的职分，也很享受热气腾腾的人间烟火。好友封她为"生活者林海音"，就是过日子的人，她深以为然。有时工作特别忙，她还要约朋友到家里搓几圈麻将。林海音到晚年又拾起画笔,作水粉蜡笔画;听年轻人聊起服装鞋袜之类,她也颇投入,冷不丁还要热切地插一句:"我也要!"

林海音和夏承楹的家,被朋友们称为台北最有人情味的地方。频繁的家宴,令台北的文人雅士心向往之。气度雍容、人情和美的女主人,尤其让人难忘。著名诗人余光中回忆夏府欢聚:

无论是餐前纵谈或是席上大嚼,那感觉真是宾至如归,不拘行骸到喧宾夺主。女主人天生丽质的音色,流利而且透彻,水珠滚荷叶一般畅快圆满,却为一屋的笑语定调,成为众客共享的耳福。

有几年夏天,林海音还别出心裁,将宴会设在当年台北著名的欧式花园荣星花园。每位被邀请的客人都会收到讲究的请帖,上面详细注明了宴会位置和进入花园的路径;跟在家里请客一样,林海音早晨就去菜场买菜,回家卤好切好拌好。那时没有一次性餐具,全家人就常常提着杯盘碗盏,端着备好的佳肴小吃,还带着蚊香之类,坐车兼步行,赶往城市另一头的花园……多年后,曾经有幸赴宴的人回忆起那些良辰美景、赏心乐事,对她营造的"仲夏夜之梦"都留恋不已。林海音始终保持着明丽华美的容颜和鲜活郁勃的生气,一定跟她这种喜洋洋热乎乎的性格分不开吧?如果有人要问,对世俗化生活的浓烈兴趣,是否会分散人的注意力,限制他们在精神领域的游走、创造?答案显而易见,看看林海音就清楚了。

有些人热衷于与朋友欢聚,也有人偏爱"离群索居"。喜聚与喜散,既是生活方式,也是生活态度。林家另一位才女黛玉就是典型的消极派,虽然她对海棠诗会之类活动很投入。她有一套著名的感伤主义理论:花开时固然明媚鲜艳,待到香消玉殒,却让人黯然神伤——与其这样,花儿们还是不开的好。

林海音则是用她的热闹热络，驱走阴冷荫翳。她的一生，也遭遇过诸多风刀霜剑，却懒得去顾影自怜。这豪爽气质固然源于天性，说不定还跟身体有关。有次看电视主持人问陈冲，当导演需要做什么准备？陈冲回答需要长跑和游泳。她认为，如果一个人没有充足的体力，就会放弃艺术上的高标准和努力。可见，身体状况不仅影响人对聚会的态度，还会影响到人生观、创造力与命运。你看黛玉，病恹恹的，正当妙龄就过早花落人亡，令人扼腕叹息；而精力充沛的林海音，却拥有几乎完美的一生。

张爱玲：说不说钱都荒寒

"繁复家事，特殊经历，以及青少年时代的激烈、愤懑、敏感情绪，共同'调配'而成独一无二的张爱玲。"

张爱玲（1920—1995），小名小煐，幼时居于天津、上海，中学就读于上海圣玛丽亚女校。1939年进入香港大学，成绩优异。1942年夏转入圣约翰大学。1952年前往香港，1955年赴美国，1995年逝于洛杉矶。

1942年因经济困窘自上海圣约翰大学辍学后，张爱玲以一系列小说轰动文坛，《倾城之恋》《金锁记》《红玫瑰与白玫瑰》等作品与散文集《流言》等，掀起一股阅读热潮。她一生著、译甚多，还写有《太太万岁》《不了情》等电影剧本。

其《半生缘》《张看》《对照记》《红楼梦魇》《异乡记》等，也广为读者熟悉。

韶华转瞬成空

张爱玲把《红楼梦》读得入骨入髓,"不同的本子不用留神看,稍微眼生点的字自会蹦出来"。她的小说,随处可嗅到红楼气息;起初的文字,像《沉香屑·第一炉香》,对话、描摹,纯然是《红楼梦》的味道。

以她的玲珑剔透,深谙红楼之精深微妙,终身至慕至爱,当然不足为奇。而她亲近此书,较之常人,更多一分"血缘"上的亲近:同时代的作家里,有张爱玲这样显赫身世的,寥寥无几。她小时候,因为人们热议轰动一时的《孽海花》(小说作者曾朴是李鸿章长孙媳的娘家亲戚),说其中庄仑樵系影射祖父,所以她好奇地东问西问。母亲和姑姑还略显诧异,她们平常绝口不提上一代,因为是受五四影响的新派人士,觉得早已到了万象更新的民国,只该往前看了,再说起前清旧事、往日荣耀,未免陈腐、矫情。倒是张爱玲一向有小说家的潜质,喜欢到处刨根问底,一鳞半爪地挖掘、钩沉。待到长大写小说时,前因后果、前尘近影,更是纷至沓来,由她着意经营。所以舅舅看了《花凋》,大为光火:她问我什么,我都告诉她,她反倒在文章里骂起我来了。

有一些人,比如胡兰成(1906—1981,张爱玲第一任丈夫,浙江嵊县人,现代作家,原名胡积蕊。年轻时擅长写作,后追随汪精卫,抗日战争时出任汪伪政权宣传部副部长,因其为汪精卫执笔而被列为汉奸。)这种家世寻常又爱沾沾自喜的人,对张爱玲的门第,私底下艳羡,也非常乐意借来夸耀。他逃亡温州,就对人假冒是张佩纶后裔。倒是张爱玲本人,迷恋的并非先前阔过,而是自己一手一脚寻根的收获,还有家族里那些琐细有味的日常故事。到了晚年,祖辈的荣光甚至尴尬,都跟老照片一样化为迷蒙、温暖的淡黄色,张爱玲想起他们,越发松弛、亲切。所以她在《对照记》里说:"他们只静静地躺在我的血液里,等我死的时候再死一次。我爱他们。"书里有好多张祖父母、外婆、曾外祖母的照片。她的两任丈夫,却连影子都没有。

父亲张廷重是遗少,既有旧学功底,也懂英文,"在亲戚间也是出了名的满腹经纶"。他小时候科举制度就废除了,朝代又变更,张爱玲记得,父亲"一辈子绕室吟哦,背诵如流,滔滔不绝一气到底,末了拖长腔一唱三叹地作结……听不出是古文时文还是奏折,但是似乎没有重复的。我听着觉得心酸,因为毫无用处"。张廷重的文字功夫并不差,女儿14岁时写了几回《摩登红楼梦》,他拟的回目也还有板有眼:"沧桑变幻宝黛住层楼,鸡犬升天贾琏膺景命""弥讼端覆雨翻云,赛时装嗔莺叱燕""萍梗天涯有情成眷属,凄凉泉路同命作鸳鸯"……

高不成低不就,加上公子哥儿的眼高手低,张廷重除了短暂干过点闲差,长年流连于烟榻、妓院、赌场,一生阴晦发霉。打吗啡针最厉害时,神志恍惚,病入膏肓。继室孙用蕃的父亲孙宝琦当过北洋政府国务总理、外交总长。她也有烟霞癖,与张廷重倒是趣味相投。

张爱玲的祖父张佩纶先是穷京官,后为贬谪罪臣,半生清寒,张家的巨额财产来自祖母李菊耦(李鸿章之女)的陪嫁。张廷重最擅长败家,挥霍、享乐,样样在行,只要看到新款进口汽车,他就卖掉旧车换新车。1943年底,张爱玲已成为上海炙手可热的作家,张廷重则卖掉了最后一部汽车,告别洋房,搬到一处三室一厅的公寓。儿子张子静因为体弱,也因父亲无力提供学费，只得从上海圣约翰大学辍学。1948年，张廷重卖掉上海最后一处房屋，所得美元和黄金被他换成金圆券，贬值成一堆废纸。不久，他搬到面积14平方米的小屋，直至去世。张子静回忆，至少在1935年左右，父亲在上海虹口还有八幢洋房出租。不过十余年，安徽的田产、上海的房产，以及古董珍玩等，逐年变卖，千金散尽。有一次张廷重主动要替儿子保管从单位借的差旅费，然后若无其事地花掉了事——不堪至此。

李鸿章一世英迈，文韬武略，大概他打死都想不到，自己不成器的外孙子（还有一些其他孙辈），一辈子这般行尸走肉。跟《红楼梦》酷似吧——因为时移世易、风云变幻，或子孙不肖、箕裘颓堕，纵然煊赫不可一世的权贵公卿，从鲜花著锦、烈火烹油，到食尽鸟投林、一片白茫茫大地真干净，也不过三代四代，甚至更快。紫蟒之长与破袄之寒，王谢画堂与寻常巷陌，颇易转换。世事白云苍狗、韶华转瞬成空的乖谬无常，张爱玲以"局内人"的眼光看来，对盛衰、荣枯，更多几分切肤感慨，所以她能参透"苍凉"。

张兆和、张充和姐妹的父亲张武龄，跟张廷重外形有点像，都是瘦削、斯文、羸弱的模样。他们的家世也接近：张武龄的祖父张树声与李鸿章同为合肥人，在他麾下一同对太平军作战，因战功显赫被李鸿章保举，跃居高位，最后官至两广总督、直隶总督。李、张均有巨额财富惠及子孙。张廷重、张武龄都是坐享祖业、安逸悠游的富贵闲人，但一个五毒俱全，一个清雅纯良，其生活态度与运用财富的方式，迥然相异。

张武龄一生痴迷书籍、昆曲，"对坏习惯和放浪生活极端反对……不管是谁娶妾、染上酒瘾赌瘾、抽上大烟，武龄都会为之难过"（金安平《合肥四姐妹》），他也不许仆人沾染这些恶习。

张武龄乐善好施，挥资办学，对学生有温和而非功利的期望。从1921至1937年，他持续投入25万银元办苏州乐益女中。那时物价便宜，1元可买5斤猪肉，北平一份西餐套餐售价5角至1元2角。简单换算一下即可知道，25

万元是一笔巨款,办学可真是烧钱。当然,也有人认为张武龄挥霍家产。其实,他延续了士绅办学的千年传统,传递了一脉文化香火。乐益女中对女子教育的意义,自不待言。

张兆和姐妹的母亲早逝,张爱玲的母亲则远走欧洲,她们都有母爱缺失的遗憾。但两个父亲有清洁与污浊、温和与乖僻的截然不同,子女的成长氛围、心境和性情也就有天壤之别。张充和8个月时过继给叔祖母识修居士(张树声的二儿媳),16岁养祖母去世后,她从相对封闭的合肥回到父亲家。识修是李鸿章的侄女,很早就孀居,她富有学识,笃信佛教,仁厚慈悲。所以,张充和又更多一分古典韵味、国学根基。

烟火气和世故味

胡兰成说张爱玲,"看她的文章,只觉得她什么都晓得,其实她却世事经历得很少"。张爱玲写出《金锁记》等天才之作时,不过二十二三岁,刚跨出校门,阅世固然不多。但是,一个人倒不见得非要泥里土里陷过、血里火里滚过,才能洞幽烛微。就算经历相近,每个人的视野、角度、心底的感应、滤网不同,世界呈现的色泽、明暗、纵深、清晰度,以及本人的内心体验,也会迥然有别。同样父母早亡,都有伤悲哀愁,"英豪阔大宽宏量"的湘云,与"心较比干多一窍"的黛玉,性情举止,包括诗风,就是两样,再说,就洞悉人性人心、明了世态世象来说,张爱玲仿佛罕见地早早开了"天眼",一花一世界,一树一菩提,她不必件件直接经历,已有许多"晓得"。

当然,繁复家事,特殊经历,以及青少年时代的激烈、愤懑、敏感情绪,共同"调配"而成独一无二的张爱玲。她曾跟姑姑说自己当过穷亲戚、穷学生，姑姑听得诧异，怎么会呢？结果是，从父亲家跑出来不久，在舅舅家，舅母说好久把表姐们的旧衣服找点给她，她当即脸红、落泪——自己何时竟也成了被周济的人？

张爱玲也明白，这些因为太"小气"得来的小伤口，不过是让自己"有个写实的底子"，"对于眼前所有格外知道爱惜，使这个世界显得更丰富"。所以她一面宣称自己喜欢钱，一面也很公允地承认，自己"没有吃过钱的苦——小苦虽然经验到一些，和人家真吃过苦的比起来实在不算什么"。

比起同时代的大多数人，张爱玲可算生在锦绣丛中。母亲在家时，固然花团锦簇。即便她出国期间，父亲极会享受，花钱如流水，家里的吃穿用度都铺张浪费，他败光家产还在后头。

张爱玲印象深的，当然是服装，尤其是花色与面料：小时候长得太快，新做的葱绿织锦的西式衣服，一次都没有上身就不能穿了，觉得终身遗憾；父亲的姨太太为了笼络她，用整幅的雪青丝绒给她做了无比时髦的短袄长裙……多么鲜丽。

20世纪30年代初，比她年长一些的上海女作家如关露等，大多在节俭度日：到最便宜的小饭馆买1元钱吃六顿的饭票，或者吃4分钱一碗的阳春面；哈尔滨的萧红则险些冻饿致死。

那时节，张爱玲还困在父亲家里，有青春期的纤细、灵敏，事事不易释怀："有一个时期在继母治下生活着，拣她穿剩的衣服穿，永远不能忘记一件黯红的薄棉袍，碎牛肉的颜色，穿不完地穿着，就像浑身都生了冻疮；冬天已经过去了，还留着冻疮的疤——是那样的憎恶与羞耻。一大半是因为自惭形秽，中学生活是不愉快的，也很少交朋友。"（《童言无忌》）说起来，拣长辈淘汰的衣服，何至于就难受如芒刺在身呢？到底还是疏离甚至厌弃继母，穿着她的旧衣衫，自然浑身毛焦火辣不自在。加之，她中学就读于圣玛利亚女校，又处于最敏感、爱美的年龄，那些领口都磨破了的旧旗袍，

"在被称为贵族化的教会女校上学,确实相当难堪"。因为这段压抑经历,她说自己独自谋生后,一度成为"衣服狂"。

张爱玲在《我看苏青》里提到,从父亲家里跑出来之前,"我母亲秘密传话给我:你仔细想一想,跟父亲,自然是有钱的,跟了我,可是一个钱都没有,你要吃得了这个苦,没有反悔的"。虽然张爱玲当时被父亲拘禁,渴望自由,这个问题还是让她纠结了一阵子。"后来我想,在家里,尽管满眼看到的是银钱进出,也不是我的,将来也不一定轮得到我,最吃重的最后几年的求学的年龄反倒被耽搁了。这样一想,立刻决定了。"

母亲的境遇已每况愈下,要负担张爱玲的学费,自然更需精打细算。母亲的牺牲和她对这些牺牲的着意强调,让女儿不安、难过。"在她的窘境中三天两天伸手向她拿钱,为她的脾气磨难着,为自己的忘恩负义磨难着,那些琐屑的难堪,一点点的毁了我的爱。"(《童言无忌》)

张爱玲说自己跟苏青都明显有着世俗的进取心,对于钱,比一般文人要爽直得多。她宣称自己是拜金主义者,"从小似乎我就很喜欢钱……我母亲是个清高的人,有钱的时候固然绝口不提钱,即至后来为钱逼迫得很厉害的时候也还把钱看得很轻。这样一尘不染的态度很引起我的反感,激我走到对面去。"她调侃道:有时候也疑心,自己的俗不过是避嫌疑,怕沾上了名士派,有时候又觉得是天生的俗。

那时候张爱玲下笔还很委婉,我们后来读了《易经》《小团圆》等才知道,母亲也并非"绝口不提钱"——这对母女之间,横斜着蔷薇类植物的枝条,碎尖散刺,冷不丁就会扎人。所以,有时候提起钱时,话音未落,彼此已觉生分,比如,向母亲表白将来会还钱给她的那一刻,有时候宁可收口,强按下不表,心底却又早就封冻,比如,当母亲将大学老师好心资助她的800港币学费,在牌桌一夜输掉之时。

跟钱相关的那些负面回忆,有的像万箭穿心,创伤永难弥合;有的则已经被时间稀释,再提起时已经云淡风轻。不过,那些伤过痛过痒过的经验,让张爱玲因此添了"写实的底子",却是真的。比起有些不谙世事的大家闺秀,她看人阅世,更质疑、冷寂、精准,多了烟火气和世故味,下笔自然而然糅进了复杂、含混的色调,绝无女学生的文艺、迷蒙、罗曼蒂克调子。那些幽微、矫饰、暧昧,藏得再牢再深,她探囊取物,手到擒来。

日子劳顿不堪

1955年11月,在香港工作了三年后,张爱玲抵达纽约,住进慈善机构救世军的女子宿舍,那是救济贫民的简陋之所。她说:"谁听见了都会骇笑,就连住在那里的女孩子们提起来也都讪讪的嗤笑着。"有一天胡适来回访她,她请他到黯淡的公共客厅去坐,客厅足有学校礼堂大,萧索空茫,胡适四面看着,"满口说好,不像是敷衍话。也许是觉得我没有虚荣心"(《忆胡适之》)。

从孤岛时期的红透半边天,到抗战胜利后那两年被迫沉寂;从热恋时的"欲仙欲死",到胡兰成另寻新欢;从旧式旗袍在蓝色的"人民装"海洋里显得突兀,到步步惊心地跨过戒备森严的深圳罗湖桥……张爱玲早已见惯冰火两重天。从前她让笔下的小说人物身处极端之境,不由自主,后来她自己也经历了更多沉浮挣扎、痛彻心扉。比起那些起伏跌宕、身不由己,栖身陋室算得了什么?她真是没有了少女时代的那丝顾影自怜、纤柔虚荣,对前辈胡适见到自己不够光鲜的处境,并不十分介怀。

以前,父母和继母都曾带给张爱玲深深浅浅的伤痛、伤害。那些难以消解的疤痕,好些跟钱有关,最突兀、最惊心动魄的,莫过于被父亲毒打并拘禁数月。张爱玲在自传体小说《雷峰塔》里,借女主角琵琶的口分析:后母找碴发火,父亲借势发作,无非金钱的缘故——她想出国留学,"跟他

▲张爱玲1955年离开香港前

们要一笔不小的支出,等于减了他们十年的阳寿"。

张爱玲一生,钱直接扰乱、损害她生活的日子,大概还是和赖雅在一起的那些年。

1956年,张爱玲在麦克道威尔文艺营认识赖雅,他曾经是才华横溢、聪明过人的写作者,他俩不久结婚。此前他就曾经中风住院,婚后不久又接连中风。这是两个飘零寂寥之人的相互取暖,11年的婚姻也不乏恩爱,彼此常常还很默契。张爱玲的38岁生日,赖雅陪她看电影,她告诉他,这是有生以来最快乐的生日。

著名学者夏志清分析,最初,他俩或许也不乏现实的考虑,都以为对方能多少增加自己经济上的安全感。然而,"她哪会知道六十五岁的赖雅早已钱、才双尽"。他们结婚之前,倒是拮据的张爱玲几次送钱给赖雅。后来,赖雅身体每况愈下,让张爱玲添了许多精力和经济上的拖累,她却并无怨言。

结婚前夕,张爱玲怀孕了,这年她36岁,或许是做母亲的最后机会了。然而,赖雅比她大将近30岁,已经年老体弱,又没有固定收入(每月仅有微薄社会福利金),绝无添丁进口之念。当赖雅以后卧床不起时,张爱玲既要养家糊口,又要照料病人,劳心劳力。假设她生下了小孩,再多一层负担、牵累,会怎样疲于奔命?简直不堪设想。张爱玲在自传体小说《小团圆》里写女主角九莉,在暂借的公寓里,花400美元请人来做人流,当时怀孕已经四个月,不免有种种忧心。结果是,一个男胎被她从抽水马桶里轰然冲走。她似乎并无遗憾:"在最好的情形下也不想要——又有钱,又有可靠的人带。"

然而,这两个假设都是不成立的。人的选择、决断往往跟当时的处境有关,张爱玲跟赖雅结婚时彼此都一无所有,他日薄西山,她四顾茫然。放弃做母亲,既是明智之举,更是别无选择。

《小团圆》最后一页,九莉突然提到了孩子:"她从来不想要孩子,也许一部分原因也是觉得她如果有小孩,一定会对她坏,替她母亲报仇。"可是,假如真的有"最好的情形",足以养育孩子,怎见得张爱玲不是称职的母亲?她半途接手的赖雅,老病穷愁,她仍旧服侍得尽心竭力,既因赖雅给了她荒芜中的温暖、理解,也见出中年的她不乏充足的爱意、责任。紧接着,张爱玲写九莉有一次梦见,在好莱坞影片的甜俗浪漫场景里,"青山上红棕色的小木屋,映着碧蓝的天,阳光下满地树影摇晃着,有好几个小孩在松林中出没,都是她的"。虽然跑出来微笑着把她往木屋里拉的男主角,是早就恩断情绝的衰人邵之雍(胡兰成)。"二十年前的影片,十年前的人。她醒来快乐了很久很久。"

做梦时,她离开胡兰成已经10年。《小团圆》写于晚年,张爱玲在给宋淇夫妇的信里,只肯用"无赖人"指代胡兰成。然而,这个彩色的、慢镜头一样的梦,她却记得很牢,其中当然有对往昔缱绻的回味。而这仿电影画面里,最甜美的亮点,是"好几个"在松林中嬉戏的、她自己的孩子——那种欢悦、明媚、热闹的家庭氛围,恰好是张爱玲从来不曾拥有的。转头再去看她堕胎并终身跟孩子无缘,就觉出命运待她多么不公。

张爱玲与赖雅婚后辗转居住在几个扶持作家创作的基金会、文艺营,或者不时迁居。她应邀为香港的电影公司写了不少剧本,有时也为美国新闻处翻译作品,赖以谋生。她的英文作品虽然偶有出版,却没能取得预期的成功。根据《金锁记》改写的英文小说《北地胭脂》,出版后口碑和销路不理想,其他小说在出版社常获冷遇,张爱玲惆怅满怀。她固然需要版税改善经济状况,但更渴望以英文作品再度赢得文坛瞩目。有天梦见一个不认识的中国作家成就非凡,自己相形见绌,醒来后与赖雅讲述梦境,她流泪不止。

1961年,张爱玲初访台湾,台北、花莲都让她兴致勃勃。但赖雅又中风的消息,让人措手不及。她的钱不够买一张回美国的机票,所以按原计划去香港先完成电影剧本,也好挣点钱应对病人的各种不时之需。那五个月,她日夜辛劳,眼睛出血,牵挂赖雅,经济窘迫,还欠着看病和住宿费用,真是万事忧心。

赖雅病情严重至瘫痪,大小便失禁。既要照顾生活不能自理的病人,又要靠翻译等工作挣钱,张爱玲心力交瘁。这种劳顿不堪的日子持续到1967年赖雅去世。

黄金枷如此伤人

从1957年到1964年,张爱玲除了电影剧本,也一直在写自传体长篇英文小说,取材于童年、少年回忆和青年时期在香港、上海的经历。她写得缓慢而投入,在给宋淇、邝文美夫妇的信里常提到自己的写作:"打字打得昏天黑地","虽然写得有滋有味,并没有到欲罢不能的阶段"。虽然她颇能"自得其乐",但同时也不免忐忑:"看过我的散文《私语》的人,情节一望而知,没看过的人是否有耐性天天看这些童年琐事,实在是个疑问。"

恰如她的担忧,小说投了多处,都没有找到肯接受的出版社,张爱玲非常伤心。

我们今天读到的《雷峰塔》《易经》,是根据张爱玲的英文手稿译为汉语的。有点像评论者所言,是《私语》《对照记》和《烬余集》的放大版。张爱玲自陈,"美国出版商似乎都同意那两部长篇的人物过分可厌,甚至穷人也不讨喜"。这两本书,包括她20世纪70年代开始写作的长篇《小团圆》,固然有张爱玲文字一贯的风韵:繁复细密的意象;别致微妙的譬喻;可堪玩味的情调；冷眼旁观之下，抽丝剥茧、鞭辟入里的剖析……迷恋并熟悉张爱玲的读者，固然很乐意亦步亦趋，顺着这些窃窃私语，去回溯她的成长。但是，它们比起张爱玲20世纪40年代的顶峰之作，的确少了让人拍案叫绝的惊世才情、绝代风华。

同样有浓厚的自传痕迹，同样有香港作为故事背景，韩素音1952年在英美出版的《瑰宝》，大受读者欢迎和评论界赞许，一举奠定她在欧美出版界的口碑。韩素音此前一直学医，仅与人合写过一本纪实作品《目的地重庆》。要论曾经的文学成就、知人论世的深度与小说写作技巧，两人不可同日而语。但《瑰宝》是一气呵成之作，激情饱蘸，灵气逼人。如泣如诉的爱恋，柔情似水的男主人公，加上色彩瑰丽的东方殖民地背景，场景涉猎既宽，故事主线也凝练，又写实又梦幻，确实好看。

反观《雷峰塔》《易经》，或许是中年张爱玲有意在追求"平淡而近自然的境界"？她的家族故事和自身遭际，固然是素材宝库，但她沉湎其中，多了松散随意、自话自说，少了当年初登文坛的丰沛元气，那些恍若精灵附体的鬼斧神工、生花妙笔，好像已由润转枯，读来不免琐细散漫。读者会因为它们出自张爱玲的手笔而去阅读，但张爱玲的一世英名，却依然是靠她的早年作品成就的。

今天，我们读《雷峰塔》《易经》《小团圆》，会恍然大悟：原来，当钱还没有直接搅扰、捆绑张爱玲的日常生活时，已经熏染、侵蚀到她的精神世界：身边那些为金钱而生的嫌隙、怨怼，那些凉薄、扭曲、不堪一击的亲情，让她迷惘、心悸，也让她的眼底很早就敷设了一层冷露寒霜。

姑姑与父亲联手，与他们同父异母的大哥（张爱玲的伯父）打官司，因为后者分家时私吞了许多遗产。父亲却被大哥收买，临阵倒戈，一对亲兄妹遂不相往来——金钱消融了亲情；姑姑挪用张爱玲母亲委托她管理的钱，母亲跟张爱玲抱怨时，忍不住掀起了一直遮掩着的不满、嫌恶——金钱参与离间了这对曾经形影不离的姑嫂；姑姑之所以出此下策，是因为她表侄的父亲（即姑姑的表兄）正陷入官司。她冠冕堂皇的理由，是为救表兄于水火。帮得那么奋不顾身，是因为她跟表侄有不伦之恋——那么，表侄跟姑姑的一度相好，事关情感还是事关金钱？

这一家子的纠葛，不是钱少而是钱多生出来的。无论贫富，竟然都可能为钱所困、所伤，只是伤法不同、创痕有异罢了。

都知道张爱玲从家族故事里拈来不少小说元素，张子静在《我的姊姊张爱玲》里，就指点出她小说的某些原型，是亲属里的张三李四。实则，那些旧影陈迹、悲欢恩怨里的凛冽、不堪，尤其是母亲在母女情分上的寡淡带来的绝望，更是很早让张爱玲通体凉透，终身带着内伤。她的"天眼"原来是这么开的，难怪那么明察秋毫。就像八卦不仅仅指向风月，钱财也不止于跟物质相关，牵扯着它们的根蒂，还是世态和人心。一言难尽的家人和家事，让作家张爱玲得益不浅，却让女人张爱玲，终其一生，都没能逃离早年浸泡过的苦涩、荒寒。

没有人比张爱玲将男女间的调情或沦陷写得更精彩了，投桃报李、欲迎还拒，你推我挡、牵扯戒备，任她轻挑慢捻，尽得风流。人情世故兼情色意味，错综复杂，布满张力。她有本事把重重叠叠衣装内层的皱褶、旮旮旯旯里面的隐秘，仿佛角色本人都不自觉的、游丝般的绮思杂念，举重若轻地撕开、拈起，再巧夺天工地染色、编织。

《倾城之恋》《红玫瑰白玫瑰》里，范柳原与白流苏，振保与娇蕊，缠绕、胶着或者逃离，他们犹豫、游移的底色，是双方的相磁、相吸与权衡、掂量在微妙地抗衡，是爱得还不够真、不够深的男女对得失的盘算、计较。

《金锁记》的曹七巧，处境更尴尬，她跟小叔子季泽，若即若离半辈子。他终于贴脸站近，吐露缠绵心事，她欢喜得心神荡漾，一转念却突然掉进冰窖，暴怒异常："他想她的钱——她卖掉她的一生换来的几个钱。"她愤而打他，过后又跑去窗口再看他一眼……那些爱恨贪嗔的杂糅，猜疑发作的瞬间，飞驰如电的闪念，张爱玲写得妙不可言。情欲与金钱摩擦得铿锵有声、火星飞溅。多少年里，曹七巧只能拿她对巨额财富的期待和"意淫"，来抵消生活的残损、残忍：不能舒展的自尊、虚荣，压抑的情欲……等到终于手握巨资，她已经被欲望和仇恨啃噬得乖戾变态，并将儿子、媳妇、女儿等，步步拖进她那疯人的幽暗屋子，让他们一一窒息。"三十年来她戴着黄金的枷。她用那沉重的枷角劈杀了几个人，没死的也送了半条命。她知道她儿子女儿恨毒了她，她婆家的人恨她，她娘家的人也恨她。"

张爱玲回应迅雨（傅雷）的批评时说：自己喜欢素朴，并不赞成唯美派。"我不把虚伪与真实写成强烈的对照，却是用参差对照的手法写出现代人的虚伪之中有真实，浮华之中有素朴。"她的佳作，比同时代绝大多数作家都更耐读，更现代，除了超凡的文字魅力，也因为，她既不"唯美"，也不趋时。她只贴身逼近饮食男女们，工笔细描他们的喜怒哀乐、七情六欲。同时，像携带着透视能力超强的X光，洞悉了人物骨肉里层的阴影与异常。

注定了要被打翻

张爱玲我行我素，不涉团体、政治。然而，看她的经历，不免感慨，在大时代的惊涛骇浪或轻波微澜里，个人到底是沧海一粟，只能载浮载沉，无法置身局外。

投奔母亲后，张爱玲参加伦敦大学的考试，成绩为远东区第一名。然而，因为欧战爆发，没能前往伦敦，1939年改入香港大学。

▲张爱玲在香港大学念书时

念大学之前，母亲告诉她：如果要早早嫁人，就不必读书，用学费来装扮自己。要读书，就没有余钱兼顾衣装。张爱玲当然乐意念书，不在意生活拮据、衣饰简单。她在香港节俭度日，为了省钱，还向校方提出不参加一切课外活动。她学习用功，能够揣摩每个教授的心思，每样功课都考第一，香港大学文科二年级有两个奖学金，被她一人独揽。

张爱玲成绩优异，原本可以被保送入牛津大学深造。然而，只差半年就大学毕业时，香港却沦陷了。日本兵还没有到来，学校已经在烧文件了，连学生的档案、成绩册都全部销毁。港大行政大楼下的熊熊火焰，燃得肆无忌惮、烧心灼肺——她三年多的努力，高材生的佳绩，付诸东流，不留痕迹。

港大停课，留学成空。1942年夏，张爱玲无奈，与炎樱结伴回到上海，计划在圣约翰大学修完四年级。炎樱的父亲在上海开珠宝店，张爱玲在《对照记》里说："她（炎樱）读到毕业，我半工半读体力不支，入不敷出又相差过远，随即辍学，卖文为生。"据弟弟回忆，进圣约翰大学的学费，她上门找过父亲一次，父亲应允，但显然不足。所以她宁可从此自己谋生了。起初用英文给《泰晤士报》《二十世纪》写剧评、影评等。

紧接着是一举成名，红遍上海滩。然后，与胡兰成由聚到散。"来日大难，口干舌燥"，也是关于她自己的谶语吧。抗战胜利后，从1945年8月至1947年4月，张爱玲没有发表一个字，她的名字蒙上了"文化汉奸"的阴影。曾经有报纸想请她主持副刊，因为她不肯换笔名而作罢。

1949年之后，更是天翻地覆。张爱玲1950年写的《小艾》、1951年写的《十八春》，有些段落里，已经着意添了点旧社会的阶级恨与新社会的光明面，显然是在"识趣地"尽力靠拢新时代的意识形态。或许，这是她所能做到的最大限度的妥协，但一看就是额外增补上去的，放在她的文字里，有点碍眼。要是再多添，就不像张爱玲了。"自从一九三几年起看书，就感到左派的压力，虽然本能的起反感，而且像一切潮流一样，我永远是在外面的，但是我知道它的影响不止于像西方的左派只限于一九三零年代。"写作是张爱玲安身立命之本，她预感到，以自己的家世、文风、婚史，样样都是不合时宜的，只能选择离开。1952年，张爱玲前往香港，与上海永别。

欧洲战火、香港沦陷、时代巨变……每一次都改写了张爱玲的命运。她的成绩册在大火中灰飞烟灭的画面，仿佛某种残忍的象征："那一类的努力，即使有成就，也是注定了要被打翻的吧？"而且，真的不止一次被打翻呢，她怎么可能没有"郁郁苍苍的身世之感"呢？比凉薄家事、遇人不淑更令张爱玲寒颤的，是乱世的霜风烟云："时代是仓促的，已经在破坏中，还有更大的破坏要来。有一天我们的文明，不论是升华还是浮华，都要成为过去。如果我常用的字是'荒凉'，那是因为思想背景里有这惘惘的威胁。"

在美国驻香港领事馆新闻处工作期间，张爱玲与同事邝文美及其丈夫宋淇，成为终身知交。40年间，他们写了600封信，总计40万言。邝文美夫妇对张爱玲有诸多真挚的帮助。张爱玲感慨："越是跟人接触，越是想起Mae（邝文美）的好处，实在是中外只有她这一个人。"她致信邝文美夫妇，常有细密的问候，最后将遗产留给他俩。

20世纪60年代初，张爱玲在台湾文学界已被奉若神明。从60年代末期开始，她在台湾、香港越来越被追捧，旧作不断再版，经济状况也从此大为改善。皇冠出版社老板平鑫涛跟她的长期合作很愉快，他回忆道，张爱玲对于版税不太计较，提到改编小说的版税，她回信也只说："版税你还要跟我说吗，你自己决定吧。"

张爱玲的祖父帮助过胡适的父亲，胡适在美国时也力所能及地关心张爱玲。后者曾经将长篇小说《秧歌》送给胡适，三四年后他将书寄给她，通篇圈点过，扉页上题了字。这些关切、用心，令张爱玲"看了实在震动，感激得说不出话来，写都无法写"。他们都是懂得感恩之人。

张爱玲给其他朋友的信件，也常有周到的体贴，随时表达着浓厚的谢意。虽然她早就被遍体冻透，也日益孤僻避世，却始终能够承接外界暖意并心存感激。

"注定了要被打翻"，是人世最无可奈何的宿命。然而，就算落红成阵，逝水无情，也毕竟还会留下些什么，在指缝间可触可感。

聂华苓：三生三世在水边

"聂华苓远走台北,最后停驻爱荷华河边,但青少年时代在长江、嘉陵江边的岁月,江流雄浑,峡谷险绝,流光碎影,喜怒哀乐,都最难淡忘。"

聂华苓1925年生于湖北宜昌,14岁进入湖北省立联合女子中学,后考入长寿国立十二中。1948年毕业于中央大学外语系,1949年迁居台北,1964年赴爱荷华定居。与安格尔共同创立爱荷华大学"国际写作计划",为国际文化交流作出巨大贡献。她40年代末动笔写作,50年代开始集中发表散文和短篇小说,并在杂志社编发了《城南旧事》等大量纯文学作品。著有长篇小说《失去的金铃子》《桑青与桃红》《千山外,水长流》与自传《三生影像》等。

从此流浪

聂华苓在她的自传《三生影像》里回顾:"这辈子恍如三生三世,中国大陆,中国台湾,美国爱荷华,几乎全是在水上度过的。"

她生于1925年,曾经家境优裕。11岁那年春节,父亲去世,孤儿寡母从此与阴风惨雨相伴。

聂华苓的母亲在私塾读过《论语》《女儿经》《三字经》等。1923年20岁时,经媒人说合,嫁给一位仪表堂堂的团长。待到华苓已七八个月,母亲偶然发现,丈夫之前竟然另有一房妻、子,顿时绝望得天旋地转。父亲聂怒夫毕业于保定陆军军官学校,吴佩孚控制武汉时,他担任湖北第一师参谋长;后来桂系控制武汉,他又任卫戍司令部参谋长;此后随着桂系的失势而东躲西逃,赋闲8年。

当红军长征经过贵州时,聂怒夫在平越地区行政专员兼保安司令任上去世,母亲于1936年大年初三得到噩耗。父亲死得突然,抛下两房妻子、8个儿女,聂华苓最小的弟弟还是婴儿。聂家天塌地陷,也陷入比以前更为复杂的家庭纷争。

1938年8月,日寇逼近武汉,亲友们纷纷逃难,母亲带着聂华苓和弟妹逆长江而上,先坐轮船到宜昌,再换木船,涉激流险滩,危船在惊涛骇浪里如枯叶般旋转沉浮，命悬一线，终于回到三斗坪，母亲儿时常去的她外婆家。此地亲戚已经不多，但山水清秀明丽，人情单纯自然，滋养了苦涩已久、一路凄惶的孤儿寡母，"家庭的恩怨，战争的灾难，都远在大江之外了"。

三斗坪没有中学，但母亲有主见有决断，坚持要女儿继续念书。分别时两人洒泪江边，"母亲擦干眼泪，对我斩钉截铁地说：你舍不得妈，妈又何尝舍得你？不舍也要舍！我就靠你们以后为我扬眉吐气了"。聂华苓写道："那最后一句话，决定了我的一生。"那年她14岁，从三斗坪搭小火轮去巴东，然后乘汽车到恩施，再坐滑竿翻山越岭，抵达抗战时期设于屯堡山里的湖北省立联合女子中学。她说："从此我就流浪下去了。"

15岁那年初中毕业，聂华苓和两个同学搭上木炭车前往陪都重庆，想考国立高中。盘缠不够，路途惊险，幸而巧遇第六战区司令长官陈诚，陈诚也是湖北省联中的校长，她们得以搭车。而陈诚身边一位参谋长竟然是聂华苓父亲在保定陆军军官学校的同学，"绝路逢贵人"，得到意外照顾，她们顺利抵达重庆。

通过考试后，聂华苓被分发到长寿栀子湾的国立十二中。高中毕业后，她进入抗战期间迁到重庆的国立中央大学经济系，一年后转入外文系。当时学生间流行一句话："华西坝是天堂，沙坪坝是人间，古楼坝是地狱。"中央大学就位于沙坪坝，聂华苓在这里跟大学同学王正路相恋，抗战胜利后他们随学校返迁南京。

这一次是从重庆顺流而下，"万县以下，山山水水都是画，画里人、神、历史，各有其位"。多年后，聂华苓写作小说《桑青与桃红》，往事一帧帧浮现，第一部的背景就是瞿塘峡，壁立千仞，天光狭窄，江流汹涌，漩涡险恶，浪碎小舟……

大学岁月，聂华苓既品尝过不知国家是存是亡的忧患，也享受过抗战胜利时普天同庆的狂欢，还目睹过内战爆发后校园里激烈的学生运动。毕业后,王正路暑期便回到北平,她在南京的一个中学教书。1948年11月底平津战役打响,北平与南京之间还有飞机往还,聂华苓孤身北上。那是南京飞往北平的最后一个航班,她是机上唯一的乘客。飞机抵达后,解放军就占领了机场。1948年12月中旬,北平围城开始,她在密集的炮声中当了新娘。聂华苓学着嫂子,循规蹈矩地在三世同堂的北方大家庭当媳妇,当得颇为压抑。有一天家里来了客人,她问好、敬烟、奉茶之后,顺势在椅子边沿坐下。王正路却脸色突变,示意她回房间,质问她为何不守规矩,居然在长辈面前坐下——男人可以坐,女人却必须站着。那一刻,她的回家之念特别强烈,虽然与母亲和弟弟妹妹已经断绝消息几个月。

1949年2月3日,聂华苓看着解放军从容走进北平城。3月初,她与丈夫装扮成一对生意人,将两张大学毕业文凭夹在镜子背面,辗转天津、济南,返回武汉,再带着母亲弟妹经广州到达台北。

因为父亲的经历,聂华苓虽然对政治舞台上的人物有观察的兴趣,对政治却有本能的疏离。然而,他们那一代中国人身上,特别凸显了历史悲情与个人命运的不可剥离。时代的巨浪激流,会笼罩、摇撼所有人:战乱、流离;恐惧、忧愤;大江大海、骨肉分离;民众之声、威权统治……个体显得多么渺小。武汉,三斗坪,长寿,重庆,南京,台北,每一个渐行渐远的地点,都留有聂华苓百感交集的回忆,也踩下了一代人背井离乡的仓皇足迹。

聂华苓远走台北,最后停驻爱荷华河边,但青少年时代在长江、嘉陵江边的岁月,江流雄浑,峡谷险绝,流光碎影,喜怒哀乐,都最难淡忘。聂华苓为读者熟知的《桑青与桃红》《失去的金铃子》《千山外,水长流》等小说,都有密密匝匝的往事萦回。自然风物,世态万象,国难家仇,人情冷暖,全部从笔底纷至沓来——三斗坪、瞿塘峡、重庆……家族恩怨,异乡往事,激越少年,迷惘青春,还有在战乱中挣扎求生的人们,他们残酷的处境,荒谬的经历，分裂的性情，都镌刻着国土苦难和时代苍凉。聂华苓将她的小说《桑青与桃红》称为"浪子的悲歌"，它以川江、北平、中国台北和美国为背景的几个篇章，既是写实，又有象征意味。狂澜惊魂，大宅门压抑，阁楼阴森，异国飘零，对应着聂华苓的一些履迹，更浓缩了那一代知识分子颠簸无奈的遭际与漂泊无根的惆怅。

流年似水，往日的苦涩、颠沛，叶落成泥，化为作家的养分；沿着记忆之流回溯往昔并诉诸文字，也让聂华苓部分释放了身为异乡人的故园之思。

1949年，到达台北后的聂华苓正在找工作养家。听说胡适任发行人的杂志《自由中国》即将出版，主持人雷震需要人管理文稿。聂华苓在南京时就以笔名发表过文章，她被朋友推荐去工作。进入杂志社不久，她开始以本名发表散文和短篇小说，雷震读后很赞赏，让聂华苓做文艺编辑，后来又吸纳她加入编辑委员会。当时台湾文坛充满反共八股，其他风味的文字很难问世。《自由中国》杂志的文艺版却自成一格，发表了梁实秋的《雅舍小品》、林海音的《城南旧事》、陈之藩的《旅美小简》等隽永、雅正的纯文学作品。那10来年，雷震给了聂华苓足够的信任与自由度，她编发的300多篇小说、剧本、散文、诗歌，求真求美，拒绝标语口号式写作，使当年的台湾文坛在"反共文学"之外呈现出别样风貌。

在《自由中国》工作的11年，聂华苓如鱼得水，受益一生：个性受到尊重，创作兴趣得以发挥，"最重要的是，我在雷震、殷海光……那些人身上看到的，是为人的嶙峋风骨和做人的尊严"。

《自由中国》刊载的呼吁民主自由的社论刺痛当局，杂志和统治权力的冲突日益尖锐，雷震组织新党的行为更被定性为叛乱。1960年秋，雷震等人被捕，杂志停刊。聂华苓作为"嫌犯"也随之失业，被迫闭门索居，幸而尚能写作，长篇小说《失去的金铃子》就写于那段最黯淡的日子。1962年，台大中文系主任台静农冒着风险，亲自上门，请她到台湾大学教授小说创作，"从此我在台湾又见天日了"。后来，徐复观教授也邀请她去台中的东海大学当副教授。

聂华苓1964年去到美国后，在爱荷华大学教书的同时，写作、翻译依然不辍。她一生著述丰厚，出版过几十本小说、散文、学术专著和翻译作品。但人们更津津乐道的，是她和丈夫保罗·安格尔创办的"爱荷华国际写作计划"，还有他俩为世界文化交流做出的不寻常贡献。台湾新闻界泰斗、《中国时报》创办人余纪忠夸赞她"在国际文化交流上的付出与收获，没有任何人可以比拟"。

聂华苓自传《三生影像》的序说："我是一棵树，根在大陆，干在台湾，枝叶在爱荷华。"熟悉她的作家李锐认为，后面还应该加上一句："果实在全世界。"

三生有幸

1952年11月，声誉卓著的胡适从美国抵达台北，知识界一片轰动。雷震要聂华苓到机场献花，她在雷震（字儆寰）的书桌上留了个字条：

儆寰先生：

您要我去向胡适先生献花。这是件美丽的差事，也是个热闹场面。我既不美丽，也不爱凑热闹。请您饶了我吧！

那天晚上，雷震在家宴请胡适和《自由中国》的同仁。聂华苓带着一丝"抗命"后的忐忑前往。刚进玄关，就听雷震在客厅大声说：来了，来了！就是她！胡先生，就是她不肯给你献花！胡适嘿嘿笑了两声，手里拿着聂华苓写的字条。雷震跟她说：我们正在传看呢。

好友殷海光连声赞赏：聂华苓你当然不应该去献花，你以后是要当作家的呀。那年她27岁，初涉文坛。不肯去献花，并非自负，不过是有我行我素的棱角罢了。

聂华苓与丈夫结婚15年，共同生活的时间只有5年。王正路英语日语俱佳，曾在位于日本的盟军总部任翻译，1957年赴美。20世纪五六十年代相交那些年，母亲去世，两个女儿幼小，婚姻搁浅，更受雷震被捕和《自由中国》停刊的影响，聂华苓的处境和情绪都陷于低谷，恐惧、寂寞、穷困，如影随形。她形容自己那时的照片，"就是笑，也是黯然"。

1963年的一天，美国文化参赞举办的酒会预计下午6点结束，到了5点半，心绪寥落的聂华苓还在犹豫是否前往。将近6点她才勉强赶去，见到保罗·安格尔。她未发一言，他却已被她静默中热辣辣的磁力击中。四目相对的瞬间，定有感应，所以，初识乍逢，她居然这么提起话头："我站了半天，你也没理我，没礼貌。"说得不循常规，如怨似嗔。接下来的对话，两人短兵相接，张力饱满，暗埋伏笔。他俩的未来，都从此改变。

保罗·安格尔（1908—1991）是美国著名诗人，出生于养马人之家，小小年纪就开始打工。中学毕业后为节省费用而就读家乡雪松川的文理学院，后考入爱荷华大学研究院，他是美国第一个以一本诗稿而得到硕士学位的研究生。那本诗稿《旧土》获得耶鲁大学年轻诗人奖，它描绘黑土地上的小人物，抒写诗人对大自然与生死的感悟。1933年，保罗·安格尔获得罗兹奖学金，前往牛津大学深造3年。1934年，双日公司出版了他的诗集《美国之歌》，《纽约时报》以整版篇幅刊发评论，称之为"美国诗坛新的里程碑"。

聂华苓说，保罗在年轻时代享受过许多好心人给予的情义，所以他始终有一股助人的冲动，对人热心得无以复加。实际上，他俩都有同样的古道热肠，朋友们感念于他们无微不至的体贴与温暖。1968年、1979年陈映真两次被捕时，聂华苓夫妇侠骨嶙峋，多方设法营救，抗议台湾当局，并为之寻访律师、落实律师费。

保罗·安格尔1937年后在爱荷华大学教授创作课，1943年开始主持"爱荷华大学作家工作坊"，招揽优秀作家去爱荷华大学授课、翻译、创作，将此地发展成美国的文学重镇。保罗曾不无得意地说："猎狗闻得出肉骨头，我闻得出才华。"著名小说家弗兰纳里·奥康纳、"美国桂冠诗人"马克·斯特兰德等，年轻时都曾置身爱荷华大学作家工作坊。余光中、白先勇等台湾作家也都在20世纪60年代被保罗选拔而去。

保罗·安格尔1963年的亚洲之行，也是为作家工作坊寻访作家。与他同样毕业于爱荷华大学的理查德·麦卡锡先后担任过美国驻中国香港、中国台北总领事馆新闻处处长，翻译了许多台湾年轻作家的作品，张爱玲在香港期间，也得到他很大帮助。保罗见到聂华苓之前，麦卡锡推荐他读过她的小说。离开台北时，保罗已经对聂华苓难舍难分，盛情邀请她去爱荷华。之后，她每天都收到他的来信。她呢？第一次见到，就喜欢上他那双非常好看的灰蓝眼睛，"不停地变幻：温暖、深情、幽默、犀利、渴望、讽刺、调皮，咄咄逼人"。

1966年春天，保罗·安格尔从爱荷华去欧洲公务两个月，离别令他度日如年，只能将随身携带的聂华苓的照片，不时拿出来看一阵子。25年后保罗猝然去世时，小皮夹里依然放着那张相片。当时，他对她频寄书信诉相思，同时渴盼自己能够顺利离婚。自那以后，他俩再也没有长期分离过。聂华苓的《三生影像》里收录了一束保罗从巴黎、柏林、慕尼黑等地寄给她的信，写满浓稠思念与离愁别绪，十分温馨感人。

保罗最喜欢的她那帧小影，确实很能"传神写照"，攫住了聂华苓性格里那股锋芒：虽然微蹙双眉，紧抿嘴唇，有淡淡忧郁，但眼角眉梢都是俊俏聪明，还隐含一丝桀骜不驯、灵动性感。

1967年，保罗和聂华苓共同创立爱荷华"国际写作计划"，每年邀请一批各国作家到爱荷华写作、研讨，先后有100多个国家的上千位作家受邀。后来获得诺贝尔文学奖的奥尔罕·帕慕克、切斯瓦夫·米沃什、谢默斯·希尼等与中国作家丁玲、汪曾祺、柏杨、莫言、王安忆等，都曾前往爱荷华。年复一年，爱荷华"国际写作计划"享誉世界，也带给聂华苓夫妇至高荣耀。

聂华苓1964年前往爱荷华大学作家工作坊，丈夫王正路1957年就去了美国，婚姻早已名存实亡。他们分居数年，1965年离婚。保罗的离婚却有点旷日持久，他曾说，自己见到聂华苓之前，不敢再结婚了，"婚姻太难对付了。糟糕的婚姻，什么都不对劲，你半夜起来，一脚踩在老婆的鞋子上"。1971年5月，聂华苓终于与保罗结婚，她自述："我俩在伤亡惨重的战争中终于打了一场胜仗。"结婚前一天他俩去首饰店，保罗问她要什么样的戒指，她说："最便宜、最简单、最细的小圆圈。"

从此，他们在爱荷华河边小山上那幢胭脂色红楼里，度过了难舍难离的每时每刻。聂华苓的《三生影像》用了最心满意足的语调，讲述这段圆满的"红楼情事"。他们无比庆幸彼此能够相遇；相守27年，有妙不可言的心神相通，每一刻都很满足，从来不觉得沉闷，"有谈不完的话，有共同做不完的事"，从一起致力于"国际写作计划，到一起买菜买花、喂鹿喂浣熊"；红楼外柳枝飘拂，枫叶盈窗，他们对眼前无限好的夕阳，有说不尽的留恋。

1991年3月，两人计划去欧洲两个月，看望女儿，到波兰领新政府颁发的文化奖，重访德国、捷克等。谁也没料到，比聂华苓年长17岁的保罗在芝加哥机场突然倒下。保罗离开后的日子，她觉得是"死里求生挣扎过来的"。

不由得要想到跟聂华苓年龄和经历相仿的叶嘉莹，她们都从大陆去台湾，再到北美洲，都有过不如意的婚姻，著述和教书都卓有建树。叶嘉莹将古典诗词里的儿女情长讲得声情摇曳，她的个人生活却与浪漫甜美绝缘。而聂华苓那天鬼使神差，懒心无肠地参加了酒会，谁知道赶赴的竟是三生有幸的一场约定，她的后半生，从此镀上金黄、和暖之光。上天有时候会额外眷顾某些人，有时又粗枝大叶地忽略另一些人。他老人家何时尽心尽责，何时又疏忽大意呢？真是没有规律可循、没有道理可讲的。

参考书目

[1] 王忠和.吕碧城传[M].天津：百花文艺出版社,2010.

[2] 吕碧城.吕碧城自述[M].文明国,编.安徽：安徽文艺出版社,2014.

[3] 杨绛.杂忆与杂写[M].北京：三联书店,1994.

[4] 杨绛.将饮茶[M].北京：三联书店,2004.

[5] 虞坤林,整理.徐志摩未刊日记[M].北京：北京图书馆出版社,2003.

[6] 薛绥之.鲁迅生平史料汇编（第三辑）[M].天津：天津人民出版社,1983.

[7] 苏雪林.苏雪林自传[M].江苏：江苏文艺出版社,1996.

[8] 杨静远.让庐日记[M].北京：商务印书馆,2015.

[9] 蒋碧微.我与悲鸿:蒋碧微回忆录[M].湖南：岳麓书社,1986.

[10] 蒋碧微.蒋碧微回忆录[M].北京:作家出版社,1988.

[11] 王由青.张道藩的文宦生涯[M].北京：团结出版社,2008.

[12] 许志杰.陆侃如和冯沅君[M].山东：山东画报出版社,2006.

[13] 赵海菱,张汉东,岳鹏.冯沅君[M].北京：学苑出版社,2012.

[14] 赵家璧,鲁迅.中国新文学大系小说二集（影印本）,中国现代文学史资料丛书[M].上海：上海文艺出版社,1980.

[15] 董竹君.我的一个世纪[M].北京：三联书店,1997.

[16] 朱杰人,戴从喜.程俊英教授纪念文集[M].上海：华东师范大学出版社,2004.

[17] 江勇振.星星、月亮、太阳——胡适的情感世界[M].北京：新星出版社,2006.

[18] 查辅成.才女曹诚英[M].安徽：合肥工业大学出版社,2014.

[19] 江勇振.舍我其谁：胡适（第一部）[M].北京：新星出版社,2011.

[20]胡适.胡适散文[M].北京：中国广播电视出版社,1992.

[21]石评梅.石评梅作品集（散文）[M].北京：书目文献出版社，1983.

[22]石评梅.石评梅作品集（戏剧 游记 书信）[M].北京：书目文献出版社,1985.

[23]陈小翠著、刘梦芙编校.翠楼吟草[M].安徽：黄山书社,2010.

[24]万君超.翰墨闻见录[M].浙江：浙江人民美术出版社，2015.

[25]包铭新.海上闺秀[M].上海：东华大学出版社，2006.

[26]陈巨来.安持人物琐忆[M].上海：上海书画出版社，2011.

[27]张午弟.陆小曼传——寂寞烟花梦一朵[M].北京：中国工人出版社,2012.

[28]柴草.一代才女·旷世佳人——图说陆小曼[M].哈尔滨：哈尔滨出版社,2004.

[29]费慰梅.林徽因与梁思成[M].北京：法律出版社,2010.

[30]陈学勇.林徽因寻真[M].北京：中华书局,2004.

[31]林洙.梁思成、林徽因与我[M].北京：清华大学出版社,2004.

[32]梁思成、林徽因.中国二十世纪散文精品.梁思成·林徽因卷[M].陕西：太白文艺出版社,1996.

[33]林徽因.永远的林徽因：林徽因经典作品集[M].北京：中国画报出版社,2010.

[34]沉樱.某少女[M].北京：华夏出版社,2009.

[35]马思猛.攒起历史的碎片[M].北京：北京图书馆出版社,2007.

[36]刘聪.无灯无月两心知：周炼霞其人与其诗[M].北京：北京出版社,2012.

[37]徐云.丹青优雅：我的祖母周炼霞[M].湖北：湖北人民出版社,2017.

[38]周炼霞.遗珠[M].北京:海豚出版社,2010.

[39]刘澍.胡蝶画传[M].北京:中国文史出版社,2008.

[40]吴学昭.听杨绛谈往事[M].北京:三联书店,2008.

[41]杨绛.洗澡[M].北京:三联书店,1988.

[42]杨绛.我们仨[M].北京:三联书店,2003.

[43]孔庆茂.杨绛评传[M].北京:华夏出版社,1998.

[44]赵萝蕤.我的读书生涯[M].北京:北京大学出版社,1996.

[45]王莹.宝姑[M].北京:中国青年出版社,1982.

[46]张志才,陈桂英.永远在初恋[M].北京:解放军文艺出版社,1992.

[47]傅光明.书信世界里的赵清阁与老舍[M].上海:复旦大学出版社,2012.

[48]任凤霞.一代名士张伯驹[M].北京:当代中国出版社,2006.

[49]董桥.旧时月色[M].江苏:江苏文艺出版社,2003.

[50]董桥.故事[M].北京:作家出版社,2007.

[51]韩素音.韩素音自传:《残树》《凡花》《寂夏》《吾宅双门》《再生凤凰》[M].北京:中国华侨出版公司,1991.

[52]韩素音.瑰宝[M].上海:上海人民出版社,2007.

[53]夏祖丽.从城南走来——林海音传[M].北京:三联书店,2003.

[54]金宏达,于青.张爱玲文集[M].安徽:安徽文艺出版社,1992.

[55]张子静.我的姊姊张爱玲[M].上海:学林出版社,1997.

[56]张爱玲.对照记[M].北京:北京十月文艺出版社,2007.

[57]张爱玲.雷峰塔[M].北京:北京十月文艺出版社,2011.

[58]张爱玲.易经[M].北京:北京十月文艺出版社,2011.

[59]张爱玲.小团圆[M].北京:北京十月文艺出版社,2009.

[60]胡兰成.今生今世[M].北京:中国社会科学出版社,2003.

[61]余彬.张爱玲传[M].海南：海南出版社,1993.

[62]刘川鄂.传奇未完：张爱玲1920—1995[M].北京：北京十月文艺出版社,2008.

[63]聂华苓.三生影像[M].北京：三联书店,2008.